U0732651

2024年内蒙古自治区哲学社会科学规划委托项目（项目批准号：2024NDE096）

内蒙古自治区哲学社会科学区域国别研究实验室（试点）阶段性成果

筑牢安全稳定屏障
守卫祖国北疆安宁

内蒙古贯彻总体国家安全观的实践创新研究

内蒙古财经大学总体国家安全观研究中心◎编著

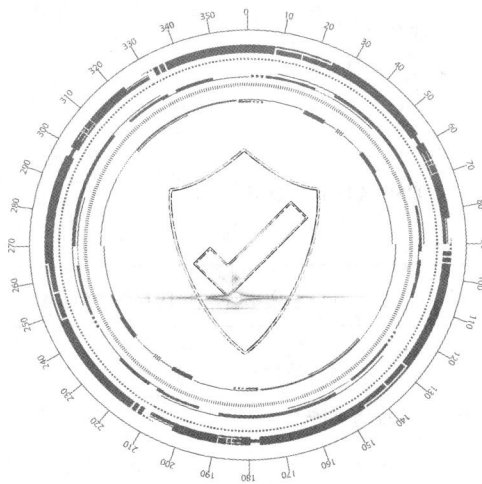

中共中央党校出版社

图书在版编目（CIP）数据

筑牢安全稳定屏障　守卫祖国北疆安宁 : 内蒙古贯彻总体国家安全观的实践创新研究 / 内蒙古财经大学总体国家安全观研究中心编著 . -- 北京 : 中共中央党校出版社 , 2025. 4. -- ISBN 978-7-5035-7301-9

Ⅰ . D631

中国国家版本馆 CIP 数据核字第 2025AM7312 号

筑牢安全稳定屏障　守卫祖国北疆安宁——内蒙古贯彻总体国家安全观的实践创新研究

责任编辑	任　典
责任印制	陈梦楠
责任校对	王明明
出版发行	中共中央党校出版社
地　　址	北京市海淀区长春桥路6号
电　　话	（010）68922815（总编室）　（010）68922233（发行部）
传　　真	（010）68922814
经　　销	全国新华书店
印　　刷	北京盛通印刷股份有限公司
开　　本	710毫米 × 1000毫米　1/16
字　　数	235千字
印　　张	18.5
版　　次	2025年4月第1版　2025年4月第1次印刷
定　　价	55.00元

微 信 ID：中共中央党校出版社　　　　邮　　箱：zydxcbs2018@163.com

版权所有·侵权必究

如有印装质量问题，请与本社发行部联系调换

序 一

在习近平总书记提出总体国家安全观10周年之际，由内蒙古财经大学总体国家安全观研究中心编著完成的《筑牢安全稳定屏障守卫祖国北疆安宁——内蒙古贯彻总体国家安全观的实践创新研究》即将由中共中央党校出版社出版，这是内蒙古财经大学总体国家安全观研究中心成立以来的重要阶段性成果，也是内蒙古财经大学推进国家安全学建设的切实举措。

2014年4月15日，习近平总书记在中央国家安全委员会第一次全体会议上创造性地提出总体国家安全观，明确坚持以人民安全为宗旨，以政治安全为根本，以经济安全为基础，以军事、文化、社会安全为保障，以促进国际安全为依托，维护各领域国家安全，构建国家安全体系，走中国特色国家安全道路。总体国家安全观是中国共产党和中国人民捍卫国家主权、安全、发展利益百余年奋斗实践经验和集体智慧的结晶，是马克思主义国家安全理论中国化的最新成果，是习近平新时代中国特色社会主义思想的重要组成部分，是新时代国家安全工作的根本遵循和行动指南。

党的十八大以来，习近平总书记三次亲临内蒙古考察，连续五年参加全国人大内蒙古代表团审议。对这片美丽辽阔的土地，习近平总书记始终深情牵挂。内蒙古自治区地处祖国北疆，横跨"三北"，是"祖国的北大门、首都的护城河"，在国家安全稳定大局中地位重要、责任重大。筑牢祖国北疆安全稳定屏障是习近平总书记交给内蒙古自治区的"五大任务"之一，更是内蒙古自治区必须履行好的重大责任和光荣使命。2023年10月，《国务院关于推动内蒙古高质量发展奋力书写中国式现代化新篇章的意见》出台，对内蒙古自治区加快落实习近平总书记交给内蒙古的"五大任务"提出一系列重大支持政策。

内蒙古财经大学是新中国在边疆民族地区最早设立的财经类高校。经过60多年的建设与发展，主要承担本科和研究生教育任务，以经济学和管理学为主，是一所理学、法学、工学、文学融合发展，具有鲜明财经特色的多科性应用型大学。学校以铸牢中华民族共同体意识为主线，面向国家重大战略和重大需求，聚焦更好地服务自治区"五大任务"，培养具有家国情怀、创新精神、创业素质的应用型复合型数智化新财经人才。

内蒙古财经大学成立总体国家安全观研究中心，是深入贯彻落实习近平总书记重要指示精神的务实举措。内蒙古财经大学具有建设国家安全学一级学科的多方面优势和条件。为响应国家和内蒙古自治区的战略需求，内蒙古财经大学打通校内各个学科专业壁垒，为总体国家安全观研究中心提供了组织和专业支撑。中心将以优势特色学科支持总体国家安全观研究，在全方位建设"模范自治区"的实践中展风采、作贡献。

国家安全学是贯彻服务总体国家安全观的综合性、交叉性核心学科，自2018年教育部提出要设立国家安全学一级学科以来，全国多所高校积极响应，纷纷探索国家安全学学科建设，并专设国家安全研究中心，为国家安全学人才培养提供支撑。

当前，内蒙古财经大学总体国家安全观研究中心下设7个研究分中心。内蒙古财经大学将利用既有师资力量并且整合校外资源，在全校本科和研究生中讲授"国家安全学课程"，并开展系统全面的国家安全问题研究。

当前，内蒙古财经大学总体国家安全观研究中心建设和国家安全学学科建设已得到了内蒙古自治区党委宣传部和内蒙古自治区教育厅的支持，尚处于初创阶段，恳切希望社会各界提出宝贵意见建议。这必将全面提升内蒙古财经大学在国家安全研究方面的质量，促进内蒙古财经大学国家安全学学科的建设与发展。

下一步，内蒙古财经大学总体国家安全观研究中心将进一步结合内蒙古自治区实际，与内蒙古自治区内外各高校、智库、科研机构紧密开展交流合作，充分发挥优势特色，积极发挥新型智库的关键作用，为内蒙古自治区筑牢祖国北疆安全稳定屏障，为完成落实好习近平总书记交给内蒙古自治区的"五大任务"作出应有的贡献。

内蒙古财经大学党委书记、

总体国家安全观研究中心主任

刘前贵

2024年10月

序　二

由内蒙古财经大学总体国家安全观研究中心编著完成的《筑牢安全稳定屏障　守卫祖国北疆安宁——内蒙古贯彻总体国家安全观的实践创新研究》一书，是内蒙古财经大学多位研究人员集体研究的智慧结晶。

2023年10月，《国务院关于推动内蒙古高质量发展奋力书写中国式现代化新篇章的意见》明确提出，内蒙古自治区要切实提升保障国家生态、能源、粮食、产业和边疆安全功能，全方位建设"模范自治区"。

本书作为内蒙古财经大学建设安全学学科的重要探索，将为内蒙古自治区加快提升五大安全功能提供学理支撑。

第一，保障国家生态安全。党的十八大以来，习近平生态文明思想指引我国生态文明建设发生历史性、转折性、全局性变化，创造了举世瞩目的生态奇迹和绿色发展奇迹。习近平总书记对内蒙古自治区的生态文明建设高度重视，指示内蒙古自治区要筑牢我国北方重要生态安全屏障。近年来，内蒙古自治区深入学习贯彻习近平总书记重要指示精神，以建设我国北方重要生态安全屏障为总抓手，坚决打好"三北"工程攻坚战三大标志性战役，精心守护黄河母亲河，全力保护大草原大森林，积极培育绿色经济增长极，推动生态文明建设取得明显成效。接下来，内蒙古自治区将牢记习近平总书记殷殷嘱托，坚定不移保生态、抓节约、治污染、推转型、促改革，生态环境质量持续改善，积极落实"双碳"目标、推进发展方式绿色低碳转型，综合采用自然恢复和人工修复手段开展生态保护治理，协同推进高质量发展和高水平保护，使内蒙古自治区的生态文明建设迈上新台阶。

第二，保障国家边疆安全。内蒙古自治区始终坚定不移贯彻总体国家安全观，全面提升公共安全治理水平，不断优化合力治边新格局，筑牢祖国北疆安全稳定屏障建设取得明显成效。全区坚持党政军警民合力强边固防，进一步完善边境立体化防控体系，推动资源力量向边境一线集聚，全面推行草原110、"红色堡垒户"、蒙古包哨所等做法，提高护边员补贴标准，壮大护边员队伍规模。同时，加快"平安北疆、智慧边防"建设，扎实推进数字化、智能化、立体化边防管控试点建设，推进边境盟市军警民联防平台和旗市终端建设，提升信息化戍边控边能力。此外，内蒙古自治区还通过持续健全完善安全风险监测预警体系和突发事件应急预案体系，不断强化科技兴安、工程治理和安全管理体系建设，深入推进安全生产治本攻坚三年行动，强化道路交通、食品药品、校园安全等重点领域安全隐患排查整治，全力推动重大事故隐患动态清零。

第三，保障国家能源安全。当前，全球能源供需版图发生深刻变革，国际能源市场大幅波动。内蒙古自治区是能源生产和输出大区，所生产的能源惠及全国较多省区市，但能源类项目综合能耗普遍较大。作为国家重要能源和战略资源基地，煤炭、煤电、油气等传统能源更是内蒙古自治区的支柱产业，在稳定经济发展、确保能源安全方面发挥着兜底保障作用。近年来，内蒙古自治区推动煤制油气产业发展取得重要成效，为有效保障国家能源安全作出了积极贡献。煤制油气项目作为国家示范项目，承担着国家重要的试验示范任务，对国家能源安全战略保障具有重要支撑作用。内蒙古自治区是全国唯一拥有已建成投产煤制油、煤制气项目的省区，形成了具有自主知识产权的煤气化、煤直接液化、煤间接液化等成套工艺技术。因此，有关部委对综合能耗较大的能源类项目（含煤制油气项目）实行能耗单列，以有效保障国家能源安全。此外，为鼓励煤制油行业健康发展，建议国家出台煤制油产品专项消费税减免政策，积极支持煤制油产业发展，调动企业积极性，推动国家能源安全战略顺利实施。

第四，保障国家粮食安全。农村牧区现代化是中国式现代化的重要组成部分，关乎国家粮食安全及民生福祉、民族团结、社会稳定，对于我国到2035年基本实现社会主义现代化远景目标具有重要意义。2023年，内蒙古自治区全区粮食总产量再创新高，达到791.6亿斤，稳居全国第六。全区高标准农田面积已达近350万公顷，实施黑土地保护工程3万余公顷，保护性耕作129万余公顷，开展盐碱地改造6666.6公顷。放眼全局与未来，内蒙古自治区农村牧区发展路径应采取以生态功能保持约束下的经济社会发展路径，即走生态经济发展之路。应摒弃传统粗放式经济社会发展方式，积极寻求效益与生态兼顾的乡村经济发展新增长点，同时，针对不同地区探索高质量生态经济发展模式，进一步推动内蒙古自治区农村牧区现代化，强化国家粮食安全保障力度。

第五，保障国家产业安全。习近平总书记多次要求内蒙古自治区加快改变产业结构"四多四少"状况，构建体现内蒙古自治区特色优势的现代化产业体系。当前，内蒙古自治区在调整优化产业结构上迈出了重大步伐。2023年，全区新能源及相关产业、现代煤化工产业、规上农畜产品加工业增加值分别增长 16.1%、15.4% 和 11.6%，装备制造业、高技术制造业、战略性新兴产业均保持两位数增长。内蒙古自治区之所以能够在煤炭产量不变、价格下降的情况下实现经济总量和财政收入的大幅增加，主要靠的就是非煤产业。未来，内蒙古自治区将持续在扬优势、锻长板、促转型、补短板上下功夫，着力拉长能源产业链条，加快煤炭清洁高效利用，推进新能源与其他产业耦合发展、互促发展，打造具有较强竞争优势的特色产业集群，并不断加强稀土产业科技创新，有针对性地培育打造支柱产业和行业领头羊。同时，内蒙古自治区将大力发展现代农牧业，抓好农畜产品精深加工和绿色有机品牌打造，推动农牧业尽可能形成完整产业链。内蒙古自治区还将加快区内旅游资源开发和基础设施建设，全力把旅游业打造成新的增长点。

此外，要保障国家人口安全，准确把握全区人口发展新特点新趋势，尤其是人口规模和结构变动，逐步完善人口发展战略，科学制定国民经济和社会发展规划，深入研究协调我区人口与经济社会发展、推动内蒙古自治区实现经济高质量发展。对于内蒙古自治区积极贯彻总体国家安全观来说，这些研究方向和成果都具有重要价值和意义。

总之，再次向本书的付梓表示祝贺，希望内蒙古财经大学总体国家安全观研究中心能够百尺竿头更进一步，不断结出累累硕果！

内蒙古财经大学校长、教授

金桩

2024 年 10 月

前言

总体国家安全观视域下内蒙古
铸牢中华民族共同体意识的路径

  坚持总体国家安全观，是习近平新时代中国特色社会主义思想的重要内容。党的十八大以来，习近平总书记围绕总体国家安全观发表了一系列重要论述，立意高远，内涵丰富，思想深邃，把党对国家安全的认识提升到了新的高度和境界，为推进新时代国家安全工作提供了基本遵循和方法指引，为铸牢中华民族共同体意识、实现中华民族伟大复兴的中国梦提供了坚实的安全基础。内蒙古自治区作为传统的边疆民族地区，肩负着维护国土安全、政治安全、生态安全等多重安全使命，贯彻落实总体国家安全观对于内蒙古自治区的发展具有重大意义。以习近平同志为核心的党中央多次强调要将铸牢中华民族共同体意识确定为党的民族工作的主线和民族地区各项工作的主线。内蒙古自治区需要在总体国家安全观指引下，强化自治区各族民众对伟大祖国、中华民族、中华文化、中国共产党、中国特色社会主义的认同，坚决铸牢中华民族共同体意识，构筑起维护国家安全的坚实屏障。

一、贯彻落实总体国家安全观对内蒙古自治区发展具有重大意义

保证国家安全是头等大事，是全国各族人民的根本利益所在。2014年4月15日，在国家安全委员会成立后的第一次会议上，习近平总书记首次富有创见地提出总体国家安全观。党的十九大将坚持总体国家安全观纳入新时代坚持和发展中国特色社会主义的基本方略，并写入党章。党的十九大报告指出，国家安全是安邦定国的重要基石，维护国家安全是全国各族人民根本利益所在。要完善国家安全战略和国家安全政策，坚决维护国家政治安全，统筹推进各项安全工作。[①]2022年10月，习近平总书记在党的二十大报告中再次强调，国家安全是民族复兴的根基，社会稳定是国家强盛的前提。必须坚定不移贯彻总体国家安全观，把维护国家安全贯穿党和国家工作各方面全过程，确保国家安全和社会稳定。[②]基于"内蒙古是祖国的北大门、首都的护城河，维护国家安全和边疆安宁，筑牢祖国北疆安全稳定屏障"的重大政治安全责任、"北方重要生态安全屏障"的生态安全责任、"国家重要能源和战略资源基地"的能源资源安全责任、"农畜产品生产基地"的粮食安全责任以及"我国向北开放重要桥头堡"的国际安全责任，坚决贯彻落实总体国家安全观对于内蒙古自治区来说具有重大意义。

[①]　参见《中国共产党第十九次全国代表大会文件汇编》，人民出版社2017年版，第40页。

[②]　参见《中国共产党第二十次全国代表大会文件汇编》，人民出版社2022年版，第43页。

当前，我国国家安全内涵和外延比历史上任何时候都要丰富，时空领域比历史上任何时候都要宽广，内外因素比历史上任何时候都要复杂。进入新发展阶段，国内外环境的深刻变化带来了机遇，也带来了一系列的挑战，各种可以预见和难以预见的安全风险前所未有。内蒙古自治区在我国的总体安全格局中占据着举足轻重的地位，独特的地理位置和战略意义是其构筑国家安全的重要屏障。习近平总书记在新时代推动西部大开发座谈会上提出了"六个坚持"，其中第六条就是坚持铸牢中华民族共同体意识，切实维护民族团结和边疆稳定。民族地区要把铸牢中华民族共同体意识贯彻到发展的全过程和各方面。①

第一，维护国家政治安全。政治安全是国家安全的根本，政治安全涉及国家主权、政权、制度和意识形态的稳固。在"两个大变局"的背景下，国内民族地区和民族问题与大国竞争密切相关。民族地区因其特殊的社会、文化和政治特性，容易成为西方国家渗透的重要目标，常被视为外部势力通过宗教信仰和其他社会纽带策动"颜色"革命的敏感地带。西方国家利用这些手段试图在民族地区引发政治动荡，以达到其地缘政治目的。内蒙古自治区作为我国最早成立的民族自治区，筑牢政治安全、意识形态安全屏障至关重要。因此，铸牢中华民族共同体意识已成为内蒙古自治区防范政治风险的重中之重。

第二，强边固防，维护国家领土、主权安全。党的二十大报告指出，国家安全是民族复兴的根基，社会稳定是国家强盛的前提。②

---

① 参见《进一步形成大保护大开放高质量发展新格局　奋力谱写西部大开发新篇章》，《人民日报》2024年4月24日。

② 参见《中国共产党第二十次全国代表大会文件汇编》，人民出版社2022年版，第43页。

内蒙古自治区地处祖国北疆，横跨"三北"，地近京畿，与蒙古国、俄罗斯相接壤，沿边一线共有20个边境旗市区。北疆的安全稳定直接关系国家的总体安全。习近平总书记在内蒙古调研边境管控和边防部队建设情况时强调，治国必治边。边防工作是治国安邦的大事，关系国家主权和领土完整，关系改革发展稳定大局和对外工作全局，关系强国建设、民族复兴伟业。[①] 作为国家边防的重要屏障，内蒙古自治区的安全稳定对于防范外部威胁和保障国家安全来说至关重要。

第三，维护民族团结和社会稳定。党和国家向来注重民族团结。2018年3月5日，习近平总书记在参加十三届全国人大一次会议内蒙古代表团审议时指出，我国是统一的多民族国家，民族团结是各族人民的生命线。[②] 民族团结对内蒙古自治区安全具有重要意义，是实现内蒙古自治区政治稳定、经济繁荣、文化认同和社会和谐的基础。只有在民族团结的基础上，才能形成强大的凝聚力和向心力，确保北疆的长治久安。多年来，国家通过一系列政策和措施不断巩固和发展民族团结、推动各民族共同繁荣。只有各民族和睦相处、团结一心，才能形成强大的内生动力，推动经济发展和社会进步。

二、铸牢中华民族共同体意识：贯彻总体国家安全观的客观要求

自古以来，内蒙古地区始终是中华民族共同体的重要组成部分，

---

① 参见《加强部队全面建设提高边境防卫管控能力努力锻造卫国戍边钢铁长城》，《人民日报》2023年6月10日。

② 参见《扎实推动经济高质量发展　扎实推进脱贫攻坚》，《人民日报》2018年3月6日。

参与、见证了中华民族共同体的形成、发展和完善。同时，内蒙古自治区在维护国家安全、民族团结等方面作出了巨大贡献。进入新时代以来，以习近平同志为核心的党中央将铸牢中华民族共同体意识确定为党的民族工作、民族地区各项工作的主线。内蒙古自治区准确把握和全面贯彻习近平总书记关于加强和改进民族工作的重要思想，以铸牢中华民族共同体意识为主线，坚定不移走中国特色解决民族问题的正确道路，认真贯彻落实党中央决策部署，不断巩固发展内蒙古自治区民族团结、社会稳定、边疆安宁的良好局面。

内蒙古地区是中华文明起源、形成与发展的重要区域，全过程参与、见证了中华民族共同体的形成、发展和完善。不论是旧石器时代的"大窑文化""萨拉乌苏文化"，还是新石器时代的"兴隆洼文化""裕民文化"，或是青铜器时代的"夏家店上（下）层文化""朱开沟文化"等文化遗存，都生动反映了先民在北疆地区的活动与社会生活状况。秦汉时期，中国历史进入了大一统阶段，通过筑城、设郡县、开辟交通路线、移民屯垦等一系列措施，将内蒙古地区纳入中原政权的直接管理体系中。总体而言，秦汉时期的北部边疆治理遵循了"因其故俗"[①]的基本原则：一方面，中央政府巩固了对北疆地区的治理和开发；另一方面，加强了中原地区与北方匈奴、东胡等的文化交流与民族交融，各民族在交往交流交融中形成了不可分割的整体，并出现了"胡服骑射""昭君出塞"等历史佳话。隋唐时期，在"四夷可使如一家"[②]的思想理念下，民族交融进入了新的历史时期。正如唐太宗所言："自古皆贵中华、贱夷狄，朕

---

① 宝音朝克图：《中国北部边疆的治理》，湖南人民出版社2015年版，第29页。

② 《简明内蒙古地方史》，人民出版社2022年版，第66页。

独爱之如一，故其种落皆依朕如父母。"①在唐朝包容、开明的民族理念和政策下，各民族对大一统政权空前认可，中华民族凝聚力进一步增强。唐肃宗对唐与回纥的关系有过如下描述："同心同德，求之古今，所未闻也。"②元朝时期，内蒙古地区各民族交往交流交融达到新的水平，内蒙古地区出现了多元文化并存的局面，各民族间形成了密不可分的关系。明朝时期仍采取"守备为本""刚柔并济"的治疆策略，清朝则采取因俗而治、因地制宜的原则，对北疆地区实施有效管辖和治理，并设盟旗制度。这一时期，内蒙古地区各民族的交往交流交融的多元一体格局进一步得以巩固。

在中国共产党领导革命的过程中，内蒙古地区各民族将中华民族作为一体的意识和观念不断增强。日本帝国主义的侵略和殖民统治在内蒙古地区引发了强烈的反抗。为了应对国内形势的变化，中国共产党调整了对内蒙古地区的政策方针，倡导各族人民团结一致，协力抗击日军侵略。在内蒙古东部地区，从1939年底到1942年，中国共产党领导的抗日联军先后多次进入呼伦贝尔地区，动员当地少数民族积极参与抗日斗争。至1942年，承德、平泉、宁城地区先后成立了十余个区级抗日政权。1944年，承德、平泉、宁城游击区进一步扩展，"以宁城为中心，东达朝阳、凌源、建平，西至围场、隆化，北至赤峰，南至长城的广大地区，成为中国共产党在长城以北地区建立的深入伪满洲国境内最远的根据地。"③在内蒙古西部地区，1938年，八路军第一二〇师根据中共中央关于创建大青山抗日游击

---

① （北宋）司马光：《资治通鉴·卷198唐纪十四》，中华书局1956年版，第6247页。

② （五代）刘昫：《旧唐书·卷195回纥传》，中华书局1975年版，第5199页。

③ 《简明内蒙古地方史》，人民出版社2022年版，第386页。

根据地的指示，组建了八路军大青山抗日游击支队。

在中国共产党的民族政策指引下，内蒙古自治区成为我国第一个省级少数民族自治区，内蒙古自治区各族人民获得了真正的解放，内蒙古自治区也开启了繁荣发展的新纪元。内蒙古自治区各族人民对伟大祖国的认同、对中华民族的认同、对中华文化的认同、对中国共产党领导的认同和对中国特色社会主义的高度认同不断提高，书写了"最好牧场为航天""克服困难捐粮畜""齐心协力建包钢"等体现家国一体、各族同心的历史佳话。

党的十八大以来，习近平总书记三次亲临内蒙古自治区考察，并连续五年参加全国人大内蒙古代表团审议。2019年，习近平总书记在内蒙古自治区考察时指出，内蒙古是我国民族区域自治制度的发源地，具有民族团结的光荣传统①。2022年，习近平总书记在参加十三届全国人大五次会议内蒙古代表团审议时强调，内蒙古是边疆民族地区，在维护民族团结和边疆安宁上担负着重大责任。要见微知著，增强忧患意识，提高战略思维，有效防范民族工作领域的各种风险隐患，切实筑牢祖国北疆安全稳定屏障。②2023年，习近平总书记对内蒙古自治区考察时，对驻内蒙古边防部队长期以来为筑牢祖国北疆安全稳定屏障所作出的贡献给予了充分肯定。

团结稳定是福，分裂动乱是祸。回顾我们党一百多年的历程，党的民族工作取得的最大成就，就是创造性地走出了一条中国特色解决民族问题的正确道路。正是在中国特色解决民族问题的正确道

---

① 参见《牢记初心使命贯彻以人民为中心发展思想　把祖国北部边疆风景线打造得更加亮丽》，《人民日报》2019年7月17日。

② 参见《不断巩固中华民族共同体思想基础　共同建设伟大祖国　共同创造美好生活》，《人民日报》2022年3月6日。

路的指引下，全国各族人民真正实现了民族独立和人民解放，维护和发展了各民族的平等团结互助和谐关系，我国少数民族面貌、民族地区面貌、民族关系面貌、中华民族面貌发生了翻天覆地的变化。在这一过程中，内蒙古自治区高举各民族大团结旗帜，全面贯彻党的民族政策，不断铸牢中华民族共同体意识，持续守卫国家安全，在新时代继续保持着模范自治区的崇高荣誉。

三、总体国家安全观视域下内蒙古自治区铸牢中华民族共同体意识的方法指引

国家安全是安邦定国的基石，维护国家安全是全国各族人民根本利益所在。内蒙古自治区在国家政治安全、边疆安宁、生态安全等多方面肩负着重大责任。全区要坚决贯彻总体国家安全观，扎实有力做好国家安全各项工作。

（一）坚持党的绝对领导是做好国家安全工作的根本原则

加强党的全面领导是确保内蒙古自治区安全稳定繁荣的核心，是实现各项工作的总抓手。党的领导必须体现在经济社会发展的各个方面，以确保国家政策在内蒙古自治区的全面贯彻落实，尤其是涉及民族团结和社会稳定的各项政策。具体而言，要加强党中央权威和集中统一领导，确保党中央关于内蒙古自治区工作的重大决策部署得到坚决执行和贯彻落实。各族干部要全面理解和贯彻党的民族理论和民族政策，自觉从党和国家工作大局、从中华民族整体利益的高度来想问题、作决策、抓工作。

首先，要注意加强党的建设。内蒙古自治区各级党组织要坚决

落实全面从严治党的要求，增强党员干部的宗旨意识和群众观念，提高民族政策执行力和服务群众的能力，增强党在民族地区群众中的公信力和影响力。其次，要注意创新基层治理模式。基层治理是实现社会稳定的重要基础。内蒙古自治区应推广、借鉴"枫桥经验"等模范治理模式，建立健全多元参与的治理机制。要充分发挥基层党组织在治理中的领导核心作用，动员广大党员、群众积极参与基层治理，形成共建共治共享的良好局面。最后，要注意加强党对意识形态工作的领导。内蒙古自治区是多民族聚居区，意识形态领域的工作尤为重要。一方面，要加强社会主义核心价值观的宣传教育，引导各族群众树立正确的国家观、历史观、民族观、文化观、宗教观。另一方面，要加强对各类意识形态阵地的管理，坚决防止各种错误思想和有害信息的传播，确保意识形态领域的绝对安全。坚持党的绝对领导是做好国家安全工作的根本原则。只有通过加强党的全面领导，才能确保内蒙古自治区的长治久安，从而为实现中华民族的伟大复兴提供坚实保障。

（二）推动经济社会协调发展，促进各民族共同繁荣

习近平总书记指出，必须把推动各民族为全面建设社会主义现代化国家共同奋斗作为新时代党的民族工作的重要任务，促进各民族紧跟时代步伐，共同团结奋斗、共同繁荣发展。[1] 推动内蒙古自治区经济社会协调发展，需要制定有针对性的区域发展战略，充分利用资源和区位优势，发展特色经济和现代产业，促进区域经济的多元化和可持续发展。首先，内蒙古自治区拥有丰富的煤炭、稀土以

---

[1]　参见《以铸牢中华民族共同体意识为主线　推动新时代党的民族工作高质量发展》，《人民日报》2021年8月29日。

及可再生能源资源，通过科学开发和高效利用这些资源，能够推动工业化进程，提升资源的附加值，尤其是发展高端制造业和新材料产业。其次，自治区与蒙古国和俄罗斯接壤，是联通中蒙俄经济走廊的核心枢纽地区，具备开展跨境贸易和区域经济合作的独特优势。特别是在高质量共建"一带一路"的背景下，内蒙古自治区在加强与周边国家的经济合作与投资交流，构筑我国向北开放的重要桥头堡，促进区域经济一体化方面的作用更加重要。最后，作为重要的农牧业地区，内蒙古自治区通过推广现代农业技术和改进草原畜牧业管理，对于发展高附加值农产品加工业、增强市场竞争力来说意义重大。

（三）高举民族大团结旗帜，强化"五个认同"

增强全区各民族"五个认同"是实现民族团结的重要途径。内蒙古自治区作为一个多民族聚居地区，其民族工作的重要目标是通过强化国家认同、中华民族认同、中华文化认同、中国共产党认同和中国特色社会主义认同来促进民族团结和社会和谐。第一，通过爱国主义教育、媒体宣传和社区活动提升各族人民对国家的认同感。教育部门应将爱国主义内容融入课程，利用现实案例展示党的民族政策和民族地区取得的成就与政策，使各族人民认识到国家的发展强大是个人和民族繁荣的基础。引导自治区各族人民始终把中华民族利益放在首位，本民族意识要服务和服从于中华民族共同体意识，构建起维护国家统一和民族团结的坚固思想长城。[1] 第二，通过文化交流、节庆活动和民族团结进步创建活动增强各族群众对中华民族

---

[1] 参见中共中央宣传部、中央国家安全委员会办公室编：《总体国家安全观学习纲要》，学习出版社、人民出版社2022年版，第68页。

的认同感，推动各民族之间的互动和交流，打破文化隔阂，增进相互理解和包容。第三，弘扬中华优秀传统文化，加快推广普及国家通用语言文字。同时，尊重和保护少数民族文化。教育系统和文化部门可以联合开展中华文化宣传活动，使各族人民认识到中华文化的博大精深和包容性，促进各民族文化在传承中枝繁叶茂。第四，加强党史学习教育，使各族人民理解中国共产党在领导民族团结和国家建设中的重要作用，进而增强对党的政治认同。通过对党史的学习和党性实践活动，展示各族人民是如何在党的领导下走向繁荣和进步的。第五，通过理论学习和实践教育，使各族人民认识到中国特色社会主义道路的优越性。结合内蒙古自治区实际发展情况，展示中国特色社会主义在经济发展、社会进步和民族团结等方面取得的成就，进一步增强"五个认同"，为铸牢中华民族共同体意识夯实思想文化基础。

（四）依法治理民族事务，强化法治保障

依法处理民族事务是维护内蒙古自治区安全稳定的重要保障。要依法治理民族事务，推进民族事务治理体系化和治理能力现代化，依法妥善处理涉民族因素的案事件。[①] 对内蒙古自治区而言，要充分考虑多民族和各地区的实际状况，完善民族政策和法律法规，认真执行《内蒙古自治区实施〈中华人民共和国国家通用语言文字法〉办法》《内蒙古自治区促进民族团结进步条例》《内蒙古自治区筑牢祖国北疆安全稳定屏障促进条例》等法规，促进各民族之间交往交流交融。此外，要加强法治宣传教育，通过法律知识讲座、法治文

---

① 　参见中共中央宣传部、中央国家安全委员会办公室编：《总体国家安全观学习纲要》，学习出版社、人民出版社2022年版，第68页。

化活动等形式，提升各族群众的法治意识和法律素养。另外，还要完善法律援助和司法保障，确保各族群众特别是弱势群体能够公平公正地享受法律服务和司法保护，通过健全法律援助体系，提供便捷高效的法律服务。其中，依法治理民族事务是关键。要依法处理涉及民族关系的矛盾纠纷，公正处理涉及民族问题的案件，充分保障各族群众的合法权益。同时，依法加强边疆地区的安全管理，提升边境管控能力，维护国家安全和社会稳定，确保北部边疆的安定和团结。

（五）坚决防范民族领域重大风险隐患，维护意识形态安全

民族领域意识形态斗争仍然尖锐复杂。各种敌对势力从来没有停止过对中国共产党领导和我国社会主义制度进行颠覆破坏活动，对我国国家统一、民族团结、社会稳定的干扰和破坏风险不容忽视。对于内蒙古自治区而言，必须强化风险意识，提升防范和化解风险的能力，尤其重点防范和化解涉及边境安全、意识形态、网络安全、非法宗教活动等领域的风险。总之，要坚决防范民族领域重大风险隐患，守住意识形态阵地，坚决遏制和打击境内外敌对势力利用民族问题进行的分裂、渗透、破坏活动，铸牢民族团结、社会稳定、国家统一的铜墙铁壁。[①]

综上所述，为全面贯彻党的二十大和二十届二中、三中全会精神，深入落实习近平总书记对内蒙古自治区的重要指示精神，在新时代继续保持模范自治区的崇高荣誉，坚决完成包括筑牢祖国北疆安全稳定屏障在内的"五大任务"，就要贯彻落实总体国家安全观，

---

① 参见中共中央宣传部、中央国家安全委员会办公室编：《总体国家安全观学习纲要》，学习出版社、人民出版社2022年版，第68页。

紧紧抓住铸牢中华民族共同体意识这条工作主线，全面推进中华民族共有精神家园建设，让"三个离不开""四个与共""五个认同"理念更加深入人心。面向未来，我们要坚决以总体国家安全观为指引，不断发展和巩固各民族共同团结奋斗与繁荣发展的安全基础，铸牢中华民族共同体意识，为实现"两个一百年"奋斗目标和中华民族伟大复兴的中国梦提供坚实的安全保障。

目　录

第一章

以政治安全为根本，全面深入贯彻铸牢中华民族共同体意识

第一节　把铸牢中华民族共同体意识作为新时代党的民族工作和民族地区各项工作的主线

党的十八大以来，以习近平同志为核心的党中央立足中华民族伟大复兴战略全局和世界百年未有之大变局，围绕铸牢中华民族共同体意识这条主线全面系统地谋划部署新时代党的民族工作，不仅使我国民族工作实现了高质量发展，而且为维护国家政治安全奠定了坚实的基础。铸牢中华民族共同体意识这一重大原创性论断，以"五个共同"夯实"中华民族大家庭"的历史根基，构成了铸牢中华民族共同体意识的根本前提；以"四个与共"凝聚各民族团结奋斗的精神力量，形成了铸牢中华民族共同体意识的价值引领；以"五个认同"筑牢各民族繁荣发展的思想根基，构成了铸牢中华民族共同体意识的核心目标；以重点把握"四个关系"，坚持中国特色解决民族问题，形成了铸牢中华民族共同体意识的方法论原则；以中国式现代化为指引，画好中华民族伟大复兴的最大同心圆，构成了铸牢中华民族共同体意识的实践路径。新时代新征

程，各族人民像石榴籽一样紧紧抱在一起，共同团结奋斗、共同繁荣发展，不断为强国建设、民族复兴凝聚磅礴力量，为国家政治安全奠定根本的政治条件和民族基础。

一、夯实"中华民族大家庭"的历史根基

2024年9月，习近平总书记在全国民族团结进步表彰大会上的讲话中指出，"中华民族是有着五千多年文明史的伟大民族。我国各民族共同开拓了祖国的辽阔疆域，共同缔造了统一的多民族国家，共同书写了辉煌的中国历史，共同创造了灿烂的中华文化，共同培育了伟大的民族精神。中华民族共同体的形成和发展是人心所向、大势所趋、历史必然。"[①]"五个共同"的中华民族历史观夯实了"中华民族大家庭"的历史根基，为我们准确认识把握统一多民族国家和中华民族形成发展明确了立场和路径。

共同开拓的辽阔疆域，奠定了共同的空间基础。"中华民族的家园坐落在亚洲东部，西起帕米尔高原，东到太平洋西岸诸岛，北有广漠，东南是海，西南是山的这一片广阔的大陆上。""这一片地理上自成单元的土地一直是中华民族的生存空间"[②]，也是各民族在历史长河中精神文化交流交融的社会空间，由各族先民共同开拓形成。从夏商周到元明清，随着统一国家的周期性重建与发展，生活在这些地区的各族先民在经济、政治、文化、人员等各方面都保持着密切交往，为各地区的开发

---

① 习近平：《在全国民族团结进步表彰大会上的讲话》，人民出版社2024年版，第3—4页。

② 费孝通：《中华民族的多元一体格局》，《北京大学学报（哲学社会科学版）》1989年第4期。

拓展和相互连通作出了巨大贡献。而诞生于中华大地、根植于中华优秀传统文化的中国特色社会主义道路生发于这片辽阔疆域。这就决定了各族人民同心共圆中华民族伟大复兴的中国梦，必将在这辽阔疆域上，充分利用各民族的物质资源、精神资源、人口资源，不断为强国建设、民族复兴奠定发展之基，为政治安全、社会安定、人民安宁奠定空间基础。

共同缔造统一的多民族国家，凝聚了共同的"大家庭"。自古以来，各民族对"大一统"的崇尚与追求使得不同的民族、地区、信仰、文化等向心凝聚融合，共同缔造了统一的多民族国家。回望历史长河，中华民族自秦朝开启统一的多民族国家开始，此后王朝虽依旧统分相替，但中华民族作为政治实体，始终都未曾被外力所中断，统一已然成为中华民族历史发展不可逆转的总趋势。中华民族是由各民族共同缔造的统一的多民族国家。"多元一体"格局高度凝练地概括了我国作为统一的多民族国家的基本国情，体现了中华民族内的各民族是一个大家庭的历史现实。

共同书写的悠久历史，夯实了共同的政治基础。在五千多年的历史长河中，中华民族始终秉持"六合同风，九州共贯""天下大同"的理念，把大一统看作是"天地之常经，古今之通义"。纵观历史，自"秦国'书同文，车同轨，量同衡，行同伦'，开启了中国统一的多民族国家发展的历程。此后，无论哪个民族入主中原，都以统一天下为己任，都以中华文化的正统自居"，[①] 有效维护了多民族国家统一的政权根基。经过各个朝代、各个民族的共同努力，最终写就了源远流长、光辉灿烂、赓续不绝的中华民族史，即一部由各民族不断融入中华民族大家

---

① 习近平：《在全国民族团结进步表彰大会上的讲话》，人民出版社2019年版，第5页。

庭，共谋民族发展、共铸民族安全的历史。这种民族与国家、国家与文化高度同构，为国家的政治安全奠定了坚实的基础。

共同创造的灿烂文化，厚植了共同的文化根基。兼容并包是中华文化的鲜明特点。生活在中华民族辽阔疆域的各族，因适应不同的生存空间而孕育出光辉灿烂的各民族文化，随着历史变迁各民族文化互鉴融通，共同创造了包罗万象、博大精深的中华文化，共同促进了中华文化有机整体的形成。中华文化之所以如此绚丽多彩、精彩纷呈，离不开中华文化内在的开放性、多元性和包容性，以及各族人民对中华文化的传承、凝聚、滋养、发展、创新与认同。中华文化不仅为中华民族永续发展提供了不竭动力和精神推力，同时也铸牢了我国建设和发展的文化根基。中华民族对中华文化五千多年的传承与弘扬不断夯实每一位中华儿女对国家、民族、历史、文化、身份的内在心理认同，不断外化为维护总体国家安全的爱国行动。

共同培育的伟大精神，形塑了共同的精神支柱。在历史长河中，农耕文明、草原文明和海洋文明源源不断注入中华民族的特质和禀赋，共同熔铸并形成了以爱国主义为核心的伟大民族精神。从古至今，以爱国主义为核心的民族精神始终都是中华文化的核心价值。各民族不断传承和弘扬以爱国主义为核心的伟大民族精神，以切实的行动维护祖国统一、反对民族分裂、共同抵御外敌，增强了各民族对中华民族的归属感和认同感，形塑着各族人民的国家安全意识和责任感。各民族共同培育伟大的民族精神、团结凝聚各族人民的力量，成为推进国家总体安全建设的重要保障。而建立在共同的历史条件、文化底蕴、价值目标和物质土壤上的伟大民族精神，必将维护国家的统一、避免民族分裂和冲突，从而为国家安全提供精神支持。

二、凝聚各民族团结奋斗的精神力量

2021年，习近平总书记在中央民族工作会议上强调，做好新时代党的民族工作，要把铸牢中华民族共同体意识作为党的民族工作的主线。铸牢中华民族共同体意识，就是要引导各族人民牢固树立休戚与共、荣辱与共、生死与共、命运与共的共同体理念。[①]"四个与共"理念蕴含着各民族血脉相融、信念相同、文化相通、经济相依、情感相亲的价值意蕴。因此，引导各族人民牢固树立休戚与共、荣辱与共、生死与共、命运与共的共同体理念，是推动各民族团结奋斗、凝聚各民族维护国家安全的重要途径。

首先，"休戚与共"是夯实各民族利益共享的思想基石。"休戚与共"集中体现在各民族之间利益交融、利益互惠而结成的紧密相连的利益共同体上。各民族为了共同的利益，既能共享平安与幸福，又能共担各种艰难与困苦，是一个不可分割的有机整体。中国共产党成立一百多年以来，始终把各民族的共同利益放在首位，不断为人民谋幸福、为民族谋复兴，使中华民族迎来了从站起来到富起来再到强起来的伟大飞跃，使中华民族伟大复兴进入不可逆转的历史进程。中国特色社会主义进入新时代以来，在推进各民族现代化建设的进程中，中国共产党始终坚持妥善处理中华民族整体利益与各民族具体利益之间的关系，在坚持把中华民族整体利益放在首位的同时，有效保障了各民族的长远利益。各民族通过牢固树立"休戚与共"的利益共同体，不仅为国家统一和民族团结树立起了坚固思想长城，而且不断巩固和发展了平等、团结、互

---

① 参见《以铸牢中华民族共同体意识为主线　推动新时代党的民族工作高质量发展》，《人民日报》2021年8月29日。

助、和谐社会主义民族关系，对于有效应对各种风险与挑战，共同维护好国家安全和社会稳定具有重要意义。①

其次，"荣辱与共"是激发各民族情感共鸣的精神力量。"荣辱与共"集中体现在各民族之间的情感依赖、情感归属凝结而成的情感共鸣共同体上。各民族向来具有光荣同感、耻辱共担、荣辱相通的情绪共鸣。中华民族是由五十六个民族构成的大家庭，各民族在数千年的交往交流交融历史进程中，形成了地大物博、历史悠久、文化灿烂的中华民族共同体。生活在这片辽阔疆域上的各民族虽风俗迥异、地域文化多样、生活习惯相异、民族性格多元，但却血脉相通、身份相同、历史文化记忆共存。各民族人民同呼吸、共荣辱，在赤诚的情感共鸣中激荡着团结携手走上中国式现代化的精神力量。"荣辱与共"的情感共鸣超越了民族和地域，使各民族在身份认同的基础上，内生相应的权利与义务，使国家与中华各民族、中华各民族与个体、国家与个体之间呈现出一种一荣俱荣、一损俱损的联结状态。因此，这种血脉相连、"荣辱与共"的情感共鸣，能够团结起中华儿女勠力同心，为维护国家安全提供源源不竭的精神力量。

再次，"生死与共"是各民族应对风险挑战的精神归依。"生死与共"集中体现在各民族之间手足相连、风雨同舟、守望相助的强烈责任感上。各民族在数千年交往交流交融中不断"共居、共学、共事、共乐"，从而衍生出同舟共济、生存共担的意识。这是各民族应对发展进程中出现的风险与挑战的精神归依。精神是一个民族的风骨，是由深层次的精气神凝结起来的民族共同体，具有超越个体生死且甘愿随时为共同体牺牲奉献的价值追求。在一百多年征程中，中国共产党团结带领全

---

①　参见张新、毛嘉琪：《中国式现代化与铸牢中华民族共同体意识关系的辩证分析》，《学术探索》2023年第4期。

国各族人民形成了生死与共的情感意识，各民族像石榴籽一样紧紧抱在一起。环顾全球，世界百年未有之大变局加速演进，在世界之变、时代之变、历史之变的时局之下，强国建设、民族复兴这一前无古人的开创性事业，必然会遇到各种可以预料和难以预料的风险挑战。因此，各民族人民形成的"生死与共"的精神归依共同体，能够拧成一股绳并形成一股劲，有效应对且最大程度化解中国式现代化进程中的各种困难与挑战。

最后，"命运与共"是彰显各民族现代化发展的价值旨归。"命运与共"体现在各民族在过去、现代和未来共同主宰命运，一起把握未来的价值旨归。纵观历史，各民族共同创造的秦汉、隋唐和元明清"六合同风，九州共贯"的统一格局，共同铸就的秦汉雄风、大唐气象和康乾盛世高度融合的历史文化，无不彰显出中华民族同发展、共命运，安危共担，共同主宰命运、一起把握未来的价值旨归。回顾历史，各民族共同铸就了多元一体、兼容并包中华民族共同体历史。审视现在，各民族勠力同心、团结奋斗共同建设中华民族共同体。展望未来，各民族共同聚合力量、紧密相依以实现中华民族的伟大复兴。各族人民时刻牢固树立"命运与共"的共同体理念，使如此庞大人口和众多民族的优势得以充分发挥，不断汇聚成推进中国式现代化建设的磅礴力量，为国家安全和经济发展的稳定提供坚实的保障。

三、筑牢各民族繁荣发展的思想根基

认同是团结的前提和基础，没有认同就没有团结，没有认同团结就缺乏根基和土壤。习近平总书记强调，必须以铸牢中华民族共同体意识为新时代党的民族工作的主线，推动各民族坚定对伟大祖国、中华民族、中华文化、中国共产党、中国特色社会主义的高度认同，不断推进中华民族共同体建设。[①]"五个认同"涵盖了各民族对国家、民族、文化、执政党和制度的认同，是对"四个与共"共同体理念的彰显，为实现各民族共同繁荣发展、共同维护国家政治安全筑牢了坚实的思想根基。

国家认同是基于民族国家的主权属性，是最高层次的认同，体现了爱国情怀[②]。增强各民族的国家认同，使各族人民认同自己的国家归属、自觉树立国家和公民意识的同时，自觉维护国家主权和领土安全，不断将爱国意识和爱国精神内化为各民族维护国家政治安全的强大力量。实现中华民族伟大复兴是前无古人的开创性事业，各民族在爱国主义情怀的驱动和感召下，以高度的民族自尊心、深厚的家国情怀和坚定的国家认同感，推动全体中华儿女团结一致、同心同德、同舟共济，共同应对复兴道路上的风险挑战。因此，各族人民只有不断强化自己的国家认同感，旗帜鲜明地同国内外分裂势力作斗争，把自觉维护祖国统一、民族团结作为各族人民的职责与义务，国家才能繁荣富强、人民才能幸福安康、社会才能和谐稳定。

对中华民族的认同，既是各民族自觉树立正确的民族观念，认可自己归属于中华民族共同体，并致力于中华民族的共同利益和共同发展，也是各民族对中华民族的情感归属和心理认同。习近平总书记在中央民族工作会议上的讲话中指出，要准确认识中华文明起源和历史脉络，准确认识中华民族和中华文明的多元一体，准确认识中华文明取得的灿烂

---

① 参见《以铸牢中华民族共同体意识为主线　推动新时代党的民族工作高质量发展》，《人民日报》2021年8月29日。

② 参见陈瑛、郎维伟：《中华民族共同体意识与"五个认同"关系再探析》，《北方民族大学学报》2020年第1期。

成就和对人类文明的重大贡献，增强对中华民族的认同感和自豪感。[①] 中国特色社会主义进入新时代以来，全国各族人民在党的团结带领下，勠力同心、砥砺前行，使党的民族工作不断取得历史性成就，各族人民的获得感、幸福感、安全感日益充实。因此，各族人民要更加紧密团结在中国共产党的周围，不断增强对中华民族的自觉认同，为实现强国建设和民族复兴继续奋斗。

对中华文化的认同，是各族人民对中华传统文化以及主流意识形态的传承赓续，是最深层次的认同。文化认同是民族团结之根、民族和睦之魂。政治安全问题既关乎国家主权和尊严，也涉及各族人民的文化认同。我国各民族在数千年交往交流交融中形成了多元一体的中华民族和中华文明，其中，文化认同起到了极其重要的作用。中华民族共同体是植根于中华优秀传统文化的共同体，是赓续古老文明的共同体。各民族对中华文化的认同，滋养着中华民族共同体的文化根基。因此，新时代，各民族在铸牢中华民族共同体意识的过程中，需要我们深入"研究和挖掘中华传统文化的优秀基因和时代价值，推动中华优秀传统文化创造性转化、创新性发展，繁荣发展社会主义先进文化，构建和运用中华文化特征、中华民族精神、中国国家形象的表达体系，不断增强各族群众的中华文化认同。"[②]

对中国共产党的高度认同是确保全国各族人民同心同德、融铸一体、团结奋进的政治基石和动力源泉。中国共产党是铸牢中华民族共同体意识的核心领导力量。各民族对党的认同并非自然铸就，而是在中华

[①] 参见《以铸牢中华民族共同体意识为主线　推动新时代党的民族工作高质量发展》，《人民日报》2021年8月29日。

[②] 习近平：《铸牢中华民族共同体意识　推进新时代党的民族工作高质量发展》，《求是》2024年第3期。

民族革命、建设和改革的长期实践中逐渐奠基而成。我们党一百多年的历史进程已然证明并将持续证明："中国共产党的领导是中国特色社会主义最本质的特征，是中国特色社会主义制度的最大优势。"① 因此，坚持党的领导是中华民族的命运所系；增强各族人民对中国共产党的认同是实现各民族凝心聚力的核心政治认同，在实践中为建设各民族"石榴籽紧抱""大家庭同心"的具有中国特色的民族共同体提供了根本政治引领。

对中国特色社会主义制度的认同是确保中华民族实现伟大复兴的动力之源。习近平总书记指出，中国特色社会主义，是科学社会主义理论逻辑和中国社会发展历史逻辑的辩证统一，是植根于中国大地、反映中国人民意愿、适应中国和时代发展进步要求的科学社会主义。② 各民族对中国特色社会主义制度的认同，是全面展示中国特色社会主义制度优越性的重要窗口，是团结中华各族同胞在新时代不断将"一张蓝图绘到底"的动力。新时代新征程上，增强各族人民对中国特色社会主义制度的高度认同，就是要坚持中国共产党领导中华民族伟大复兴的事业是正确的，必须长期坚持、永不动摇；中国共产党领导中国人民开辟的中国特色社会主义道路是正确的，必须长期坚持、永不动摇③，使各族人民对中国特色社会主义的高度认同内化为自身思想自觉、外化为行动自觉，不断为国家安全奠定坚实的制度基础。

---

① 《习近平著作选读》第1卷，人民出版社2023年版，第188页。
② 参见《毫不动摇坚持和发展中国特色社会主义　在实践中不断有所发现有所创造有所前进》，《人民日报》2013年1月6日。
③ 参见习近平：《在庆祝中国共产党成立95周年大会上的讲话》，《人民日报》2016年7月2日。

四、坚持中国特色解决民族问题的方法论原则

习近平总书记指出，党的民族工作创新发展，就是要坚持正确的，调整过时的，更好保障各民族群众合法权益[①]，要重点把握共同性和差异性、中华民族共同体意识和各民族意识、中华文化和各民族文化以及物质和精神这四对关系的关系。这"四对关系"贯穿着辩证唯物主义、历史唯物主义的世界观、方法论观点，对于新时代党的民族工作高质量发展具有重要的现实指导性和针对性。

"要正确把握共同性和差异性的关系，增进共同性、尊重和包容差异性是民族工作的重要原则。"[②] 正确把握共同性和差异性的辩证关系，是在实践中不断铸牢中华民族共同体意识的重要思维方法。数千年来，各民族之所以能够从多元交融走向一体融合，就在于人们从古至今对求同存异，能够正确处理共同性和差异性的关系。共同性则彰显了中华民族在兼容并蓄中不断增进共同性的民族品格，差异性彰显了中华民族贵和持中、和而不同的价值观念。几千年来，各民族在包容互鉴中交往交融，既增进了共同性，又尊重和包容了差异性。共同性与差异性在辩证运动中不断推动着各民族形成"魂"相依、"脉"相连、"心"相映的民族共同体。

"要正确把握中华民族共同体意识和各民族意识的关系，引导各民族始终把中华民族利益放在首位，本民族意识要服从和服务于中华民族

[①] 参见《以铸牢中华民族共同体意识为主线　推动新时代党的民族工作高质量发展》，《人民日报》2021年8月29日。

[②]《以铸牢中华民族共同体意识为主线　推动新时代党的民族工作高质量发展》，《人民日报》2021年8月29日。

共同体意识，同时要在实现好中华民族共同体整体利益进程中实现好各民族具体利益，大汉族主义和地方民族主义都不利于中华民族共同体建设。"[1] 中华民族共同体意识是国家层面最高的社会归属感、面向世界的政治归属感[2]。各民族意识指的是各民族在生发进程中，由于受不同地域、风俗、文化、习惯、宗教等因素的影响形成的对本民族身份的认同和归属。因此，二者层面不同、范畴不同。各民族意识应服从并服务于中华民族共同体意识，在实现好、维护好中华民族共同体整体利益的同时，使各民族的利益得以实现。如果过于强调各民族意识，在发展进程中只考虑本民族的利益，势必会造成民族隔阂和民族矛盾。

"要正确把握中华文化和各民族文化的关系，各民族优秀传统文化都是中华文化的组成部分，中华文化是主干，各民族文化是枝叶，根深干壮才能枝繁叶茂。"[3] 各民族文化是各族人民创新精神的成果，体现着各族人民守正不守旧、遵古不复古的进取精神。各民族文化是中华文化的组成部分，为中华文化注入强劲活力；中华文化是各民族文化扎根的沃土，为各民族文化繁荣发展提供了取之不竭的精神养分。因此，各民族文化的传承、保护、创新要在增强对中华文化认同的基础上来进行，不能本末倒置。各民族因生存环境、文化传统与风俗习惯的不同，孕育出千姿百态、异彩纷呈的各民族文化。各民族文化相互影响、相互促进、相互交融，最终使中华文化呈现出多样性特征，成就了中华文化的博大精深。因此，中华文化是各民族文化的统一体，两者之间是相辅相

---

① 《以铸牢中华民族共同体意识为主线　推动新时代党的民族工作高质量发展》，《人民日报》2021年8月29日。

② 参见中共中央统一战线工作部、国家民族事务委员会编：《中央民族工作会议精神学习辅导读本》，民族出版社2022年版，第70页。

③ 《以铸牢中华民族共同体意识为主线　推动新时代党的民族工作高质量发展》，《人民日报》2021年8月29日。

成、相互依存的紧密关系。

"要正确把握物质和精神的关系，要赋予所有改革发展以彰显中华民族共同体意识的意义，以维护统一、反对分裂的意义，以改善民生、凝聚人心的意义，让中华民族共同体牢不可破。"[1] 因此，实现物质与精神相协调，是妥善解决好民族问题的重要基础。正确把握物质和精神的关系，关键要把握物质和精神相辅相成。在民族工作中，我们既要解决好各民族"口袋"方面的问题，也要解决好各民族"脑袋"方面的问题，不能见物不见人、重物质轻精神。新中国成立以来，我国社会各方面都发生了巨大变化，尤其是改革开放以来，我国经济快速发展，综合国力进一步增强，人民生活不断改善，社会各项事业全面进步，但同时，敌对势力的渗透颠覆破坏活动却从未停止。各民族只有不断铸牢中华民族共同体意识，才能有效应对各种风险挑战及矛盾冲突。只有走以人民为中心的高质量发展道路，才能不断地满足全国各族人民对美好生活的向往，增强各民族的心理认同，不断凝聚中华民族伟大复兴的坚强伟力，让中华民族共同体牢不可破。

五、画好中华民族伟大复兴的最大同心圆

各族人民在数千年的历史进程中，形成了同呼吸、共命运的中华民族共同体。新时代新征程，以铸牢中华民族共同体意识为主线，推进中华民族共同体建设，必然要与中国式现代化同向而行。中国式现代化道路是各族人民朝着现代化方向团结挺进的航向标，国家安全是中国式现代化行稳致远的重要基础。在中国式现代化进程中，各民族在促进自身

---

[1] 《以铸牢中华民族共同体意识为主线　推动新时代党的民族工作高质量发展》，《人民日报》2021年8月29日。

发展的同时，也在不断增进各民族的共同性，不断厚植中华民族大家庭的鲜亮底色。中国式现代化为铸牢中华民族共同体意识、建设安定有序的中国特色社会主义国家绘就了发展图景。

铸牢中华民族共同体意识，要把握好"人口规模巨大"这一显著特征。五千多年的中华文明形成了人口规模巨大的中华民族。在如此庞大的人口数量和众多民族的前提之下推进中国式现代化，需要国家的良治善政和高超的民族事务治理智慧。从根本上讲，铸牢中华民族共同体意识就是要时刻把握人口规模巨大这一显著特征，在民族事务治理过程中，始终把为各族人民谋幸福、为中华民族谋复兴作为初心使命，坚决捍卫国家统一、民族团结，不断将中国式现代化推向前进。人口规模巨大的现代化是中国式现代化的"显著特征"，同样也是中华民族共同体建设的"显著特征"。正确认识并准确把握这一特征，对推进中华民族共同体建设至关重要。人口规模巨大这一特殊国情，对于中华民族共同体建设来说，既有显著优势也有复杂问题。拥有14亿多人口的中华民族，各民族彼此交往交流交融，共同开拓了辽阔的疆域、共同书写了悠久的历史、共同创造了灿烂的文化、共同培育了伟大的精神[1]。这就决定了铸牢中华民族共同体意识无疑能有效凝聚全国各族人民的强大力量、释放出强大动能。党的二十大报告指出，"实施科教兴国战略，强化现代化建设人才支撑"[2]，从中不难看出国家对人才的高度重视，尤其是大量的科技人才、大国工匠等专门人才以及高素质劳动力，他们是实现各民族经济高质量发展的重要基础。因此，在铸牢中华民族共同体意识的

---

　　① 习近平：《在全国民族团结进步表彰大会上的讲话》，《人民日报》2019年9月28日。

　　② 《中国共产党第二十次全国代表大会文件汇编》，人民出版社2022年版，第28页。

进程中，各民族要时刻注重对本民族地区专门型人才的培育和引进，重视高素质劳动力的教育培养与动态培训，为民族地区实现高质量发展打下扎实的人才基础。

铸牢中华民族共同体意识，要坚持"全体人民共同富裕"这一本质要求。"全体人民共同富裕"是中国式现代化的本质要求，为铸牢中华民族共同体意识奠定物质基础。实现共同富裕既体现了中国共产党"决不让一个兄弟民族掉队，决不让一个民族地区落伍"的庄严承诺，又反映了全国各族人民"一家人都要过上好日子"的共同企盼与强烈愿望。在各民族推进现代化建设过程中，实现全国各族人民共同富裕，需要"全国一盘棋"并在实现高质量发展的同时，不断保障和改善民生。具体而言，首先，要优化收入分配制度，调节收入分配差距。分配制度是促进共同富裕的基础性制度，具有根本性、全局性、稳定性和长期性等特点。在全国各族人民共同把"蛋糕"做大的基础上，需要通过合理的分配制度把"蛋糕"分好，实现收入分配合理、社会公平正义、全体人民共同富裕。其次，要深化民族地区的对口支援、政策帮扶工作。改革开放以来，我国通过一系列对口支援、政策帮扶工作，使各民族地区的优势得以充分发挥，加快了民族地区基础设施的完善，增加了民族地区的就业机会，拓展了民族地区的就业空间，推动了民族地区与其他地区的交流合作，实现了各民族之间交往交流交融，使各族同胞对"中华民族一家亲"的切实感知得以更加强化，为各民族共同建设中华民族共同体提供了坚实的物质基础以及强大的民族归属感与认同感。最后，各民族要找准自我发展的定位。中国特色社会主义进入新时代以来，随着以国内大循环为主体、国内国际双循环相互促进的新发展格局加速构建，各民族的现代化建设融入新发展格局已成为铸牢中华民族共同体意识、推进中华民族共同体建设的内在要求。因此，各民族尤其是民族地区只有在"两个全局"中找准自己的定位，才能实现更好的发展。

铸牢中华民族共同体意识，要坚定"物质文明和精神文明相协调"这一崇高追求。"物质富足、精神富有是社会主义现代化的根本要求"①，这是人类社会发展的必然趋势，也是中华文明传承和实践的经验总结。只有物质文明和精神文明建设都搞好，全国各族人民物质生活和精神生活都改善，才能持续推进中国式现代化。因此，在铸牢中华民族共同体意识、推进中华民族共同体建设过程中，应坚定"物质文明和精神文明相协调"这一崇高追求，在各民族实现物质富足的同时，也要强调各民族的精神富有，建设中华民族共有精神家园。在铸牢中华民族共同体意识、推进中华民族共同体建设进程中，需要从以下两个方面着力，不断构建中华民族共有精神家园：一方面，要以践行社会主义核心价值观为基本内容。核心价值观是一个民族赖以维系的精神纽带，是一个国家共同的思想道德基础。社会主义核心价值观涵盖了从国家到社会再到个人的系统性的内容，融合了中华各民族优秀传统文化的精髓，注入了革命文化和社会主义先进文化的新要求，是全国各族人民共同的价值追求的凝结，具有强大的引领性和导向性。另一方面，要以共享中华文化符号和中华民族形象为依托。随着时代的发展，我们要不断从中华优秀传统文化宝库中挖掘、研究、继承、创新中华文化符号和中华民族形象，助力中华民族共有精神家园建设，为中华民族共同体厚植中华文化符号和中华民族形象。

铸牢中华民族共同体意识，要紧抓"人与自然和谐共生"这一鲜明特点。人与自然和谐共生是中国式现代化的本质特征之一。在铸牢中华民族共同体意识，推进中华民族共同体建设过程中，要以中国式现代化

---

① 《中国共产党第二十次全国代表大会文件汇编》，人民出版社2022年版，第19页。

为指向，紧抓人与自然和谐共生这一鲜明特点，从人与自然和谐共生的生命共同体出发，着眼中华民族永续发展，形成各民族命运与共的绿色现代化发展格局。党的十八大以来，全国各族人民牢固树立并践行"绿水青山就是金山银山"的理念，坚持绿色发展，不断完善绿色低碳循环的发展体系，促进经济社会发展全面绿色转型，使全国各民族在经济发展的同时，推动人与自然和谐共生取得巨大进展。就全国各民族的生态文明建设情况而言，尤其要重视民族地区的生态文明建设。民族地区往往是我国的生态屏障区、资源富集区、水系源头区，同时也是生态脆弱区。因此，在推进各民族经济实现协同发展的同时，要重视各民族的生态协同，尤其要加强民族地区生态保护、筑牢祖国边疆生态屏障、实现经济社会绿色发展。具体而言，一是要健全生态文明制度体系。通过不断完善生态保护相关补偿机制，使民族地区的资源实现科学管理、有效配置、循环利用、高效节约，不断破解资源开发利用与生态保护之间的矛盾，使民族地区的绿水青山也能焕发出促进经济发展的勃勃生机。二是要形成人与自然和谐共生的意识共识。要高度重视意识形态在环境保护中的重要作用，采用多角度、多元化、多渠道的生态文明教育宣传方式，使各族人民对人与自然和谐共生观念形成共识。

铸牢中华民族共同体意识，要把握"走和平发展道路"这一突出特征。中华民族始终坚持走和平发展道路，是世界和平的建设者、全球发展的贡献者和国际秩序的维护者。在铸牢中华民族共同体意识、推进中华民族共同体建设进程中，要立足于世界与国家、民族与人民、历史与文化的纵横视野，以增进各民族的共同性为目的，形成支撑中国式现代化创造人类命运共同体的现实基础。中华民族共同体体现的是各民族的利益与国家命运融为一体，实现各民族共同团结奋斗、共同繁荣发展。人类命运共同体体现的是世界各国组成一个休戚与共的命运共同体，相互联系，相互依存。中华民族共同体与人类命运共同体在维护中国与世界的和平与发展方面实现了内外融通：对内，各民族形成你中有我、我中有你，谁也离不开谁的中华民族共同体；对外，走和平发展道路，在实现自身发展进程中推动构建人类命运共同体。中华民族共同体作为构建人类命运共同体的基础，在推进过程中，要时刻把握"走和平发展道路"这一突出特征，在解决国内各民族团结、发展、互助和共享问题的同时，同世界各国一道坚持世界各国主权平等、相互尊重、包容互鉴、公平正义，共同携手谱写人类和平共处、合作共赢的新篇章，共同建设和谐美好的新世界。

第二节　内蒙古自治区以铸牢中华民族共同体意识为工作主线

习近平总书记指出，铸牢中华民族共同体意识是新时代党的民族工作的"纲"，所有工作要向此聚焦。[①] 党的十八大以来，内蒙古自治区认真学习贯彻习近平总书记的重要讲话精神，把铸牢中华民族共同体意识作为各项工作的主线，不断抓紧抓实抓好，为祖国边疆安全奠定了坚实的基础。内蒙古自治区坚持从"七个方面"做模范，发挥模范和表率作用，并通过坚持"闯新路、进中游"，奋力谱写内蒙古新篇章；坚持"以文化人、以文惠民、以文润城、以文兴业"，着力建设文化强区；坚持"瞄准靶心"干实事，不断解决民生问题；坚持"绿进沙退"，同心绘就美丽生态画卷，不断为维护好国家安全和社会稳定贡献内蒙古自治区的力量。

---

① 参见《以铸牢中华民族共同体意识为主线　推动新时代党的民族工作高质量发展》，《人民日报》2021年8月29日。

一、"七个方面"做模范，发挥模范和表率作用

建设好模范自治区，是习近平总书记对内蒙古自治区一以贯之的要求。党的十八大以来，习近平总书记多次对内蒙古自治区建设好模范自治区提出明确要求，强调内蒙古自治区作为我国最早成立的民族自治区，在促进民族团结上具有光荣传统，长期以来拥有"模范自治区"的崇高荣誉，要倍加珍惜、继续保持。[①]内蒙古自治区人民始终紧紧团结在党的周围，高举各民族大团结旗帜，全面贯彻党的民族政策，深化民族团结进步教育，共同守卫祖国边疆安全，在新时代继续保持模范自治区的崇高荣誉。

全方位建设"模范自治区"是内蒙古自治区全面贯彻落实习近平总书记重要讲话和重要指示批示精神，奋力书写中华民族伟大复兴进程中内蒙古新篇章的重大战略举措。2023年7月，内蒙古自治区通过了《内蒙古自治区党委关于全方位建设模范自治区的决定》。该决定指出，内蒙古自治区要在感党恩听党话、紧跟习近平总书记奋进新征程上作模范、在铸牢中华民族共同体意识上作模范、在民族地区推进中国式现代化建设中作模范、在边疆民族地区走向共同富裕的道路上作模范、在兴边稳边固边上作模范、在边疆地区联通国内国际双循环上作模范、在弘扬新风正气上作模范[②]。内蒙古自治区全方位建设"模范自治区"，就是要通过全面统筹多方因素，把民族地区"五位一体"建设和全面深化改

---

① 参见《完整准确全面贯彻新发展理念　铸牢中华民族共同体意识》，《人民日报》2021年3月6日。

② 参见《内蒙古自治区党委关于全方位建设模范自治区的决定》，《内蒙古日报（汉）》2023年7月10日。

革等工作都聚焦于铸牢中华民族共同体意识这条主线，体现到模范听党话这个政治站位上来，从"七个方面"发挥全国模范和表率作用。"七个作模范"并非孤立存在，而是相互联系、相互协调、内在统一的有机整体。感党恩听党话跟党走是政治前提，铸牢中华民族共同体意识是工作主线，推进中国式现代化建设是中心任务，走向共同富裕的道路是发展目标，兴边稳边固边是政治责任，联通国内国际双循环是必然要求，弘扬新风正气是重要保障。[①] "七个作模范"体现着内蒙古自治区把习近平总书记对内蒙古自治区的重要指示精神作为根本遵循，以实际行动全面对标对表，整体把握、一体贯彻，牢固树立总体国家安全观，守好意识形态阵地，不断推进内蒙古自治区现代化建设的新篇章。

从自然状况上看，内蒙古自治区地处我国西部地区，是典型的生态敏感区和生态脆弱区。从经济社会发展来看，内蒙古自治区承担着诸多国家重大战略任务和政治责任。因此，内蒙古自治区在新时代党和国家的民族工作大局中具有特殊地位。内蒙古自治区的模范用一句话概括，就是"模范就模范在听党的话上"。内蒙古自治区70多年来的建设实践，为我国坚持和完善民族区域自治制度提供了成功范例，为维护国家统一、民族团结、边疆稳定作出了巨大贡献。自1947年成立至今，"感党恩、听党话、跟党走"一直都是内蒙古自治区人民始终如一的政治自觉和政治信仰。这种政治自觉与政治信仰逐渐化为内蒙古自治区人民对党忠诚的质朴丹心和吃苦能干的优良作风，在内蒙古自治区书写着一篇篇民族团结一家亲、命运与共勇担责的人间佳话。其中，既有"包钢为全国、全国为包钢"，各族儿女心手相连、同舟共济"齐心协力建包钢"，在荒滩上筑起钢城的故事，又有"接一个，活一个，壮一个"，

---

① 参见霍晓庆：《让"模范自治区"金字招牌更加熠熠生辉》，《内蒙古日报（汉）》2024年1月30日。

北疆儿女勇担"三千孤儿入内蒙"艰巨责任，演绎超越地域、血缘、民族的佳话；既有"在粮食问题上，必须坚持内销服从上调"，内蒙古自治区勒紧腰带，节衣缩食，忍饥受寒"克服困难捐粮畜"，助国家和兄弟省市渡难关的难忘经历，又有"军民团结如一人，试看天下谁能敌"，内蒙古自治区额济纳旗"最好牧场为航天"，举家搬迁，三易旗府，谱写舍小家为国家的感人篇章。这些发生在内蒙古自治区各民族唇齿相依、命运与共的事例，成为了内蒙古自治区吃苦耐劳为人民、团结进步感党恩、不忘初心听党话、坚定不移跟党走，从"七个方面"做模范的精神动力。内蒙古自治区人民不断凝心聚力、团结奋斗，不断运筹帷幄开新局、拓新篇，持续奏响全方位建设"模范自治区"的最强音。

二、"闯新路、进中游"，奋力谱写中国式现代化内蒙古新篇章

党的十八大以来，习近平总书记三次到内蒙古自治区考察调研并作出重要指示，要求内蒙古自治区建设成为我国北方重要生态安全屏障、祖国北疆安全稳定屏障、国家重要能源和战略资源基地、国家重要农畜产品生产基地、国家向北开放重要桥头堡[①]。"两个屏障""两个基地""一个桥头堡"是习近平总书记交给内蒙古自治区的"五大任务"，是着眼全国发展大局为内蒙古自治区量身定制的战略定位和行动纲领，涵盖了内蒙古自治区经济社会发展的方方面面，为新时代内蒙古自治区"闯新路、进中游"，实现高质量发展，奋力书写中国式现代化内蒙古新篇章指明了前进方向。

---

① 参见李春林：《内蒙古全方位建设"模范自治区"的思想认识新境界》，《理论研究》2023年第6期。

在新时代推动西部大开发座谈会上，习近平总书记指出，要坚持以高水平保护支撑高质量发展，筑牢国家生态安全屏障。优化国土空间开发保护格局，加强生态环境分区管控，加快推进重要生态系统保护和修复重大工程，打好"三北"工程三大标志性战役。[①] 就生态安全而言，作为中国北方重要生态安全屏障，内蒙古自治区要坚持生态优先、绿色发展导向，完善绿色低碳政策和市场体系，建立健全生态产品价值实现机制，积极推进区域碳中和市场建设，加快生态产业化和产业生态化步伐，持续打通绿水青山就是金山银山的理念转化通道，全力推进经济社会发展全面绿色转型。[②]

内蒙古自治区作为祖国的"北大门"、首都的"护城河"，是维护国家安全和边疆安宁的重要屏障，"在维护民族团结和边疆安宁上担负着重大责任。要见微知著，增强忧患意识，提高战略思维，有效防范民族工作领域的各种风险隐患，切实筑牢祖国北疆安全稳定屏障。"[③] 就边疆安全而言，内蒙古自治区通过多种举措和机制，最大程度凝聚守边固防的力量。2023年7月，内蒙古自治区审议通过了《内蒙古自治区筑牢祖国北疆安全稳定屏障促进条例》，为筑牢北疆安全稳定屏障提供了法律保障。除此之外，内蒙古自治区全区推行了草原110、戍边警务室、牧民哨所等共建平安内蒙古模式和党政军警民并肩守边护边固边稳边以及筑起保障国家安全、社会稳定、边境安宁三道防线，为守护祖国北疆安全筑牢了铜墙铁壁。

---

① 参见《进一步形成大保护大开放高质量发展新格局　奋力谱写西部大开发新篇章》，《人民日报》2024年4月24日。

② 参见《内蒙古自治区党委关于全方位建设模范自治区的决定》，《内蒙古日报（汉）》2023年7月10日。

③ 《不断巩固中华民族共同体思想基础　共同建设伟大祖国共同创造美好生活》，《人民日报》2022年3月6日。

内蒙古自治区是国家重要能源和战略资源基地，因此，立足能源资源优势，延长产业链条，加快用高新技术和先进适用技术改造传统产业和传统企业，不断提高能源资源综合利用效率，是保障内蒙古自治区能源安全的重要举措。就能源安全而言，内蒙古自治区积极抢抓新能源发展历史机遇，推动新能源开发建设快马加鞭。"截至今年5月底，全区新能源总装机规模达到10158万千瓦、占电力总装机的比重达到45%，同比提高了7.3个百分点，成为全国第一个新能源总装机突破1亿千瓦的省区。"① "新能源装备制造统筹推进，重点围绕风电、光伏、氢能和储能装备4条产业链建设，接断点、补短板、强弱项，进一步提升风电、光伏装备的整建制配套能力，补上了氢储装备链条上的空白。"②

内蒙古自治区作为全国十三个粮食主产区之一，粮食生产还大有潜力可挖，单产和科技贡献率还有很大提高空间。就粮食安全而言，作为国家重要农畜产品生产基地，内蒙古自治区始终把保障国家粮食安全摆在首位，加快实现农业农村现代化，增强粮食综合生产能力，确保农民平时产得出、供得足，农民种粮和地方抓粮不吃亏、有收益，极端情况顶得上、靠得住。一方面，内蒙古自治区努力为国家提供更多优质绿色农畜产品；另一方面，内蒙古自治区实现全链条推进农畜产品精深加工，为国家稳住了"粮袋子"，也为农牧民鼓起了"钱袋子"。从2019年至2023年，"5年来，全区粮食产量从全国第十位跃升至第六位，牛

---

① 《7.5%的含金量有多高？——数读内蒙古经济"半年报"》，内蒙古自治区人民政府网站，https://www.nmg.gov.cn/zwyw/jrgz/202407/t20240730_2548426.html.

② 《在新能源领域再造一个"工业内蒙古"》，内蒙古自治区自然资源厅网站，https://zrzy.nmg.gov.cn/xwdt/mtbd/202302/t20230216_2257279.html.

奶、羊肉、牛肉和羊绒、饲草产量稳居全国第一"①，为保障国家粮食安全作出了巨大贡献。

内蒙古自治区地处"三北"，外接俄罗斯、蒙古国，具有发展沿边开放的独特优势，是我国向北开放的前沿②。因此，把内蒙古自治区建设成为我国向北开放的前沿，通过进一步全面深化改革，扩大高水平对外开放，促进发展口岸经济，加强同俄罗斯和蒙古国的合作，实现各领域的高质量合作与发展。就产业安全而言，内蒙古自治区立足国家向北开放重要桥头堡的战略定位，"加快优化产业结构，立足能源产业优势、战略资源优势、农牧业优势，大力发展优势特色产业，因地制宜发展战略性新兴产业和先进制造业，推动有色金属产业高质量发展，积极发展数字经济和现代服务业，做优做强文旅产业，提升产业体系高端化、智能化、绿色化水平，探索资源型地区转型发展新路径，加快构建体现内蒙古特色优势的现代化产业体系"。③内蒙古自治区人民凝心聚力、抢抓机遇、不折不扣地努力完成习近平总书记交给内蒙古自治区的"五大任务"，指引内蒙古自治区人民在生态安全建设中植绿增蓝，绿进沙退；在边疆安全建设中，聚力护边，铜墙铁壁；在能源安全建设中，优化利用，新旧结合；在粮食安全建设中，稳国粮、增民利；在产业安全建设中，内外实现双循环，不断奋力书写为中国人民谋幸福、为中华民族谋复兴的内蒙古答卷。

---

① 《晋位升级，做大经济总量》，内蒙古自治区人民政府网站，https://www.nmg.gov.cn/ztzl/tjlswdrw/bsls/202303/t20230307_2268607.html.

② 参见《总书记为内蒙古发展指明方向》，新华网，http://www.news.cn/2023-06/09/c_1129683102.htm.

③ 《内蒙古自治区党委关于全方位建设模范自治区的决定》，《内蒙古日报（汉）》2023年7月10日。

三、"以文化人、以文惠民、以文润城、以文兴业"，着力建设文化强区

"以文化人、以文惠民、以文润城、以文兴业，展现城市文化特色和精神气质，是传承发展城市文化、培育滋养城市文明的目的所在。"[①]内蒙古自治区着力建设具有强大凝聚力和引领力的社会主义意识形态，不断以文化人；健全现代化的公共文化服务体系，不断以文惠民；着眼培育独具特色的城市精神，不断以文润城；坚持多样化的文化赋能，不断以文兴业，不断打造具有鲜明特色和深刻内涵的文化强区，形成维护国家安全的文化屏障。

就文化的本质而言，文化是人的本质力量的对象化，即文化是人活动的产物，从文化的功能来说，则是化人、育人。人既是文化的创造者，也是文化的产物。从人类社会活动所创造的成果的意义上，文化是文，还不是化。只有考虑到这些成果实现对人自身的改造，才是文化。新时代坚持以文化人，最根本的是用党的创新理论武装全党、教育人民，"建设具有强大凝聚力和引领力的社会主义意识形态，使全体人民在理想信念、价值观念、道德观念上紧紧团结在一起"[②]，不断用社会主义核心价值观铸魂育人，深化爱国主义、集体主义、社会主义教育，着力培养担当民族复兴大任的时代新人。新时代以来，内蒙古自治区坚持用习近平新时代中国特色社会主义思想铸魂育人，坚守"魂

---

① 《向全国各族人民致以美好的新春祝福　祝各族人民幸福安康祝伟大祖国繁荣昌盛》，《人民日报》2024年2月3日。

② 《中国共产党第十九次全国代表大会文件汇编》，人民出版社2017年版，第33页。

脉""根脉";坚持用社会主义核心价值观凝心聚力,构建中华民族共有精神家园;坚持用北疆文化,推动北疆大地上的优秀文化在新时代活起来、火起来,在传承和发展中华优秀文化的同时,实现对人们自身主观世界的改造,不断为内蒙古自治区凝聚起团结奋进的强大精神力量,切实维护祖国边疆的文化安全。

以文惠民要健全现代公共文化服务体系。发展公共文化事业、做好公共文化服务,是顺应时代发展潮流的必然选择和保障人民文化权益的内在要求,也是繁荣发展文化事业、保障文化安全不可或缺的基础性工程。习近平总书记指出,推动公共文化服务标准化、均等化,要坚持政府主导、社会参与、重心下移、共建共享,把"硬件"建设和"软件"建设结合起来,把"输血"和"造血"结合起来,完善公共文化服务体系,提高基本公共文化服务的覆盖面和适用性。[①]党的十八大以来,内蒙古自治区坚持以铸牢中华民族共同体意识作为各项工作的主线,牢固树立以人民为中心的文化发展思想,坚持建设物质文明与精神文明相协调的现代化为出发点和落脚点。一方面,内蒙古自治区通过不断健全现代化公共文化服务体系,不断繁荣发展文化事业和文化产业,推进文化自信自强。另一方面,内蒙古自治区通过不断加强公共文化设施建设,在持续完善基层公共文化服务网络的基础上不断铸就社会主义文化新辉煌。除此之外,内蒙古自治区深知推进公共文化服务数字化建设对壮大边境地区民族公共文化服务体系的重要作用。近年来,内蒙古自治区通过提升数字化智能化服务水平、掌握好网络文化阵地的主动权,使内蒙古自治区公共文化服务在"云端""指尖"对接,为打好意识形态安全主动战构建了公共文化服务安全体系。

[①]　参见《举旗帜聚民心育新人兴文化展形象　更好完成新形势下宣传思想工作使命任务》,《人民日报》2018年8月23日。

　　城市精神是一个城市自然和人文底蕴的集中体现，展示着一个城市的价值和追求，精神与城市相互造就、相互依存[①]。内蒙古自治区在着力打造文化强区地过程中，通过发掘、发扬城市精神，"将历史文化作为展现城市魅力的关键，在城市规划建设中注入北疆历史文化元素，把最具北疆特色的历史文化形态、文化印记、文化符号等充分展示出来，让公共空间充满人文气息，使城市成为内蒙古民族文化和情感记忆的有效载体"。[②] 以文润城，要以国家安全和国家自强为核心，彰显城市现代化的新风貌，展示一个城市的价值和追求。因此，内蒙古自治区不断立足北疆地区的城市文化特色，不断从中华优秀传统文化、革命文化和社会主义先进文化中培根铸魂、启智润心，提炼出能够体现内蒙古地区独具特色的城市精神。在实践中，内蒙古自治区一方面着眼于城市精神传播，通过鼓励每一位北疆儿女积极参与到城市精神的创建过程，不断激发民众对城市和国家的认同感和归属感，在实践中自觉维护城市的秩序与形象、国家的安全和利益。另一方面，内蒙古自治区还通过不断创新城市精神的话语体系，用多样化的话语体系讲好内蒙古自治区各个城市的故事，在实践中不断铸牢"中华民族大家庭"的思想意识，自觉与任何危害国家安全的行为作斗争。

　　以文兴业，为推动经济高质量发展提供支撑和动力，同时也为文化繁荣提供了物质基础和现实条件。早在2006年10月30日，时任浙江省委书记的习近平同志在《浙江日报》"之江新语"专栏刊发的《"文化经济"点亮浙江经济》一文中就富有远见地提出："所谓文化经济是对文

---

　　① 参见李安林：《建设中华民族现代文明的实践路径探赜》，《东吴学术》2024年第3期。

　　② 《紧紧围绕铸牢中华民族共同体意识工作主线推进北疆文化建设》，《内蒙古日报（汉）》2024年6月18日。

化经济化和经济文化化的统称，其实质是文化与经济的交融互动、融合发展。""'文化经济'的本质在于文化与经济的融合发展，说到底要突出一个'人'字。因此，我们在推进'文化经济'的发展中，要始终坚持以人为本，充分体现科学发展观的要求。"[①]中国特色社会主义进入新时代以来，内蒙古自治区全面贯彻落实习近平总书记重要指示精神，在实践中不断推动文化繁荣和经济发展互促共进，不断使内蒙古自治区实现物质与精神相协调发展。就现实而言，文化对激活发展动力、提高发展质量、深化经济体制改革具有重要作用。在实践中，内蒙古自治区一方面通过充分发挥文化在经济发展中的重要作用，依托非物质文化遗产、文物建筑、革命文物、工业遗产、传统村落等各类文化资源，坚持做好"文化＋"这篇大文章。另一方面，通过积极打造北疆文化品牌，在创新文化产品与文化产业发展业态中，促进各民族交往交流交融，不断铸牢中华民族共同体意识。

四、"瞄准靶心"干实事，不断解决民生问题

关注民生、重视民生、保障民生、改善民生，这既是党和政府的根本职责和价值旨归，也是防范化解重点领域的风险和挑战、保持社会和谐稳定的重要保障。党的十八大以来，内蒙古自治区在中国共产党的领导下，贯彻落实习近平总书记重要讲话精神，坚持以人民为中心的发展思想，认真贯彻党中央决策部署；坚持"瞄准靶心"干实事，不断保障和改善民生，在全面建成小康社会、乡村振兴、提高就业质量和人民收入水平、教育事业、医疗事业、社会保障等方面，不断作出新作为、

---

① 习近平：《之江新语》，浙江人民出版社2007年版，第232页。

产生新成效，使内蒙古自治区人民的获得感、幸福感、安全感进一步提高。

全面建成小康社会是中华民族实现千百年来的夙愿，小康一头连着中华民族的"大梦想"，一头连着每个家庭、每个中国人的"小日子"。全面小康，覆盖的领域要全面，是"五位一体"全面进步的小康；覆盖的人口要全面，是惠及全体人民的小康；覆盖的区域要全面，是城乡区域共同的小康。在同步全面建成小康社会方面，内蒙古自治区团结带领全区各族干部群众，在以习近平同志为核心的党中央的正确领导和部署下，坚持以"不负人民"为原则，经过精准扶贫、精准脱贫，实现"157万贫困人口全部脱贫，57个贫困旗县全部摘帽，3681个贫困嘎查村全部出列"①，脱贫攻坚任务取得了历史性的成就，深刻诠释了内蒙古自治区为解民所盼，不怕吃苦赢脱贫的精神。

实施乡村振兴战略，是以习近平同志为核心的党中央着眼党和国家事业全局，顺应亿万农民对美好生活的向往，对"三农"工作作出的重大决策部署，是决胜全面建成小康社会、全面建设社会主义现代化国家的重大历史任务。习近平总书记指出，全面推进乡村振兴，实施好百万移民致富提升行动，建设美丽乡村，促进乡村移风易俗。巩固拓展脱贫攻坚成果，深化定点帮扶、社会帮扶，坚决防止发生规模性返贫。②在乡村振兴方面，内蒙古自治区按照"产业兴旺、生态宜居、乡风文明、治理有效、生活富裕方针"，全面推进乡村振兴，仅2022年一年，改造城镇老旧小区1571个、老旧管网2170千米，建成农村牧区公路6261千米、

---

① 《2023年内蒙古自治区政府工作报告》，内蒙古自治区人民政府网站，https://www.nmg.gov.cn/zwgk/zfggbg/zzq/202301/t20230118_2216682.html.

② 参见《建设黄河流域生态保护和高质量发展先行区　在中国式现代化建设中谱写好宁夏篇章》，《人民日报》2024年6月22日。

改造户厕10多万个 [①]，有效巩固了脱贫成果，深刻诠释了内蒙古自治区为解民所需，乡村振兴防返贫的精神。

就业是最大的民生工程、民心工程、根基工程，是社会稳定的重要保障，必须抓紧抓实抓好。因此，提高保障和改善民生水平，不断提高就业质量和人民收入水平、缩小收入差距是促进社会公平正义、增进人民福祉的出发点和落脚点。在提高就业质量和人民收入水平方面，内蒙古自治区坚持全面落实就业优先政策，不断完善重点群体就业支持政策体系，精准有效实施减负稳岗扩就业各项政策措施，强化就业兜底帮扶。从2018年到2022年，"城镇新增就业年均20万人以上" [②]，整体提高了人民的就业质量和收入水平，深刻诠释了内蒙古自治区为解民所愁，提高就业保民生的精神。

文化兴则民族兴，教育强则国家强。一体推进教育科技人才事业发展，是构筑人才竞争优势的重要途径。"科技创新靠人才，人才培养靠教育，教育、科技、人才内在一致、相互支撑。要增强系统观念，深化教育科技人才体制机制一体改革，完善科教协同育人机制，加快培养造就一支规模宏大、结构合理、素质优良的创新型人才队伍。" [③]在发展教育事业方面，内蒙古自治区坚持把教育事业放在优先位置，不断提升职业教育、高等教育与高质量发展的契合度，在2022年，"共创建146个国家一流专业建设点，实现高校 A 档学科零的突破" [④]，深刻诠释了内蒙

---

① 《2023年内蒙古自治区政府工作报告》，内蒙古自治区人民政府网站，https://www.nmg.gov.cn/zwgk/zfggbg/zzq/202301/t20230118_2216682.html.

② 《2023年内蒙古自治区政府工作报告》，内蒙古自治区人民政府网站，https://www.nmg.gov.cn/zwgk/zfggbg/zzq/202301/t20230118_2216682.html.

③ 习近平：《在全国科技大会、国家科学技术奖励大会、两院院士大会上的讲话》，《人民日报》2024年6月25日。

④ 《2023年内蒙古自治区政府工作报告》，内蒙古自治区人民政府网站，https://www.nmg.gov.cn/zwgk/zfggbg/zzq/202301/t20230118_2216682.html.

古自治区为解民所难，教育优先勇突破的精神。

"人民健康是民族昌盛和国家富强的重要标志。"[①] 健康关系人民切身利益，关系千家万户幸福安康，是重要的民生问题。医疗卫生事业是涉及千家万户幸福安康、关系群众切身利益的民生大事。在医疗事业发展方面，内蒙古自治区通过推广"互联网＋医疗健康"，使优质医疗资源有序下沉，为居民提供更优质、更便捷的医疗服务；完善分级诊疗制度，为有需求的居民提供家庭病床和特需上门医疗护理服务；提升基层医疗卫生服务能力，确保群众看得了病、看得起病，深刻诠释了内蒙古自治区为解民所忧，多种方式促医疗的精神。

"社会保障是保障和改善民生、维护社会公平、增进人民福祉的基本制度保障，是促进经济社会发展、实现广大人民群众共享改革发展成果的重要制度安排，发挥着民生保障安全网、收入分配调节器、经济运行减震器的作用，是治国安邦的大问题。"[②] 在社会保障方面，内蒙古自治区大力发展养老事业和养老产业的同时，不断健全完善社会保障体系、精准落实各项救助政策、完善生育支持政策体系，不断提高内蒙古自治区人民的幸福感和获得感，深刻诠释了内蒙古自治区为解民所急，体系政策护社保的精神。

五、"绿进沙退"，同心绘就美丽生态画卷

边疆生态安全治理关乎总体国家安全。党的十八大以来，我们党

---

① 《中国共产党第十九次全国代表大会文件汇编》，人民出版社2017年版，第39页。

② 习近平：《促进我国社会保障事业高质量发展、可持续发展》，《求是》2022年第8期。

始终将生态文明建设作为关系中华民族永续发展的根本大计统筹部署工作，使我国生态文明建设从理论到实践都发生了重大变化，美丽中国建设不断取得新的历史性成就、发生新的历史性变革，为总体国家安全奠定了坚实的基础。内蒙古自治区作为中国北方面积最大、种类最全的生态功能区，担负着国家"三北"工程六期沙化土地治理60%的任务，是我国治理荒漠化的主战场、防御沙尘暴的主防线。自全面打响"三北"工程建设以来，内蒙古自治区认真践行生态文明理念，加速推进科学治沙、综合治沙、依法治沙，实现了从"沙进人退"到"绿进沙退"的历史性转变，不仅通过改善生态环境增进了民族团结、强化了国家认同，而且为社会发展提供了"绿色屏障"，形成防范风险的"防御盾牌"。

"三北"地区分布着全国84%的沙化土地、八大沙漠和四大沙地，有七个强风蚀区、三十四个风沙口和三条主要沙尘暴路径区，这里是我国自然条件最恶劣、生态最脆弱、荒漠化最严重的地区。对此，习近平总书记指出，要加强荒漠化综合防治，深入推进"三北"等重点生态工程建设，事关我国生态安全、事关强国建设、事关中华民族永续发展，是一项功在当代、利在千秋的崇高事业。要勇担使命、不畏艰辛、久久为功，努力创造新时代中国防沙治沙新奇迹，把祖国北疆这道万里绿色屏障构筑得更加牢固，在建设美丽中国上取得更大成就。[①] 数十年来，"三北"地区人民经过坚持不懈防沙治沙，创造了荒漠变绿洲、荒原变林海的生态奇迹，为祖国守好自然生态安全边界、促进生态环境持续改善，实现中华民族永续发展奠定生态环境基础。2023年6月，习近平总书记在内蒙古自治区巴彦淖尔市主持召开加强荒漠化综合防治和推

---

① 参见《勇担使命不畏艰辛久久为功　努力创造新时代中国防沙治沙新奇迹》，《人民日报》2023年6月7日。

进"三北"等重点生态工程建设座谈会中强调，要统筹山水林田湖草沙综合治理，精心组织实施京津风沙源治理、"三北"防护林体系建设等重点工程，加强生态保护红线管理，落实退耕还林、退牧还草、草畜平衡、禁牧休牧，强化天然林保护和水土保持，持之以恒推行草原森林河流湖泊湿地休养生息，加快呼伦湖、乌梁素海、岱海等水生态综合治理，加强荒漠化治理和湿地保护，加强大气、水、土壤污染防治，在祖国北疆构筑起万里绿色长城。[①] 习近平总书记的重要指示精神，为内蒙古自治区进一步推进"三北"工程建设指明新的航标，在实践中将继续创造生态奇迹，为国家安全保驾护航。

黄河"几字弯"攻坚战片区，山水林田湖草沙生态要素俱全，是我国北方多个生态功能交汇区，因此该地区的生态治理对确保各民族公平享受宜居环境、夯实共同繁荣基础具有重要作用。近年来，在黄河"几字弯"攻坚战片区，内蒙古自治区鄂尔多斯市通过栽植沙障、造林种草、光伏治沙等措施，使得日均治沙面积显著性提高。在科尔沁和浑善达克沙地歼灭战片区，通辽市实施"五个千万"工程，推动沙区生态、生产、生活融合发展[②]。内蒙古自治区西部的乌兰布和沙漠边缘，"光伏 + 生态治理"项目，"板上发电、板下种植、板间养殖"立体化发展模式，努力实现增绿、增能、增收的多赢，不断改变着乌兰布和沙漠的旧貌。经过内蒙古自治区全区各地快马加鞭、紧锣密鼓推进生态文明治理，2023 年初步统计，"全年完成营造林面积 51.1 万公顷。其中，人工造林 13.4 万公顷，飞播造林 1.1 万公顷，封山育林 2.0 万公顷，退化林修

---

① 参见《把握战略定位坚持绿色发展　奋力书写中国式现代化内蒙古新篇章》，《人民日报》2023 年 6 月 9 日。

② 参见霍晓庆：《日均 4.3 万亩！"绿色版图"扩张跑出加速度》，《内蒙古日报（汉）》2024 年 1 月 23 日。

复15.2万公顷，中、幼林抚育（作业）面积19.3万公顷。年末全区森林面积2382万公顷，森林覆盖率为20.79%。全区共有自然保护区216个。其中，国家级自然保护区29个，自治区级自然保护区64个。自然保护区面积1294.7万公顷。其中，国家级自然保护区面积426.1万公顷。"[①] 如今，库布其沙漠由"死亡之海"成为了全球荒漠化防治的典范。内蒙古自治区多伦县由"狂风一起，黄沙漫天"成为京津冀地区避暑胜地。鄂托克前旗坚持增绿和治沙、自然恢复和人工修复相结合，使得857万余公顷的毛乌素沙地已然变成一片林海，实现了"沙进人退"到"绿进沙退"再到"人沙和谐"的华丽转变。

第三节　内蒙古自治区全力打造北疆文化品牌

"北疆文化是中华文化的重要组成部分，经历了漫长的演进历程，具有悠久且厚重的历史积淀，凝聚了中国历史上各民族的共同智慧，承载着北疆地区各民族共同奋斗、融为一体的共同历史记忆，北疆文化起源、形成、发展和壮大的演进历程与中华文明总体进程基本同步。"[②] 内蒙古自治区自全力打造"北疆文化"品牌以来，不断以多方展示，领略北疆文化的深厚底蕴：以多维供给，实现文化事业的繁荣兴盛；以多样呈现，促进文化产业的蓬勃发展；以多域联动，擦亮北疆文化的红色品牌，着力实现全方位打造祖国北疆靓丽的文化品牌。这不仅是全面贯彻落实习近平文化思想的重要体现，而且是新时代民族地区铸牢中华

---

① 《内蒙古自治区2023年国民经济和社会发展统计公报》，《内蒙古统计》2024年第1期。

② 彭丰文：《北疆文化的历史根基与演进历程》，《内蒙古社会科学》2024年第4期。

民族共同体意识的重要内容，对于进一步强化国家认同、增进民族团结、维护边疆安全与稳定提供了深厚的历史根基和文化滋养具有重要意义。

一、多方展示，领略北疆文化的深厚底蕴

北疆文化的形成和发展是一个动态过程，蕴含着深厚的历史底蕴、民族交融与人文之美。内蒙古自治区通过充分展现北疆文化多彩样态、深度挖掘历史文化遗产中的北疆文化故事、善用北疆文化优秀版物凝心铸魂等多种方式，使各族人民深刻领略北疆文化的深厚底蕴的同时，还能切实感知北疆儿女所特有的智慧与激情，不断为铸牢中华民族共同体意识、消解分裂话语的生存土壤奠定坚实的基础。

首先，充分展现北疆文化多彩样态。内蒙古自治区是一个具有厚重的历史文化和丰富的人文资源的民族地区。其中，红色文化、草原文化、黄河文化、长城文化等为中华文化的源远流长和中华文明的博大精深注入了源头活水。内蒙古自治区着眼于传承中华优秀传统文化，打造"北疆文化"品牌，通过深入挖掘并研究北疆文化中所蕴含的优秀思想、道德规范、人文精神等，让全国各族人民能够真切感知北疆文化的脉搏、领略北疆文化的神韵、汲取北疆文化的精髓。内蒙古自治区将历史上的名人、名家、名作等文化资源与景点打造、公园建设、广场规划相结合，规划建设出"民族团结名人堂""丝绸之路纪念馆"等红色文化景区，使各族人民能直观感受北疆文化凝聚人心、淳化民风等方面的独特魅力。[①] 除此之外，传统技艺等非物质文化遗产也是北疆文化的重要展示

---

① 参见《紧紧围绕铸牢中华民族共同体意识工作主线推进北疆文化建设》，《内蒙古日报（汉）》2024年6月18日。

窗口。例如，距今已有600多年传承历史的掐丝珐琅画，既是一门传统的古老技艺，也是当下呈现北疆文化的一个良好载体。极具思想与智慧的内蒙古人民通过将北疆文化元素融入掐丝珐琅画。在创造过程中，既立足于传统文化的沃土，又加入北疆文化内涵，使作品兼具传统工艺的同时，又具有北疆文化的民族特征，在传承发展中不断通过历史叙事与掐丝珐琅画相结合，勾勒出"共属于中华"的集体记忆。内蒙古自治区通过对"北疆文化"品牌的打造，使北疆文化以多彩的样态慢慢融入各民族的生产生活中、融入大众文化之中，不断引领内蒙古人民万众一心、众志成城把祖国北部边疆这道风景线打造得更加亮丽。

其次，发掘历史文化遗产的北疆文化故事。内蒙古自治区有着极为丰富和宝贵的历史文化遗产，因此，对其进行保护，防止历史文脉断裂；对其进行研究，发掘其中所蕴含的文化故事，意义重大、责任重大。在实践中，内蒙古自治区十分重视系统保护好自然村落、历史建筑、工业遗产等历史文脉。"通过加强对元上都、辽上京、赵长城、阴山岩刻、万里茶道等文化遗产的保护性开发，充分发挥其在提供公共文化服务、满足群众精神文化需求、增强中华民族共同体意识等方面的重要作用。"[①]此外，内蒙古自治区还通过系统保护并加大培养呼麦、长调、蒙医药等非物质文化遗产的传承人，接续传承老祖宗代代相传的文化遗产。除以上加大对历史文化遗产的保护以延续文脉之外，内蒙古自治区又通过对古籍进行科学的修复和数字化，使大量饱经历史沧桑的珍贵古籍"重获新生"，实现了用古籍史实诉说北疆文化故事的现代化形式。卷帙浩繁的古籍是中华文化的根基，是文化创新的宝藏。近年来，内蒙古自治区十分重视古籍保护。其中，呼和浩特市书馆所藏古籍文献类目

---

① 《紧紧围绕铸牢中华民族共同体意识工作主线推进北疆文化建设》，《内蒙古日报（汉）》2024年6月18日。

遍及经史子集丛各类，早至明清刻本，近至民国影印本和石印本，既有古人书信集锦，还有地方风物文化等，这些珍藏古籍以文字的形式记载了边疆始终是中华民族不可分割的一部分的历史事实，成功消解了历史虚无主义的渗透。

最后，用北疆文化优秀出版物凝心铸魂。北疆文化的优秀出版物从内容上记录了各民族共建中华民族共有精神家园的历史，为铸牢中华民族共同体意识、推进中华民族共同体建设提供了有益的知识供给、思想支持和智力支撑。蒙古族文学历史悠久，包括神话传说、萨满教祭词神歌、祝赞词、民歌、英雄史诗、叙事诗、民间故事等多种体裁，内容丰富，形式独特。蒙古族医药学是蒙古族在长期同自然界和疾病进行斗争的实践中积累下来的，是中国传统医学的重要组成部分。元朝时，由于国内各地之间及国内外之间沟通、交流频繁，蒙医药得到很大发展。清代蒙医药学家占布拉道尔吉所著的《蒙药正典》更是被称为"蒙古族的《本草纲目》"。除此之外，《蒙古秘史》《蒙古黄金史》《蒙古源流》也被称为蒙古族三大历史名著。其中，13世纪中叶的《蒙古秘史》，既是我国蒙古族最早用畏兀蒙古文写成的蒙古族历史巨著，又是一部优秀的蒙古族文学作品，如今被译为《元朝秘史》或《元秘史》。目前，蒙古族文学更加繁荣，是我国当代文学的重要组成部分。民族文献的书写与互译呈现出各民族之间互帮互助、互学互享、互敬互信的交往关系。不仅有利于透视各民族文字符号中所蕴含着中华民族共同体的基因，而且为提升国家软实力、破解地缘围堵、维护边疆安全与稳定夯实坚实的基础。

二、多维供给，实现文化事业的繁荣兴盛

文化是一个国家、一个民族的灵魂。在中华民族伟大复兴战略全局

和世界百年未有之大变局交互之下，文化越来越成为影响一个民族凝聚力和创造力的重要因素、越来越成为影响一个国家综合国力的重要软实力。因此，通过深度挖掘、系统研究内蒙古自治区的文化资源，着力促进北疆文化的思想精髓贯穿于区域现代化建设的全过程，既是内蒙古自治区繁荣文化事业的重要途径，也是将北疆文化符号转化为抵御分裂、凝聚认同的战略工具。具体而言，在实践中推进内蒙古自治区文化事业的繁荣发展，可以通过不断完善公共文化服务体系、拓展文化的传播途径、丰富文化供给形式等多维供给，不断实现北疆文化的创造性转化和创新性发展。

首先，完善公共文化服务网络。习近平总书记强调，要推动公共文化服务标准化、均等化，坚持政府主导、社会参与、重心下移、共建共享，完善公共文化服务体系，提高基本公共文化服务的覆盖面和适用性。[①] 因此，就内蒙古自治区以多维供给，实现文化事业的繁荣兴盛，全力打造北疆文化品牌而言，要坚持完善公共文化服务体系，为内蒙古自治区人民提供基本的公共文化服务，不断满足每一位北疆儿女对多样化、多层次、多方面的精神文化需求，为促进各民族文化交流互鉴，推动中华文化的繁荣发展夯实坚实的基础。在实践中，内蒙古自治区坚持以民为本的价值理念贯穿于文化建设的各环节，为人民群众提供高品质、精准化的文化服务。内蒙古自治区积极推进博物馆、科技馆、图书馆等文化场所规划建设；采取对公共图书馆、文化馆、美术馆、综合文化站免费开放；构建农家书屋、社区书房、文化驿站等打通文化惠民"最后一公里"；广泛开展以弘扬北疆文化为主题的群众文化活动，创

---

① 参见《举旗帜聚民心育新人兴文化展形象　更好完成新形势下宣传思想工作使命任务》，《人民日报》2018年8月23日。

新实施文化惠民工程，更好满足各族群众精神文化需求。[①]内蒙古自治区在不断发展并完善公共文化服务体系的过程中，不断通过保障人民享有文化权益、精准提供多样化文化服务、着力补齐文化发展短板等多种途径，为北疆文化打牢了传播基础，为促进各民族共享精神家园筑牢思想根基。

其次，拓展文化的传播途径。北疆文化是中华优秀传统文化的重要组成部分，是内蒙古人民在"中华民族大家庭"中不断交往交流交融所形成的具有鲜明特色的地域文化。内蒙古自治区正处在实现高质量发展的关键时期，城市的蝶变、经济的发展，尤为需要以文化引领铸牢中华民族共同体意识、以文化的影响力提升民族凝聚力、以文化的推动力提升区域竞争力、以文化的创造力提升经济驱动力。因此，多渠道拓展的传播途径是推进实现文化事业的繁荣兴盛的有效途径。具体而言，一是文化资源作为一种区域发展的战略资源，在实践中应充分利用其在招商引资、传播引流的重要作用，在各民族交往交流中不断拓展不同民族间文化交流与合作的深度和广度。例如，可以通过文化"走出去"的方式，支持本土优秀剧目、文化艺术品到全国各地甚至世界各地巡演巡展；通过文化"引进来"的方式，鼓励国内具有深厚的中华文化底蕴的表演团队来内蒙古自治区开展文化间的交流合作。二是以高水平文化活动推动各民族人文交流与互动，增进各族人民的相互了解和加深各民族对唇齿相依的命运共同体的理解，不断提升北疆文化影响力吸引力。例如，积极开展乌兰牧骑艺术节、"感知中国"·内蒙古文化周等独具地域特色、内蕴北疆文化底蕴的文化活动。除此之外，阅读也是传播北疆文化的一种有效途径。例如，大中小幼等类学校通过开展北疆文化全民

---

① 参见《紧紧围绕铸牢中华民族共同体意识工作主线推进北疆文化建设》，《内蒙古日报（汉）》2024年6月18日。

阅读等系列活动，通过从"课本"到"生活"、从"认知"到"实践"，让北疆文化在学生心中生根发芽，不断为铸牢中华民族共同体意识"润底色、强根基"。

最后，丰富文化供给形式。随着文化产业数字化发展，运用5G、人工智能、大数据、云计算等信息技术赋能文化产业，越来越成为激发人民群众文化创新创造活力的有效途径，不仅能够催生文化新业态和新动能，而且能打破时空限制扩大覆盖面，实现以更具包容性、创新性和互动性的方式促进各民族文化的互鉴与交融，不断增强各族人民的"向心力"凝聚。从科技创新发展趋势看，人工智能技术迭代加速和新一代信息基础设施日臻成熟，文化数字化成为一种新的现代化文化供给形式，为北疆文化的繁荣发展提供以信息技术赋能文化供给的形式，能更好地丰富人民群众的精神文化生活。例如，北疆文化古籍资源库平台是内蒙古大学和内蒙古自治区社会科学院联合研发的古籍资源库平台。该平台实现了将现代信息技术与传统文化遗产保护相融合，是目前国内外以数字化存储蒙古文古籍文献最多、检索分析智能化程度最高的古籍资源库，体现了文化遗产数字化保护领域的一大进步。北疆文化古籍资源库平台可以利用图像检索、文字识别、知识图谱等技术，实现对古籍内容的自动识别、校对以及分类。这不仅有效提升了数据处理的效率和准确性，而且为学者和公众进行古籍检索和研究提供了强大的技术支持。不仅解决了古籍保护的难题，也为中华传统文化的传承创新开辟了新的路径，对促进民族团结、提升中华文化软实力和文化自信具有重要意义。[①]

---

① 参见白莲：《我区建成北疆文化古籍资源库平台》，《内蒙古日报（汉）》2024年4月1日。

三、多样呈现，促进文化产业的蓬勃发展

文化产业的繁荣发展既是国家文化软实力的重要体现，也是文化强国建设的题中之义；既是民族团结的"黏合剂"，也是国家安全的"软铠甲"。习近平总书记指出，文化产业既有意识形态属性，又有市场属性，但意识形态属性是本质属性。一定要牢牢把握正确导向，坚持守正创新，确保文化产业持续健康发展。[①]就内蒙古自治区而言，在全力打造北疆文化品牌进程中，要顺应人民群众的文化需求以及文化消费偏向，全力打造北疆旅游文化品牌、北疆饮食文化品牌、北疆创意文化品牌。不仅能够使北疆文化发挥文化创造力和推动力的同时，还能借助北疆文化产业的发展，使各民族在交往交流交融中助力兴边富民，不断筑牢中华民族大家庭的思想根基。

首先，打造北疆旅游文化品牌。文化和旅游产业是城市建设的重要支撑，是衡量城市综合竞争力的重要指标，对城市发展具有综合带动作用。文化和旅游产业赋能城市更新要坚持在保护中发展、在发展中保护，妥善处理保护与开发的关系。因此，在"文化+旅游"全力打造北疆旅游文化品牌的过程中，在加强对历史文化遗产的保护的同时，深入发掘历史文化资源，延续历史文脉；在善用文物建筑、历史建筑、历史文化街区发展文化和旅游项目的同时，更好体现人文精神和时代风貌；在坚持产业赋能，科技驱动，推动形成科学合理的项目运营模式的同时，有效盘活利用城市既有存量空间。内蒙古自治区通过推动文化产业和旅游产业融合发展，紧密围绕人民群众的文旅新需要拓展文旅体验场

[①]《习近平谈文创产业：守正创新，坚持正确导向》，中华人民共和国中央人民政府网站，https://www.gov.cn/xinwen/2020-09/18/content_5544382.htm.

景、应用场域和发展模式，提供高质量、高水准的文旅服务，让人们在领略自然风光的同时，感悟文化的深厚底蕴。当前，内蒙古自治区紧紧"依托内蒙古丰富的森林、草原、沙漠、湿地等自然和历史人文资源，打造生态康养度假区、民俗风情园、慢生活体验带等旅游景点，推出更多新项目、新线路、新玩法，让国内外游客吃好、住好、玩好，增强旅游的文化内涵，让旅游成为人们感悟北疆文化的过程。"[①] 通过"旅行+城市特色"模式，内蒙古自治区因地制宜规划建设富含北疆文化元素的城市街区、特色村镇；通过"旅行+名胜古迹"模式，着力打造彰显北疆文化底蕴的名胜古迹；通过"旅行+工业"模式，推出一批钢铁、航天、新能源等内蒙古自治区工业新名片。"旅行+"模式的推出，不仅能够使各民族在交往交流交融过程中带动内蒙古自治区经济的发展，而且能够使北疆文化在内蒙古自治区传承弘扬，不断将中华民族共同体意识融入到内蒙古自治区旅游业发展全过程。

其次，打造北疆饮食文化品牌。美食是中华文化传播的重要载体，载着各族人民的智慧。各民族传统食物制作的技艺和传统烹饪方法的魅力，向外传递着一种价值观。这种价值观保障了文化的多样性和独特性，在文明赓续中不断传承和发展。内蒙古自治区横跨"三北"，各地饮食各有其味、各有其美。内蒙古自治区的饮食不仅能激发人们对当地的地方特色和旅游文化的兴趣和探索，而且还可以帮助游客了解到内蒙古自治区的食材特色、传统菜肴以及与历史文化和地理环境相关的饮食习俗。"文化+饮食"是传播饮食文化的有效途径。内蒙古自治区特有的地域特色和文化传承形成了该地区独特的饮食文化。因此，在发掘内蒙古饮食文化的历史渊源和流派传承过程中，向各族人民展示内蒙古自治区特有

---

① 《紧紧围绕铸牢中华民族共同体意识工作主线推进北疆文化建设》，《内蒙古日报（汉）》2024年6月18日。

的饮食文化，有利于促进不同民族之间的相互理解、相互尊重。"文化＋饮食＋特产"，即以美食为载体、以文化为纽带、以特产为依托，点亮内蒙古自治区各盟市的饮食地图。通过挖掘美食背后所蕴含的文化、符号、地标等价值，能够让各地的人们在听到内蒙古自治区独特正宗美食的时候，首先联想到内蒙古地区的历史与文化。例如，在草原上盛行了近千年的手把肉，是内蒙古自治区独具特色的年夜饭里的一道菜，最为精髓的就是手把肉的品尝方式——整块的肉可以直接用手大快朵颐。吃上一顿正宗的手把肉，能够让人深刻感受到内蒙古人民深藏其中的豪爽与热情。

最后，打造北疆创意文化品牌。"文化＋创意"作为连接传统与现代、文化与经济的桥梁，在促进民族团结中具有独特作用。通过将各民族的文化符号、历史记忆与当代审美、市场需求相结合，文创产品不仅能激活文化认同，更能以"润物细无声"的方式推动各民族情感共融、利益共享，为铸牢中华民族共同体意识提供创新载体。内蒙古自治区要全面打造北疆文化品牌，关键是要打造一批有代表性、影响力、竞争力的北疆文化产品品牌。"文化＋创意"打造出的文创产品，是北疆文化创造性转化和创新性发展的有效途径。通过文创产品，可以让中华优秀传统文化、北疆文化以及自古内蒙古人民与其他民族交往交流交融的故事以物质形态融到现代人日常生活当中，从而实现在赓续优秀传统文化的同时，不断推动区域经济发展。例如，内蒙古自治区将发生在内蒙古地区的故事、地标建筑、特色美食等做成文创印章，吸引各地大量的年轻人前来打卡。除上述主题作品外，还有其他一系列主题作品，如红色文化主题系列作品、绿色发展系列主题作品、非遗保护系列主题作品等。这些文创作品不仅以物的形态使人们深刻感受到各民族是如何广泛交流和深度交融的，进而在有形有感中有效地铸牢中华民族共同体意识，而且能够使北疆文化逐渐内化于各族同胞的内心之中。

四、多域协同，擦亮北疆文化的红色品牌

内蒙古自治区地域辽阔，横跨东北、华北、西北三大区域，自古以来就是各民族交往交流交融的热土。各民族人民在这片土地上共同创造了多种文化形态，塑造了独具特色、包容多元的北疆文化样貌。北疆文化在祖国边疆奏响中华民族大家庭的团结和谐乐，离不开多域协同。近年来，内蒙古自治区通过与黑龙江省协同，对金界壕遗址开展联合保护；与宁夏回族自治区相协同，推进沿黄流域文旅发展；内蒙古自治区十二盟市争奇斗艳，共奏北疆文化大合唱，不仅促进了中华优秀传统文化的创造性转化和创新性发展，而且体现了中华民族大家庭的温暖和团结，使北疆文化的红色品牌愈加亮丽。

黑龙江省与内蒙古自治区相协同，开启金界壕遗址联合保护。"提起长城，人们马上就会想到东起山海关、西止嘉峪关的万里长城。然而，在内蒙古自治区的草原上也有一道长城，史称金界壕，因为修筑于金代，所以也叫金长城。与人们熟知的万里长城不同，这是一道没有城墙的长城。在内蒙古自治区辽阔的土地上，东西南北纵横走向有许多道起伏，这便是金界壕遗址。"[1] 金界壕遗址是金代女真人修建的军事防御工程，见证了多民族交融和边疆治理的历史。金界壕沿线出土的"招讨司"官印、契丹文碑刻及汉蒙双语文书，证实了金朝对边疆地区"因俗而治"的管理策略。2023年6月，为进一步推进金界壕遗址保护利用，在国家文物局的指导支持下，黑龙江省和内蒙古自治区以及中国文化遗产研究院立足顶层设计，签订了《关于加强金界壕联合保护利用的

---

① 《金界壕（上）》，央视网，https://www.cntv.cn/program/dtsdgs/20041118/ 102301. shtml.

协定》，明确提出了黑龙江和内蒙古两省区要指导齐齐哈尔市和呼伦贝尔市建立合作工作机制。两省开展区域协同，加强对金界壕遗址联合保护，推动遗址的开发利用和考古研究，不断为北疆文化遗产现代化赋能。内蒙古自治区将金界壕遗址纳入到爱国主义教育和国土安全教育体系，在克什克腾旗打造"金长城戍边体验营"，游客可参与模拟烽火传递、边堡防卫演练，在沉浸式体验中强化国土安全意识。

宁夏回族自治区和内蒙古自治区相协同，推进沿黄河流域文旅发展。宁夏回族自治区和内蒙古自治区相邻，同属沿黄流域地区，历史文化底蕴深厚，旅游资源丰富。宁夏回族自治区和内蒙古自治区通过充分利用两区沿黄地理位置优势，共同打造黄河文化旅游协同发展，丰富"北疆文化"的品牌内涵，在推动两地文化和旅游高质量协同发展的同时，实现有形有感有效地铸牢中华民族共同体意识。讲好"黄河故事"、释好"北疆文化"是两地协同推进黄河流域文旅发展的重要目标之一。宁夏回族自治区和内蒙古自治区两地主要围绕黄河流域生态保护和区域经济的高质量发展建立健全常态化合作机制，着力打造"4+4"文化旅游联盟。具体而言，通过加大两地之间的交往交流、增强信息共享力度，共同挖掘黄河流域史前文化的同时，联合推出一批具有黄河题材的艺术精品；通过加强文化旅游市场联合执法，开发出一批跨区域旅游产品和线路的同时，感受北疆文化的独特魅力，进而推动文化与旅游深度融合[1]。除此之外，两地还通过积极组织专业队伍深入研究黄河流域考古发现、遗址遗迹和文献资料，建立了庞大的黄河内蒙古自治区和宁夏回族自治区两段的资源库，不断促进黄河流域优秀传统文化的创造性转化和创新性发展[2]。宁夏回族自治区和内蒙古自治区两地协同推进黄河文化

---

[1]　参见李徽：《宁夏回族自治区和内蒙古自治区》，《宁夏日报》2019年12月8日。
[2]　参见李徽：《宁夏回族自治区和内蒙古自治区》，《宁夏日报》2019年12月8日。

的发掘、保护、传承与弘扬，不仅能促进铸牢中华民族共同体意识，而且为擦亮"北疆文化"的红色品牌凝聚了团结力量。

内蒙古自治区十二盟市争奇斗艳，共奏北疆文化大合唱。内蒙古自治区拥有丰富的旅游资源和深厚的文化底蕴，独特的草原文化、多元的民族风情、悠久的文物古迹、壮美的自然风光，共同塑造了内蒙古人民的民族性格，成就了北疆文化的丰富多彩。内蒙古自治区十二盟市立足各盟市产业特色，精心打造盟市文化产业，聚力打响北疆文化品牌。呼和浩特市打造的"青城十六景"与《敕勒川赞》演艺项目，让观众一秒置身如画，感受壮丽富饶的自然风光。呼伦贝尔市以打造"呼伦贝尔大草原"为核心内容，展现出了北疆文化的独特魅力。兴安盟通过多种形式，不断叫响"兴安岭上兴安盟"城市名片。锡林郭勒盟全面推介了草原盛会"那达慕"，借助节庆品牌活动展示其丰富文旅业态。乌兰察布市主打"北京向西一步，就是乌兰察布，一年四季好去处"城市名片。阿拉善盟的巴丹吉林沙漠景区及阿拉善盟胡杨林旅游区被列入《世界遗产名录》。赤峰市充分发挥文物资源优势，让历史文化遗产焕发出新时代光彩。乌海市则以黄河泥塑等系列作品为载体，让观众体验黄河文化、乌海之美。巴尔淖尔的《阴山南麓·黄河至北》等雕塑壁画作品展示了河套地区的历史底蕴和生机活力。包头市以科技赋能，让"稀土+传统文化"释放无限可能。通辽市以西辽河文明的起源、形成、发展为历史脉络，用数字文物讲述通辽大地上多元一体的文化进程。鄂尔多斯市以"瓷生活—时间的光辉"实现了将北疆文化数字化。内蒙古自治区各盟市推出的"压箱底"绝活儿，不仅亮出了文化产业发展的特色优势，而且担起了文化新使命，激发出了文化新活力，更是奏响了一曲展现北疆文化底蕴与生机的合唱交响。

第二章

以生态安全为先，
全力建设我国北方重要生态安全屏障

作为习近平生态文明思想的重要实践地，内蒙古自治区坚持以生态安全为先的理念，对于建设我国北方重要生态安全屏障具有全局性、战略性和长远性意义。在战略定位上，内蒙古自治区牢记筑牢北方重要生态安全屏障的"国之大者"[1]，胸怀忠诚担当，彰显制度优势，发挥力量协同作用，构筑绿色发展竞争优势，厚植生态文化优势，实现了从"沙进人退"到"绿进沙退"的转变，着力为全国打造超级"碳库"和纯净"氧吧"。在实践举措方面，内蒙古自治区积极推进产业绿色低碳转型，守护好生态环境，通过科学扩绿，多渠道探索生态产品价值实现机制。[2] 其全局性表现主要体现在构建国家重要生态安全屏障并开展跨区域生态协同治理上；其战略性表现主要体现在推动绿色发展战略顶层设计，促进生态文明建设与高质量发展融合上；其长远性表现主要体现在探索可持续发展路径，让生态文明理念深入人心上。内

---

[1] 《牢记"国之大者"筑牢北方生态安全屏障》，《光明日报》2023年8月26日。

[2] 参见《牢记"国之大者"筑牢北方生态安全屏障》，《光明日报》2023年8月26日。

蒙古自治区将继续沿着生态优先、绿色发展之路前行，在优化国土空间开发保护格局、统筹推进高质量发展和高水平保护等方面持续发力，不断提升生态环境质量，实现全面绿色转型与高质量发展，在新时代新征程上书写更加绚丽的生态文明篇章。

第一节　内蒙古自治区是习近平生态文明思想的重要实践地

党的二十大报告指出，尊重自然、顺应自然、保护自然，是全面建设社会主义现代化国家的内在要求。2023 年 7 月，习近平总书记在全国生态环境保护大会上强调，"把建设美丽中国摆在强国建设、民族复兴的突出位置，推动城乡人居环境明显改善、美丽中国建设取得显著成效，以高品质生态环境支撑高质量发展"[①]。这些重要论述突出了生态文明建设的战略地位，阐明了生态文明建设与经济社会发展的协同性、融合性，为进一步加强生态环境保护提供方向指引。[②] 为了实现追青逐绿，共绘人与自然和谐共生新画卷的宏伟目标，内蒙古自治区自觉扛起筑牢我国北方重要生态安全屏障的重大政治责任，坚持以生态优先、绿色发展为导向，着力把祖国北疆这道万里绿色长城构筑得更加牢固。[③]

[①] 《牢记"国之大者"筑牢北方生态安全屏障》，《光明日报》2023 年 8 月 26 日。

[②] 参见习近平：《以美丽中国建设全面推进人与自然和谐共生的现代化》，《求是》2024 年第 1 期。

[③] 参见《内蒙古自治区生态环境厅：坚决筑牢我国北方重要生态安全屏障》，内蒙古自治区人民政府网站，https://sthjt.nmg.gov.cn/sthjdt/ztzl/mlzgwsxdz/mlnmg/202402/t20240220_2469501.html。

一、胸怀"国之大者"的忠诚担当

内蒙古自治区全区上下始终牢记习近平总书记嘱托，深学笃用习近平生态文明思想，全力打造北疆亮丽风景线，为全方位建设模范自治区夯实生态基底。进入新时代以来，内蒙古自治区全区草原植被盖度和森林覆盖率分别由40.3%和20.8%提高至45%和23%，荒漠化土地和沙化土地面积持续"双减少"；城市人均公园绿地面积达20.7平方米，高于全国平均水平近40%；单位GDP用能下降4.1%、用水下降40.7%、用地下降60%，绿色低碳发展迈出坚实步伐。内蒙古自治区正以新姿态、新形象、新风气奋进中国式现代化新征程，用一串串绿色音符谱写出北疆山河灵动之歌。

第一，全面加强党对生态环境保护的领导。坚持党的领导是完善现代环境治理体系的首要原则。坚持党对生态文明建设的全面领导，是我国生态文明建设的根本保证。地方各级党委和政府对本行政区域的生态环境保护工作和生态环境质量负总责，积极构建党委领导，政府主导，企业主体、社会组织和公众共同参与的现代环境治理体系，切实把党中央关于生态文明建设的决策部署落实到行动上。内蒙古自治区明确建立自治区、盟和设区的市、旗县、苏木乡镇四级河湖长组织体系，嘎查村民委员会、居民委员会根据实际需要设立村级河湖长，全区1.6万余名河长、湖长上岗履职，共同守护河湖健康。内蒙古自治区党委大力加强对生态文明建设的总体设计和组织领导，将生态修复和治理作为一项重要政治任务来抓，明确提出打响"北疆文化"品牌，努力做好生态安全屏障建设各项工作。10余年来，内蒙古自治区将生态文明建设摆在压倒性位置，对重点沙漠实施锁边治理，让草原休养生息，让兴安林海"挂斧停锯",为额尔古纳湿地勘界定标,让"天苍苍,野茫茫,风吹草低见牛羊"的草原壮丽富饶风光得以再现。内蒙古自治区党委站在人与自然和谐共生的高度,以示范区创建为抓手,推动全域生态环境质量的改善。截至2023年底,内蒙古自治区先后成功创建了13个国家生态文明建设示范区和10个"绿水青山就是金山银山"实践创新基地。

第二,坚定人民至上的生态文明建设根本立场。习近平总书记指出:"生态环境是关系党的使命宗旨的重大政治问题,也是关系民生的重大社会问题。"[1]内蒙古自治区始终坚持人民至上的根本立场,尊重人民群众主体地位和开拓发扬首创精神,以增进人民福祉为出发点和落脚点,以满足人民群众的美好生活需要为奋斗目标,聚焦人民群众反映突出的生态环境问题,守护好蓝天、碧水、净土,书写生态环境保护的亮丽答卷。截至2023年,内蒙古自治区环境空气质量、优良水体比例均达到有监测记录以来最高水平,城市环境空气质量优良天数比例和地表水优良水体比例分别为92.9%、76.9%,人民群众切实感受到了生态环境质量的积极变化。2023年4月,内蒙古自治区教育厅印发《内蒙古自治区绿色低碳发展国民教育体系建设工作方案》,倡导绿色低碳生活方式,引导公众有序参与生态环境治理,推动生态环境保护理念进一步落地生根。例如,内蒙古自治区阿拉善盟大力推广"企业+基地+科研+合作社+农牧民"的发展模式,已带动超过3万名农牧民从事沙产业,人均年收入3万至5万元,部分农牧民可达到10万至30万元,实现了治沙与致富双赢。

第三,构建生态环境保护治理修复大格局。生态是统一的自然系

---

[1] 《习近平著作选读》第2卷,人民出版社2023年版,第169页。

统，是相互依存、紧密联系的有机链条。内蒙古自治区深入贯彻落实习近平生态文明思想，充分尊重生态系统的整体性、系统性及其内在发展规律，将保护大草原、大森林、大河湖、大湿地作为主要任务，统筹考虑自然生态各要素，强化区域联防联治，注重从全方位、全地域、全过程开展生态环境修复和治理，打造了生态环境大保护大治理大修复模式。[①]内蒙古自治区、巴彦淖尔市两级政府持续推进乌梁素海流域保护修复，通过点源、面源、内源协同防治以及实施生态补水来推动流域水质的不断改善。2019年4月，内蒙古自治区启动了"乌梁素海流域山水林田湖草生态保护修复国家试点工程"，实施了乌兰布和沙漠治理、乌拉山南北麓林草生态修复、矿山地质环境综合治理、乌梁素海海堤综合整治等多项子工程，使塞外明珠重焕光彩。内蒙古自治区持续加强黄河流域水土流失综合治理，统筹抓好植树种草、水土保持、污染治理、淤地坝建设管理等各项任务落实工作，以保卫黄河"几字弯"生态安全。经过多年生态治理，巴彦淖尔市磴口县让乌兰布和14万公顷沙漠变成了"绿洲"，乌海市为甘德尔山西麓（原白独贵湾）近20平方千米的风积流动沙地披上了"绿装"。

2023年，内蒙古自治区全面推进入河排污口排查整治行动，完成黄河干流及16条主要支流、2879千米岸线、4005.1平方千米流域排污口现场排查，通过依法取缔、清理合并、规范整治等措施，强力推进排污口整治和监督管理，倒逼岸上各类污染源的全面整治。黄河内蒙古段9个国考断面水质连续4年保持Ⅱ类水平，无定河（鄂尔多斯段）入选生态环境部第二批美丽河湖优秀案例，乌梁素海流域生态保护条例颁布实

---

① 参见中国社会科学院习近平新时代中国特色社会主义思想研究中心调研组：《牢记"国之大者"筑牢北方生态安全屏障——内蒙古自治区推进生态文明建设的调查与思考》，中华人民共和国中央人民政府网站，https://www.gov.cn/lianbo/difang/202308/content_6900840.htm.

施，乌海及周边地区 $PM_{2.5}$ 浓度达到有监测记录以来历史最好水平。2023年，内蒙古自治区实现农业节水3.73亿立方米，农田灌溉水有效利用系数首次高于全国平均水平。

第四，统筹推进高质量发展和高水平保护。高质量发展和高水平保护是相辅相成、协同共进的关系，坚持高质量发展可以为高水平保护提供更加坚实的物质基础，而高水平保护可以为高质量发展注入新动能、聚集新优势。[①] 内蒙古自治区牢固树立和践行"绿水青山就是金山银山"的发展理念，立足本地区的发展现状、资源禀赋，进一步完善功能定位、开放定位和产业定位，实施"科技兴蒙"战略，着力构建绿色低碳循环经济体系，以有效解决经济发展与环境保护的阶段性矛盾冲突，积极探索发展和保护协同共生的新路径。在杭锦旗库布其沙漠腹地，蒙西基地库布其200万千瓦光伏治沙项目在这里铺设，"板上发电、板下种植、板间养殖、治沙改土、带动乡村振兴"的立体生态光伏治沙模式在这里开展，沙海变绿洲，黄沙变黄金的故事正在上演。在伊金霍洛旗，全球首个零碳产业园在这里落户，"风光储氢"绿色能源供应体系加速前进，为传统能源城市向现代生态城市的转型提供有力支撑。在兴安盟，乌兰浩特钢铁有限责任公司扎实开展"双控"工作，对现有装备进行升级改造，建成了内蒙古自治区首个"干式超净＋"超低排放环保改造和中水利用项目，实现了废水"零排放"，走出老牌钢厂的涅槃重生之路。

第五，积极探索生态产品价值实现路径。建立健全生态产品价值实现机制是践行"绿水青山就是金山银山"理念的现实路径，对促进生态优势转化为发展优势具有至关重要的意义。内蒙古自治区按照党中央、国务院的决策部署，围绕生态产品监测和价值核算机制、生态产品

---

① 参见习近平：《推进生态文明建设需要处理好几个重大关系》，《求是》2023年第22期。

市场交易体系、生态产品价值实现保障机制等方面作出积极探索。2022年，内蒙古自治区发布《关于建立健全生态产品价值实现机制的实施方案》，着力完善生态产品价值实现政策制度，打通"绿水青山"与"金山银山"双向转化通道及实现路径，计划在呼伦贝尔市、兴安盟、锡林郭勒盟、鄂尔多斯市、阿拉善盟和阿尔山市等地开展生态产品价值实现机制试点。2023年，内蒙古自治区开发林草碳汇项目17个，实现碳汇交易80.5万吨，交易金额达2709万元，新创建绿色园区4个、绿色工厂67家。此外，内蒙古自治区水生态环境质量改善成效更加显著。2023年，全区121个国考断面水质优良比例达到有监测记录以来历史最好水平。呼伦湖、岱海、察汗淖尔生态环境稳中向好，乌梁素海湖心断面水质保持在Ⅳ类水平，越来越多的河流湖泊"返璞归真"，成为更多人心中的"诗和远方"。值得一提的是，内蒙古自治区饮用天然矿泉水"伊刻活泉"在卡塔尔亚洲杯"出线"；内蒙古自治区作为我国地方代表参加《联合国气候变化框架公约》第28次缔约方大会，在中国角开幕式暨"生态文明与美丽中国实践"边会作交流发言。新时代新征程上，内蒙古将通过不懈努力，在我国北疆构筑起更加牢固稳固、美丽亮丽的万里绿色长城。

第六，优化国土空间开发保护格局，守住自然生态安全边界。国土是生态文明建设的空间载体，优化国土空间开发保护格局对于维护生态安全、促进经济社会的可持续发展具有举足轻重的作用。[1]内蒙古自治区立足东、中、西各盟市资源环境承载能力，聚焦人口、经济、资源、环境的空间失衡问题，站在人与自然和谐共生的高度谋划国土空间布局，

---

[1]　参见鄂尔多斯市林草局：《牢记"国之大者"筑牢北方生态安全屏障——内蒙古自治区推进生态文明建设的调查与思考》，鄂尔多斯市林业和草原局网站，https://lcj.ordos.gov.cn/xb/djw_116194/dgdji/202309/t20230920_3491653.html.

着力筑牢安全韧性生态空间、构建绿色高效农牧空间、塑造多元宜居城镇空间。目前，"呼包鄂乌"一体化发展正在加速推进，集中集聚集约集群的发展思路正日益凸显，城镇生态承载力也在不断提升，为高质量发展注入了强劲动力。河套灌区正在全面开展控肥、控药、控水、控膜"四控"行动，加快推动农业高质量发展。2022年，内蒙古自治区"三区三线"划定成果通过自然资源部审核启用，将全区超过一半的国土面积划入生态保护红线、72%的国土面积划入生态空间，为建设人与自然和谐共生现代化提供了空间和要素保障。2023年4月，锡林郭勒盟和呼伦贝尔市分别有2.2亿亩和9300多万亩的草原陆续进入春季休牧，当地政府对实施休牧的牧户发放了草场补贴，使游牧民族与自然和谐共存的法则得到了传承和延续。从额尔古纳的"魔法信使"雪鸮、乌兰察布的松涛林海到锡林郭勒的"稀树草原"，白云游曳、绿草浮动、繁花掩映、湖泊镶嵌、牧人策马，绘就出一幅幅人与自然和谐共生的生态美景。

二、保持生态文明建设的战略定力

习近平总书记强调，保持加强生态文明建设的战略定力，探索以生态优先、绿色发展为导向的高质量发展新路子，加大生态系统保护力度，打好污染防治攻坚战，守护好祖国北疆这道亮丽风景线。[①] 在新时代新征程上，内蒙古自治区正深入贯彻落实习近平总书记和党中央为内蒙古自治区确定的战略定位和行动纲领，自觉承担起美丽中国建设的政治责任，奋力书写人与自然和谐共生的中国式现代化新篇章。

第一，进一步强化党的领导的政治优势，保持生态文明建设的战

---

① 参见《保持加强生态文明建设的战略定力　守护好祖国北疆这道亮丽风景线》，《人民日报》2018年3月6日。

略定力。加强党对生态文明建设的全面领导，是生态文明建设的根本保证。党的领导核心作用主要体现在党总揽全局、协调各方上。坚持和加强党对生态文明建设的全面领导，就要深刻领悟"国之大者"，从思想、法律、体制、组织、作风上全面发力，以更高标准、更严要求、更实举措做好生态文明建设工作；就要不断提高党领导生态文明建设的能力和水平，科学研判防沙治沙面临的困难和挑战，加强顶层设计和战略谋划，承担好治理荒漠化主战场、防御沙尘暴主防线的战略角色，全力打好新时代"三北"工程三大标志性战役；就要坚持以政治建设为统领，以示范区建设为抓手，将民族团结进步与生态文明建设更紧密地结合起来。以党建统领生态智治，强化数据共享、资源整合、智慧监管，着力提升国土空间治理和管控的精细化、精准化，全力构建包含草原、森林、河流、湖泊、湿地、沙漠、沙地于一体的全域生态安全格局；就要全面落实生态环境保护"党政同责、一岗双责"，推动形成生态环境保护治理新格局，着力将党的领导的制度优势转化为生态环境治理效能。

第二，彰显制度优势，坚持和完善生态文明制度体系。制度具有根本性、全局性、稳定性和长期性。只有实行最严格的制度、最严密的法治，才能为生态文明建设提供可靠保障。内蒙古自治区不断完善落实生态环境保护责任制，明确牵头部门、责任部门、配合部门关于生态环境保护具体事项的具体职责，加强正面清单管理体系建设，确保知责负责、守责尽责。一是严格落实生态保护红线制度，全面深化河湖长制、林草长制建设，构建多维度立体化巡逻防控体系，严格禁止乱采滥挖、非法开采矿产资源，严格管控地下水开采，严厉打击破坏林草资源违法犯罪行为，守护好生态保护红线成果。二是严格落实草畜平衡和禁牧休牧制度，正确处理自然恢复和人工修复的关系，全面推动差异化执法监管，大力推进退化草原综合治理，着力提升草原生态系统质量和稳定性。三是系统推进生态环境保护领域地方立法，坚持自主创新和国际合作相结合，推动建立内蒙古自治区草原碳汇标准体系，创新生态产品价值实现机制。四是进一步深化生态保护补偿制度改革，聚焦森林、草原、耕地、河湖等重要生态环境要素，科学评定生态保护成本，坚持分类补偿与综合补偿统筹兼顾、纵向补偿与横向补偿协调推进，做好各类型、各层级生态保护补偿政策的平稳有序衔接，不断提高生态补偿的科学性和精准性。

第三，发挥力量协同行动优势，提高生态环境的治理效能。生态文明建设与每个人息息相关。应当坚持多元共治，进一步明晰政府、企业、社会团体、公众等各类主体权责，逐步建立健全环境治理的领导责任体系、企业责任体系、全民行动体系、监管体系、市场体系、信用体系、法律法规政策体系，着力形成生态环境保护社会共治大格局，力争达到同频共振、同向发力的效果。在政府层面，应从解决突出生态环境问题入手，更加深入地贯彻执行党中央、国务院关于生态文明建设和环境保护的决策部署，统筹做好监管执法、市场规范、资金安排、宣传教育等工作。在企业层面，要落实企业环境治理责任制度建设，强化经营者主体责任，激发降碳减污内生动力，不断推进科学技术创新、设备升级、模式优化，提高绿色产品的供给能力。在社会层面，应完善社会资本的参与模式和回报机制，鼓励和支持社会资本参与生态保护修复项目，探索政府和社会资本合作新模式，以拓宽资金来源、带动生态就业；强化社会监督，发挥各类社会团体的桥梁纽带作用，营造浓厚的节能环保氛围。在公众层面，要不断提高公民生态文明意识和践行能力，让节能环保成为态度和习惯，让绿色低碳成为生活新时尚。

第四，构筑绿色发展低碳发展的竞争优势，促进经济社会发展全面绿色转型。环境污染物和碳排放高度同根同源，要推进美丽中国建设，必须以协同推进降碳、减污、扩绿、增长为主要着力点，推动经济社会发展绿色化、低碳化。一是立足本地资源禀赋特点，以推动高质量发展为主题，将生态要素转化为生产要素、生态财富转化为物质财富，把资源禀赋和空间优势转化为发展优势，加快构建体现内蒙古特色优势的现代化产业体系，更加自觉地推动发展与保护协同共进。二是统筹能源安全和减污降碳，加快规划建设新型能源体系，大力提高非化石能源的供给规模和质量，做大做强新能源装备制造产业链，切实提升新能源利用水平。三是以科技创新、制度创新和模式创新为驱动，以工业集中区、农业产业带、畜牧产业带等区域为主战场，以煤炭、冶金、化工、装备制造、农畜产品加工、生物医药等重点行业为突破口，全力破解绿色技术难题和技术壁垒，逐步深化新旧动能转换，加快形成节约资源和保护环境的产业结构、生产方式、生活方式、空间格局。四是加快建立健全以产业生态化和生态产业化为主体的生态经济体系，加快传统产业高端化、智能化、绿色化升级改造，大力培育绿色、循环、低碳的新兴战略产业，全面推行绿色规划、绿色设计、绿色制造、绿色建造、绿色运营，引导全产业链绿色低碳转型。

第五，厚植生态文化优势，涵养绿色文明新风尚。生态文化是生态文明建设的核心和灵魂，是引领绿色发展的先导和引擎。一是加快建立健全以生态价值观念为准则的生态文化体系，深刻把握习近平生态文明思想的核心要义，全面理解尊重自然、顺应自然、保护自然的内在要求，科学凝练资源节约型和环境友好型的精神内核。[1]二是通过加强对

---

① 参见中国社会科学院习近平新时代中国特色社会主义思想研究中心调研组：《牢记"国之大者"筑牢北方生态安全屏障——内蒙古自治区推进生态文明建设的调查与思考》，中华人民共和国中央人民政府网站，https://www.gov.cn/lianbo/difang/202308/content_6900840.htm.

少数民族生态文化的挖掘和保护，推动多元文化融合发展，培育具有独特精神气韵的生态文化。三是大力发展生态文化产业，积极推进生态文化基础设施建设，打造地域生态文化景观，建设高品质文化旅游带，推进生态文化事业和生态旅游产业的协调发展。四是积极推进生态文明教育，增强民众的节约意识、环保意识、生态意识，营造爱护生态环境的良好风气。

新时代十年来，内蒙古自治区累计完成造林面积586.67万公顷、种草1906.67万公顷，规模均居全国第一；草原综合植被盖度和森林覆盖率分别由40.3%和20.8%提高到45%和23%为全国人民打造了超级"碳库"和纯净"氧吧"。荒漠化和沙化土地面积"双减少"，科学推进土地沙化荒漠化防治，以大工程带动大治理的同时，实施严格的保护措施，沙区生态系统得到有效保护和恢复。年均完成防沙治沙面积1200万亩以上，占全国治理面积的40%以上，实现了从"沙进人退"到"绿进沙退"的重大历史性转变，让京津"风沙源"变成首都"后花园"。湿地生态系统质量得到提升，建立和完善了以湿地为保护对象的自然保护区、湿地公园等湿地保护管理体系，加强对黄河、额尔古纳河、嫩江、西辽河和黑河流域的湿地保护，重点推进"一湖两海"和察汗淖尔综合治理，有效恢复了湿地面积和湿地生态功能，进一步提高了湿地生态系统质量，让"地球之肾"更健康。

三、开辟"生态优先，绿色发展"远大之路

习近平总书记在《论坚持人与自然和谐共生》一书中指出："要保持加强生态文明建设的战略定力。保护生态环境和发展经济从根本上讲是有机统一、相辅相成的。不能因为经济发展遇到一点困难，就开始动

铺摊子上项目、以牺牲环境换取经济增长的念头，甚至想方设法突破生态保护红线。在我国经济由高速增长阶段转向高质量发展阶段过程中，污染防治和环境治理是需要跨越的一道重要关口。我们必须咬紧牙关，爬过这个坡，迈过这道坎。要保持加强生态环境保护建设的定力，不动摇、不松劲、不开口子。"[1]内蒙古自治区干部群众牢记嘱托，探索以生态优先、绿色发展为导向的高质量发展之路，坚持山水林田湖草沙一体化保护和系统治理，协同推进降碳、减污、扩绿、增长，推进生态优先、节约集约、绿色低碳发展，打造全域生态安全格局，促进人与自然和谐共生。

第一，在推进产业绿色低碳转型上下功夫，多做新能源、新经济的"加法"，谨慎做传统能源、传统产业的"减法"。内蒙古自治区一是围绕降碳目标，深度调整产业结构，推动产业结构优化升级，坚决遏制高耗能、高排放、低水平项目盲目发展，大力发展绿色低碳产业。二是加快构建清洁低碳、安全高效能源体系，完善能源消费强度和总量双控制度，大幅提升能源利用效率，严格控制化石能源消费，积极发展新能源。三是加快推进低碳交通运输体系建设，优化交通运输结构和方式，推广节能低碳型交通工具，积极引导低碳出行。四是提升城乡建设绿色低碳发展质量，推进城乡建设和管理模式低碳转型，大力发展节能低碳建筑，加快优化建筑用能结构。五是加强绿色低碳重大科技攻关和推广应用，强化基础研究和前沿技术布局，加大先进适用技术研发和推广力度。[2]

---

① 习近平：《论坚持人与自然和谐共生》，中央文献出版社2022年版，第227页。

② 参见人民政协报：《向"新"向"绿"向未来——全国政协"推进产业绿色低碳转型"调研综述》，http://www.cppcc.gov.cn/zxww/2024/08/08/ARTI1723081057390157.shtml.

第二，从"提气、增水、固土、防风险"入手，坚决守护好内蒙古自治区这方碧绿、这片蔚蓝、这份纯净。作为能源大区，内蒙古自治区发展方式"倚能倚重"，环境污染治理压力较大。为此，内蒙古自治区一是围绕减污目标，深入打好污染防治攻坚战。二是坚持以基本消除重污染天气、臭氧污染防治、柴油货车污染治理为重点，深入打好蓝天保卫战。三是以"一湖两海"、察汗淖尔综合治理，地表水不达标水体整治，城市黑臭水体排查整治和饮用水水源保护为重点，深入打好碧水保卫战。四是以受污染耕地和重点建设用地安全利用、农业农村污染治理、地下水污染防治和危险废物监管为重点，深入打好净土保卫战。五是进一步加强自然生态保护监管，严守生态保护红线，持续开展"绿盾"。

第三，从提质增效入手，把祖国北疆这道万里绿色长城构筑得更加牢固。内蒙古自治区一是围绕扩绿目标，科学安排绿化用地，以宜林宜草的荒山荒地荒滩荒沙、荒废和受损山体以及"四旁"（水旁、路旁、村旁、宅旁）、退化林地草地等为主开展国土绿化行动。二是科学利用水资源，坚持以水定绿、量水而行，宜绿则绿、宜荒则荒，科学恢复林草植被。三是科学选择绿化树种草种，优先使用耐干旱、低耗水的乡土树种草种，审慎引进和使用外来树种草种。四是科学规划、合理布局，规范开展国土绿化设计施工，统筹推进城乡绿化，加大黄河重点生态区、北方防沙带、东北森林带重点区域国土绿化力度，巩固国土绿化成果。

第四，多渠道探索生态产品价值实现机制，让林下"生金"有门路，草原生态有"钱景"。内蒙古自治区一是围绕生态产品价值实现目标，建立生态产品调查监测和价值核算机制，开展生态产品信息普查，推进自然资源资产产权登记，完善生态产品价值核算制度。二是拓展生态产品价值实现路径，大力发展生态农牧业，加快发展生态工业，积极培育生态文化旅游业，强化绿色产业发展创新驱动，将生态优势转化为产业优势。三是构建生态产品市场交易体系，推动资源环境权益交易，促进生态产品价值增值。

面对新形势新要求，2022年11月24日，内蒙古自治区党委、政府印发了《建设我国北方重要生态安全屏障实施方案》，确立了筑牢我国北方重要生态安全屏障的目标任务：到2025年，草原生物量和多样性持续增加，草原植被盖度稳定在45%；森林覆盖率稳定在23%，森林蓄积量增加到15.5亿立方米；湿地面积稳定在5700万亩；累计治理沙化土地2650万亩，水土保持率提高到53.1%；城乡居民饮水安全得到基本保障，地下水超采区累计压采水量达到6.27亿立方米，累计增加量0.37亿立方米；生态服务能力稳步提升，矿山地质环境得到有效治理；环境质量持续改善，地级以上城市空气质量优良天数比率达到90.7%，地表水达到或好于Ⅱ类水体比率达到70.7%，污染地块安全利用率提高到92%以上；资源节约集约利用程度明显提高，单位地区生产总值能耗降低15%，万元国内生产总值用水量下降12%；生态状况明显好转，局部恶化趋势基本得到控制。到2035年，草原植被盖度稳定在45%以上，草原生物量和多样性显著增加；森林覆盖率稳定在23%，森林蓄积量达到16亿立方米；自然保护地体系更加完善；矿山地质环境显著改善，绿色矿山格局基本形成；城乡居民饮用水安全得到全面保障；空气质量持续改善，水生态环境质量持续巩固提升，土壤生态环境安全得到有效保障；山水林田湖草沙综合生态系统功能稳定发挥；全民生态文明意识显著增强，绿色低碳发展水平全面提升。

第二节 内蒙古自治区生态文明建设具有全局性、战略性和长远性的意义

一、全局性视角：构建国家生态安全的重要屏障

1. 北方生态安全屏障的不可替代性

内蒙古自治区地处祖国北疆，横跨"三北"（东北、华北、西北），是我国北方面积最大、种类最全的生态功能区，其多样化的自然景观和多元化的生态功能，决定了内蒙古自治区在全国生态环境保护中的重要地位和作用。内蒙古自治区拥有大草原、大森林、大河湖、大山脉、大沙漠等多种自然景观以及世界上保存最完整的草甸草原、典型草原等，这些自然景观和生态功能相互交织，构成了内蒙古自治区独特的生态系统，为北方乃至全国提供了重要的生态屏障。内蒙古自治区的草原面积约占全国的22%，森林面积约占全国的12%，湿地面积约占全国的16%。这些丰富的生态资源为内蒙古自治区提供了巨大的生态价值和经济潜力。内蒙古自治区的森林和草原植被具有强大的碳汇功能，能够吸收和固定大量的二氧化碳，对缓解全球气候变化具有重要作用。

内蒙古自治区是我国治理荒漠化的主战场和防御沙尘暴的主防线。通过植树造林、种草、防沙治沙等措施，内蒙古自治区有效遏制了沙漠化扩展，保障了周边地区及全国的生态安全。同时，全区拥有丰富的生态系统类型和物种资源，是许多珍稀濒危物种的栖息地。加强内蒙古自治区生态保护工作，对于促进生物多样性保护具有重要意义。内蒙古自治区的生态屏障功能不仅保障了区域的生态安全，还促进了经济社会的

可持续发展。通过发展绿色产业、推动生态旅游等方式，内蒙古自治区实现了经济效益与生态效益的双赢。作为不可替代的北方生态屏障，内蒙古自治区也提升了我国的国家形象和国际地位。在国际舞台上，内蒙古自治区的生态保护工作得到了广泛关注和赞誉。内蒙古自治区作为北方生态屏障的不可替代性还体现在其地理位置重要、生态功能多样、生态资源丰富、生态安全维护有力以及经济社会影响深远等多个方面。因此，我们必须高度重视内蒙古自治区的生态保护和建设工作，确保其功能的持续发挥和生态系统的稳定健康。

2. 跨区域生态协同治理

内蒙古自治区地处我国北部边疆，生态区位十分重要，是北方重要的生态安全屏障。然而，由于地理、气候等因素，内蒙古自治区面临着荒漠化、水土流失、生物多样性减少等生态环境问题。跨区域生态协同治理有助于打破行政区划的界限，实现资源共享、优势互补，共同应对生态环境挑战，保障区域生态安全。内蒙古自治区林草局与甘肃省林草局签署了荒漠化综合防治和"三北"等重点生态治理工程联防联治合作框架协议，共同规划巴丹吉林沙漠与腾格里沙漠甘蒙交界区域的生态治理，构筑"四大阻击防线"和"四大锁边林草带"。内蒙古自治区乌海市与宁夏回族自治区石嘴山市签订了跨区域黄河保护协议，共同应对处置跨界流域突发水污染事件，防范重大生态环境风险。此外，多伦县与围场县还建立了联合巡查机制，定期开展巡河工作，提升全天候、全方位实时发现处置问题能力；通过实施"河湖长＋检察长＋河务警长"联合监管执法工作机制，开展常态化联合巡查和联合执法。内蒙古自治区大青山沿线的13家基层检察机关共同签订了《大青山国家级自然保护区生态环境检察公益诉讼跨区划管辖协作意见》，全面加强大青山生态环境保护治理。通过线索共享、线索移送、管辖争议处理、案件协办等方式，加强跨区域检察公益诉讼合作。蒙甘两省区支持科技攻关，推动甘肃科研资源与内蒙古建立协作机制，促进甘肃林草生态领域应用科技研究院及科学园与内蒙古自治区相关领域科研机构和高新园区合作。

跨区域生态协同治理在内蒙古自治区也取得了显著成效。例如，内蒙古和甘肃两省区在荒漠化防治和"三北"等重点生态治理工程上取得了阶段性成果；大青山国家级自然保护区的生态环境得到了有效保护；跨区域黄河保护协议的签订，有效破解了边界生态环境保护难问题等。下一步，内蒙古自治区将继续深化跨区域生态协同治理工作，加强与周边省区的合作与交流，共同应对生态环境挑战。同时，推动科技创新与协作，提升生态治理的科技含量和智能化水平。此外，不断加强公众参与和宣传教育，提高全社会对生态环境保护的意识和参与度，共同推动内蒙古自治区生态文明建设迈上新台阶。

二、战略性布局：推动经济社会绿色转型

1. 绿色发展战略的顶层设计

内蒙古自治区绿色发展战略的总体目标是建设生态文明，推动经济社会全面绿色转型，实现高质量发展。这一战略定位紧密围绕国家生态文明建设大局，将内蒙古自治区打造成为国家重要生态安全屏障、绿色能源基地和绿色农畜产品生产基地。

内蒙古自治区颁布了生态文明建设目标评价考核办法，通过科学设置考核指标和评价体系，促进各地推动生态文明建设。这一举措为内蒙古自治区实施绿色发展战略提供了制度保障和考核依据。通过划定生态保护红线，内蒙古自治区对重要生态空间进行了严格保护，确保生态功

能不降低、面积不减少、性质不改变，以维护区域生态安全，保障绿色发展底线。此外，通过实行河长制、湖长制，内蒙古自治区为区域内每一条河、每一个湖明确了生态"管家"，以加强水资源保护和水环境治理。这一制度创新，对于提升水生态系统质量和稳定性具有重要意义。

内蒙古自治区依托丰富的风能、太阳能资源大力发展绿色能源产业，推动传统能源产业转型升级。通过建设大型风电光伏基地、加强能源产供储销体系建设等措施，内蒙古自治区加快构建了以新能源为主体的新型电力系统。同时，内蒙古自治区充分发挥农牧业优势，推动农牧业转型发展，并大力发展生态农牧业。通过优化农牧业区域布局和生产结构、推动农畜产品精深加工和绿色有机品牌打造等措施，提升农牧业附加值和市场竞争力。此外，内蒙古自治区还积极培育战略性新兴产业和现代服务业，推动风机、光伏、光热、氢能、储能等产业集群高质量发展。同时，不断加强科技创新能力建设，推进绿色低碳技术示范应用，为绿色产业发展提供了有力支撑。

内蒙古自治区精心组织实施了京津风沙源治理、"三北"防护林体系建设等重点生态工程，以加强生态保护红线管理，落实退耕还林、退牧还草等政策措施。这些工程不仅改善了区域生态环境质量，而且提升了生态系统服务功能。为此，内蒙古自治区进一步巩固和发展"绿进沙退"的好势头，分类施策、集中力量开展重点地区规模化防沙治沙，通过创新完善治沙模式、提高治沙综合效益等措施，有效遏制了荒漠化扩张趋势，并通过不断加强大气、水、土壤污染防治工作，推动环境质量持续改善，通过实施污染物排放总量控制、加强环境监管和执法等措施，确保生态环境安全稳定。此外，内蒙古自治区还格外注重社会参与和宣传教育在绿色发展战略中的作用，通过加强生态文明建设宣传教育、提高公众环保意识和参与度等措施，营造出全社会共同参与生态文明建设的良好氛围。同时，内蒙古自治区实施的鼓励企业履行社会责任、推动绿色生产和消费方式转变等举措，也为其绿色发展战略提供了有力支持。

2. 生态文明建设与高质量发展的融合

内蒙古自治区生态文明建设与高质量发展的融合是一个相互促进、相辅相成的过程。近年来，内蒙古自治区在推动经济社会发展的同时，始终坚持生态优先、绿色发展导向，将生态文明建设与高质量发展紧密结合，取得了显著成效。内蒙古自治区政府高度重视生态文明建设与高质量发展的融合，制定了一系列政策措施和规划方案。这些政策措施和规划方案为内蒙古自治区生态文明建设和高质量发展提供了方向指引和制度保障。

内蒙古自治区实施了大规模的生态修复工程，如京津风沙源治理、"三北"防护林体系建设等，有效改善了区域生态环境。同时，内蒙古自治区还加强了对草原、森林、湿地等自然生态系统的保护，维护了生物多样性。在大气、水、土壤污染防治方面，内蒙古自治区采取了有效措施，推动环境质量持续改善。通过实施污染物排放总量控制、加强环境监管和执法等措施，确保了生态环境安全稳定。依托丰富的风能、太阳能资源，内蒙古自治区大力发展绿色能源产业，推动传统能源产业转型升级。绿色能源的发展，不仅促进了内蒙古自治区的经济增长，还减少了碳排放，为全区生态文明建设作出了积极贡献。

在推动高质量发展的过程中，内蒙古自治区一是注重构建绿色产业体系。通过发展生态农牧业、绿色能源产业、战略性新兴产业等绿色产业，内蒙古自治区实现了经济增长与环境保护的双赢。内蒙古自治区通过加强科技创新能力建设，不断推动绿色低碳技术示范应用。通过技术创新和产业升级，不仅提高了资源利用效率，而且降低了环境污染，为高质量发展提供了有力支撑。二是注重区域协调发展，推动东中西部旅游业差异化协调发展。通过构建生态文化旅游圈等举措，内蒙古自治区实现了区域经济的绿色转型和高质量发展。三是注重社会参与和宣传教育在生态文明建设与高质量发展融合中的作用。通过加强生态文明建设宣传教育、提高公众环保意识和参与度等措施，内蒙古自治区营造了全社会共同参与生态文明建设和高质量发展的良好氛围。内蒙古生态文明建设与高质量发展的融合是一个持续不断的过程。通过政策引领、生态修复、绿色产业发展、创新驱动、区域协调发展以及社会参与与宣传教育等措施的共同作用，内蒙古自治区正在走出一条具有地方特色的生态优先、绿色发展之路。

三、长远性考量：守护绿水青山，造福子孙后代

1. 可持续发展路径探索

内蒙古自治区在探索生态可持续发展路径上采取了多项有力措施，旨在实现经济发展与生态环境保护的和谐共生。一是积极响应国家生态文明建设号召，制定了一系列生态环保政策和规划，如《关于支持内蒙古绿色低碳高质量发展若干政策措施的通知》等，为生态可持续发展提供了政策保障。二是通过科学规划，明确生态保护红线和资源利用上线，合理布局产业发展和城市建设，确保经济活动在资源环境承载能力之内进行。三是实施京津风沙源治理、"三北"防护林体系建设等重点生态工程，有效遏制了荒漠化、沙化等生态问题，改善了区域生态环境。四是加强对自然保护区、风景名胜区、森林公园等自然保护地的建设和管理，保护生物多样性，维护生态安全。五是全面推行河长制、湖长制，加强水资源保护和水环境治理，确保水生态安全。六是依托丰富

的风能、太阳能资源，大力发展风电、光伏等新能源产业，推动能源结构转型升级。七是优化煤炭产能布局，推进煤炭绿色开采和清洁高效利用，减少煤炭开采和利用过程中的环境污染。八是推动传统农业向生态农业转型，发展绿色、有机农产品，提高农产品附加值和市场竞争力。九是鼓励和支持绿色工业发展，推广节能环保技术和产品，降低工业能耗和排放。十是大力发展现代服务业，特别是生态旅游、健康养老等绿色服务业，促进产业结构优化升级。十一是加强科技创新能力建设，推动绿色低碳技术研发和应用，为生态可持续发展提供技术支撑。十二是加强绿色低碳领域人才培养和引进工作，为生态可持续发展提供人才保障。十三是鼓励企业、社会组织和个人积极参与生态文明建设活动，形成全社会共同参与的良好氛围。十四是加强生态文明宣传教育力度，提高公众环保意识和参与度，推动形成绿色生活方式和消费模式。当前，内蒙古自治区在探索生态可持续发展路径上已取得了显著成效。未来，内蒙古自治区将继续坚持生态优先、绿色发展理念不动摇，推动经济社会全面绿色转型和高质量发展。

2. 生态文明理念深入人心

生态文明理念深入人心，是近年来内蒙古自治区生态文明建设取得显著成效的重要体现。这一理念的深入人心，不仅体现在政策制定、生态修复、绿色能源发展等方面，还深入到了内蒙古自治区社会生活的各个层面，形成了全社会共同参与生态文明建设的良好氛围。内蒙古自治区一是积极响应国家生态文明建设号召，制定了一系列生态环保政策和规划，如《关于支持内蒙古绿色低碳高质量发展若干政策措施的通知》等。这些政策文件的出台，为生态文明理念的深入人心提供了坚实的政策保障。二是通过科学规划明确了生态保护红线和资源利用上线，合理布局产业发展和城市建设。这些规划的实施，使得生态文明理念在区域发展中得到了充分体现和落实。三是实施了京津风沙源治理、"三北"防护林体系建设等重点生态工程，有效遏制了荒漠化、沙化等生态问题，改善了区域生态环境。这些工程的实施，让人民群众切身感受到了生态文明建设的成果，从而更加认同和支持生态文明理念。四是加强了对自然保护区、风景名胜区、森林公园等自然保护地的建设和管理，保护生物多样性，维护生态安全。这些保护区的建立和管理，提高了公众对生态环境保护的认识和参与度。五是依托丰富的风能、太阳能资源，大力发展风电、光伏等新能源产业，推动能源结构转型升级。这种绿色能源的发展模式，不仅促进了经济增长，还减少了碳排放。六是积极推动绿色工业、生态农业和现代服务业等绿色产业的发展，促进产业结构优化升级。这些绿色产业的发展，使得生态文明理念在经济发展中得到了充分体现和贯彻。七是鼓励企业、社会组织和个人积极参与生态文明建设活动，形成了全社会共同参与的良好氛围。这种广泛的社会参与，使得生态文明理念在社会生活中得到了广泛传播和深入实践。八是加强生态文明宣传教育力度，通过举办各类宣传活动、开展生态文明教育等方式，提高公众环保意识和参与度。这些宣传教育活动的开展，使得生态文明理念成为全社会共同的价值追求。内蒙古自治区生态文明理念的深入人心是全方位、多层次的，其政策引领、生态修复、绿色能源发展、社会参与与宣传教育等方面都取得了显著成效。未来，内蒙古自治区将继续坚持生态优先、绿色发展理念不动摇，推动经济社会全面绿色转型和高质量发展。

第三节　内蒙古自治区建设我国北方重要生态安全屏障面临的挑战和对策

一、面临的挑战

1. 生态脆弱问题突出

内蒙古自治区大部分区域属于干旱半干旱地区，植被总量相对不足，森林覆盖率偏低，这就导致了其生态系统的脆弱性，且易受气候波动的影响。草原是内蒙古自治区生态系统的重要组成部分，但由于过度放牧、乱采滥挖等不合理利用方式，导致草原退化面积占比较大，超过50%的草原面临退化问题。草原的退化不仅降低了其生态服务功能，还加剧了土地沙化现象。内蒙古自治区是我国土地沙漠化面积最大、程度最严重的地区之一。沙漠和沙地的广泛分布以及频繁发生的沙尘暴，都严重威胁着当地及周边地区的生态环境。内蒙古自治区受地质、地貌、气候、植被等多种因素影响，水土流失问题十分严重。全区水土流失面积占总面积的较大比例，是全国水土流失最严重的地区之一。水土流失不仅破坏了土地资源，降低了土地生产力，还加剧了生态环境恶化。随着经济社会的发展，内蒙古自治区的生态空间不断被挤占，导致生态承载力降低。特别是在一些资源开发区和工业园区，由于人类活动的频繁干扰，生态系统受到严重破坏，生态服务功能下降。内蒙古自治区黄河流域等部分地区存在严重的水污染、大气污染和土壤污染问题。城市中水利用率低，区域大气污染治理压力较大，农业面源污染和工业园区污染问题也较为突出。内蒙古自治区黄河流域是典型的水源短缺区域，且农业用水占比较大，用水效率较低。水资源的短缺和不合理利用进一步加剧了生态环境的脆弱性。针对以上问题，内蒙古自治区已经采取了一系列措施来加强生态环境保护和修复工作，包括加强防沙治沙、退耕还林还草、水土保持等工程建设以及推广节水灌溉技术和加强生态环境保护宣传教育等。这些措施的实施，对于改善内蒙古自治区的生态环境状况、提高生态系统的稳定性和可持续性具有重要意义。

2. 生态系统保护与经济发展矛盾并存

内蒙古自治区生态系统保护与经济发展之间的矛盾确实存在，但也在逐步寻求平衡与协调的路径。内蒙古自治区生态系统复杂多样，拥有森林、灌丛、草原、荒漠等多种地带性生态系统以及湿地、沙地等非地带性生态系统。这些生态系统是我国生物多样性保护的重点地区之一，对于维护国家生态安全具有重要意义。内蒙古自治区拥有丰富的野生维管植物和陆生脊椎动物资源，这些生物资源既是自然生态系统的重要组成部分，又是人类赖以生存和发展的物质基础。内蒙古自治区已建立各级各类自然保护区182个，占全区面积的10.71%，为保护生物多样性提供了重要保障。

内蒙古自治区长期依赖资源型产业和重化工业的发展，这些产业在推动经济增长的同时，也对生态环境造成了污染和破坏。资源型企业和重化工业排放的"三废"（废水、废气、废渣）对生态环境造成的污染，影响了生态系统的调节、再生、净化和循环功能。此外，内蒙古自治区的产业结构以资源型产业和重化工业为主，这种产业结构在推动经济增长的同时也加剧了生态环境的压力。

二、对策措施

1. 加强生态保护与修复

内蒙古自治区在加强生态保护与修复方面采取了一系列对策措施，这些措施旨在促进生态环境的持续改善，为经济社会的可持续发展提供坚实的生态保障。一是严格落实基本草原保护制度，在第三次全国国土调查结果的基础上，依据草地内基本草原面积不减少、质量不降低、用途不改变的总体要求，开展基本草原划定调整。二是生态保护红线内、各类自然保护地内和具有重要生态功能的草原均需划入基本草原，并将基本草原面积作为国土空间规划约束性指标。三是严格落实草畜平衡和禁牧休牧制度，禁牧区以外的草原落实草畜平衡和休牧制度，休牧期不少于45天。四是探索草畜平衡和禁牧休牧多元化补偿机制，落实草原生态保护成效与补奖资金分配激励约束机制。五是严格落实生态保护红线和国土空间用途管制制度，对生态红线内草原实施最严格的保护，确保草原生态功能的系统性和完整性。六是加大执法力度，严格落实草原生态环境损害赔偿制度和检察公益诉讼制度，建立健全草原执法责任追究制度和草原联合执法机制，严厉打击和依法查处非法占用、开垦等人为破坏草原行为。七是提升执法能力，加强苏木乡镇综合执法能力建设，提升草原监管执法能力和草原执法查处效率。八是实施重大生态修复工程，认真组织实施国家草原保护修复重大工程，通过种草、围栏封育、草原改良等措施，提高草原植被盖度和生产力。九是加强退化草原治理，针对退化草原，采取补播改良、围栏封育、人工种草等措施，逐步恢复草原生态功能。十是推进沙化土地治理，在沙化土地治理方面，采取植树造林、种草固沙等措施，减少风沙危害，改善生态环境。十一是促进合理利用发展草产业，聚焦打好"三北"工程攻坚战，推进草产业高质量发展。十二是通过发展草种繁育、人工饲草种植等产业，提高草原资源的利用效率。十三是推广科学放牧和科学放牧技术，合理控制放牧强度和密度，避免过度放牧对草原生态的破坏。内蒙古自治区将进一步加大科研投入，加大对草原生态保护与修复领域的科研投入，推动科技创新和成果转化。同时，积极推广先进的草原生态保护与修复技术，提高治理效果和管理水平，提升公众意识，加强环保宣传和教育工作，提升公众环保意识和参与度，形成全社会共同关注和支持生态环境保护的良好氛围。开展科普活动，通过举办科普讲座、展览等活动，普及草原生态保护与修复知识，提高公众的科学素养和环保意识。

2. 推动绿色发展转型

内蒙古自治区在推动绿色发展转型方面采取了一系列对策措施，这些措施旨在促进经济社会的全面绿色转型，实现高质量发展。一是大力发展新能源重点区域布局，以库布其、乌兰布和、腾格里、巴丹吉林沙漠为重点，规划建设大型风电光伏基地，并同步开展规划环评。在沙漠、戈壁、荒漠地区、边境地区、采煤沉陷区、露天矿排土场等合理布局新能源项目。二是鼓励中央与地方企业合作、各类所有制企业开展合作，联合建设运营风光基地。三是持续推进煤炭绿色开采和清洁高效利用，优化鄂尔多斯、呼伦贝尔、锡林郭勒煤炭产能，有序推进通辽等地区先进产能建设，保护性管理利用稀有煤种。四是支持内蒙古自治区全面实施煤电机组节能降碳改造、供热改造、灵活性改造"三改联动"，推进煤电低碳化示范项目建设。五是推动矿井水达标处理后用于流域生态补水，协同开展露天煤矿污染治理与生态修复。六是加大油气资源绿色开发和增储上产力度，加强含油气盆地地质勘查，推进老油气区深度挖潜，加大非常规天然气勘探力度。七是实施巴彦、吉兰泰等油田增产工程以及苏里格、大牛地、东胜等气田稳产工程。八是加大天然气中氦气等共伴生资源的综合利用。九是加强电网基础设施建设，强化蒙西、蒙东电网500千伏主干网架。十是加快规划建设电力外送通道，满足新能源大规模发展和负荷快速增长需求。十一是推进智能电网综合示范，建设适应高比例新能源、源网荷协调互动的电力智慧调度系统。十二是构建绿色低碳现代产业体系，支持内蒙古自治区建设现代产业体系，做优做强重点产业集群和重点产业链。十三是推动火力发电等行业企业运用依法披露的环境信息，开展环境、社会和公司治理评价。十四是支持内蒙古自治区探索新能源产业创新发展模式，高质量发展风机、光伏、光热、氢能、储能等产业集群。十五是推动重点领域绿色发展，支持内蒙古自治区围绕推动能耗双控转向碳排放双控先行探索。十六是鼓励内蒙古自治区健全资源节约集约评价指标体系，推动重点行业节能降碳改造。十七是支持内蒙古自治区实施大规模设备更新和消费品以旧换新，加强标准引领，畅通资源循环利用链条。十八是强化绿色低碳科技创新，加强荒漠化综合防治和推进"三北"等重点生态工程建设，探索森林、草原、湿地、荒漠高水平保护和可持续利用新路径，支持内蒙古自治区加强林草碳汇试点建设，巩固提升生态系统碳汇能力。十九是加强绿色低碳发展区域协作，推进内蒙古自治区与沿黄省区及毗邻区域合作，支持内蒙古自治区融入共建绿色丝绸之路，深化与俄蒙等国绿色低碳务实合作。

3. 建立健全体制机制

内蒙古自治区在建立健全北方重要生态安全屏障的体制机制方面，采取了一系列对策措施，这些措施旨在保护生态环境、促进绿色发展，并构建全域生态安全格局。一是制定了《内蒙古自治区建设我国北方重要生态安全屏障促进条例》，该条例于2023年7月31日由内蒙古自治区第十四届人民代表大会常务委员会第五次会议通过，为全区生态安全屏障建设提供了法律保障。该条例明确了建设生态安全屏障的目标、原则、措施及责任主体，强调尊重自然、顺应自然、保护自然的理念，以及山水林田湖草沙一体化保护和系统治理的方针。二是深入贯彻习近平生态文明思想和习近平总书记对内蒙古自治区的重要指示精神，全面落实国家关于生态保护的各项政策。三是制定并实施一系列生态保护政策，如《关于全面推进美丽内蒙古建设的实施意见》等，以推动生态文明建设与经济社会发展深度融合。四是建立建设我国北方重要生态安全屏障工作协调机制，设立工作协调机构，负责统筹协调相关工作，研究解决重大问题和重点事项。五是强化跨部门、跨区域的协同合作，形成工作合力，明确各级人民政府及相关部门的职责，确保生态安全屏障建设任务得到有效落实。六是实行严格的责任追究制度，对失职渎职行为进行严肃处理。七是建立完善的监督考核体系，对生态安全屏障建设进展情况进行定期评估和考核，并将考核结果作为评价领导干部政绩的重要依据，形成有效的激励约束机制。

内蒙古自治区在生态保护与修复方面严格落实草原保护制度，禁止随意调整基本草原范围，确保草原面积和质量不减少、不降低。通过严格保护生态保护红线内草原，禁止在生态保护红线内规划矿产资源开发项目。一方面，实施草畜平衡和禁牧休牧制度，推进退耕还草、退牧还草工程，恢复草原生态功能。另一方面，注重森林保护，严格落实天然林全面保护制度，严格限制天然林采伐，加强重点区域天然林保护，对公益林实施严格保护，提高公益林的质量和生态保护功能，加强防护林体系建设，构建高效防护林体系，提升森林生态功能。

内蒙古自治区将持续推进绿色经济发展转型，推动产业结构优化升级，大力发展绿色产业、循环经济，减少资源消耗和环境污染。一是支持企业开展技术改造和节能减排，提高资源利用效率和环境保护水平。二是加大污染治理力度，对重点污染源实施严格监管和治理，推广先进的污染治理技术和管理模式，提高污染治理效果。三是建立和完善生态补偿机制，对为生态保护作出贡献的地区和个人给予经济补偿和奖励，通过多元化补偿方式激励社会各界积极参与生态保护工作。①

---

① 参见《推动产业结构战略性调整优化——三论推动内蒙古高质量发展奋力书写中国式现代化新篇章》，《内蒙古日报》2023年10月21日。

第三章

以国土安全为保障，全力筑牢祖国北疆安全稳定屏障

习近平总书记多次强调，治国必治边。边疆治理是国家治理的重要组成部分，事关国家领土主权安全和国家治理全局，必须坚持国家治理和边疆治理、一般性和特殊性的有机结合，坚决维护国家主权、安全、发展利益。内蒙古自治区是祖国的"北大门"和首都的"护城河"，不仅地域辽阔、少数民族聚集，而且资源禀赋突出，在全国安全稳定大局中的战略地位十分重要。新时代新征程上，内蒙古自治区严格贯彻落实总体国家安全观，不断推进守边固边兴边强边工作，牢牢捍卫边防安全和边境地区稳定。各族人民紧密团结在党中央周围，团结一心，守望相助，推动祖国北疆安全稳定屏障日益稳固。

第一节 治国必治边

边疆地区是我国对外开放的前沿，是展示国家实力和形象的窗口，也是确保国土安全、生态安全的重要屏障。党的十八大以来，以习近平同志为核心的党中央把边疆治理摆在治国理政的重要位置，着眼治国理政战略全局，提出"治国必治边"的重要论断，系统性阐明边疆治理

事关国家领土主权安全和国家治理全局，为边疆治理工作提供了根本遵循，具有重大的现实意义和深远的历史意义。

一、深刻理解治国必治边的重要论断

国家安全工作是党治国理政一项十分重要的工作，也是保障国泰民安的一项十分重要的工作。做好新时代国家安全工作，要坚持总体国家安全观，抓住和用好我国发展的重要战略机遇期，把国家安全贯穿到党和国家工作各方面全过程，同经济社会发展一起谋划、一起部署，坚持系统思维，构建大安全格局，促进国际安全和世界和平，为全面建设社会主义现代化国家提供坚强保障。边境安全是国家安全的第一道屏障，为保障总体国家安全提供了战略缓冲地带，成为保障总体国家安全的第一道防线。在当今国际局势风云变幻的大背景下，边境安全在总体国家安全格局中的地位愈加重要，边疆治理水平关乎国运兴衰和民族复兴。确保国家领土主权的完整性是边境安全治理的重大任务，没有国土安全，就没有边境安全，总体国家安全也将岌岌可危。国家领土的完整性，不仅是一个国家团结统一的象征和国家主权权威性和尊严的体现，也是国家治理有效性的直接反映。一个强大的、独立自主的国家一定是领土主权完整、边疆安全稳固的国家。

我国边疆地区的经济社会发展水平相对较低，民族文化、宗教文化、地域文化复杂而多元，边境面临的安全风险与挑战较大，处置和管控不当，将对整个国家安全带来严重威胁或危害。然而，捍卫边境国土安全仅靠政府和军队的力量是远远不够的，还需要组织动员人民的力量。党政军警民合力强边固防是我国边海防的独特优势。只有广大边民有强烈的守土固边的意愿，国土安全才能有民心、民意、民愿的基础，确保国土安全才能成为现实。

边境地区地处我国对外开放的前沿，是确保国土安全和生态安全的重要屏障，在全国改革发展稳定大局中具有重要战略地位。实施兴边富民行动，对于推动边境地区经济社会快速发展、提高各族群众生活水平、加强民族团结、巩固祖国边防、维护国家统一、增进中外睦邻友好具有特殊的重要意义。随着我国小康社会全面建成，高质量共建"一带一路"加快推进，区域协调发展不断深化，乡村全面振兴不断推进，国家对边境地区全方位扶持力度不断加大，我国与周边国家关系的发展进入新阶段，深入推进兴边富民行动面临难得的机遇。从我国版图来看，边疆地区数量较多，且不同地区发展程度不同，所面临的国土风险也有所不同。因此，边疆治理要具体地区具体分析，制定具有地区特色的治理方案。习近平总书记始终心系边疆、情系边疆，高度重视边疆安全稳定发展工作，并多次就此发表一系列重要讲话、作出一系列重要指示。2013年3月9日，习近平总书记在参加十二届全国人大一次会议西藏代表团审议时明确提出"治国必治边、治边先稳藏"的重要论断，开启了党中央治边稳藏富民新实践。此后，在主持中央政治局会议等重要会议，以及到新疆维吾尔自治区、内蒙古自治区、广西壮族自治区、西藏自治区、云南省等边疆地区考察时，习近平总书记都对边疆的建设与发展作出了重要指示。例如，习近平总书记在2014年第二次中央新疆工作座谈会上，态度鲜明提出牢固树立中华民族共同体意识，成为新时代党的民族工作之纲。2017年6月6日，国务院办公厅印发《兴边富民行动"十三五"规划》（以下简称《规划》），对"十三五"时期深入推进兴边富民行动、支持边境地区加快发展作出全面部署。2023年6月，在内蒙古自治区考察时，习近平总书记指出，铸牢中华民族共同体意识是新时代党的民族工作的主线，也是民族地区各项工作的主线。[①] 此外，习近平总书记为边疆地区长远发展作出了清晰的战略指引，如强调"治国必治边"，要求把内蒙古自治区建成"我国北方重要的生态安全屏障""祖国北疆安全稳定屏障"[②]；要求广西"统筹发展和安全""在巩固发展民族团结、社会稳定、边疆安宁上彰显新担当"[③]；要求云南"不断增强边疆民族地区治理能力""健全强边固防工作机制，切实维护边疆稳固"[④] 等。坚定不移贯彻总体国家安全观，就要从战略高度、全局视角加强边疆地区安全建设，确保边疆地区在全面建设社会主义现代化国家、全面推进中华民族伟大复兴新征程上齐头并进。[⑤]

总而言之，新中国成立后，党在边疆民族地区坚持"国家利益至上"，通过民主改革实施了一系列战略举措，有力地确保了边疆地区稳定和国家统一。边疆稳定是维护祖国统一和领土完整的关键因素，是国家边疆治理的最高利益。党的二十大报告以专章形式对推进国家安全体系和能力现代化、坚决维护国家安全和社会稳定作出战略部署，为做好维护国家安全和社会稳定工作指明了前进方向、提供了根本遵循。边疆地区是国家安全屏障的第一道防线，是捍卫国家主权安全和领土完整的前沿阵地，对整个国家稳定发展具有重要影响。当前，国际形势风云变

---

① 《把握战略定位坚持绿色发展　奋力书写中国式现代化内蒙古新篇章》，《人民日报》2023年6月9日。

② 《完整准确全面贯彻新发展理念　铸牢中华民族共同体意识》，《人民日报》2021年3月6日。

③ 《解放思想深化改革凝心聚力担当实干　建设新时代中国特色社会主义壮美广西》，《人民日报》2021年4月28日。

④ 《向全国各族人民致以美好的新春祝福　祝各族人民生活越来越好祝祖国欣欣向荣》，《人民日报》2020年1月22日。

⑤ 参见《全面提高边疆民族地区公共安全保障》，《学习时报》2024年2月28日。

幻，国内经济社会发生深刻变革，各种可以预见和难以预见的安全风险前所未有，筑牢边疆地区国家安全战略屏障，已成为广大党员干部在强国建设、民族复兴新征程上必须履行好的重大责任。习近平总书记在中共中央政治局第十八次集体学习时强调，推进边疆治理体系和治理能力现代化，是中国式现代化的应有之义。要认真贯彻党的二十大和二十届二中、三中全会精神，落实党中央关于边疆治理各项决策部署，深入做好边疆治理各项工作，推动边疆地区高质量发展。要坚持把党的全面领导落实到边疆治理各方面全过程。推进中国式现代化，边疆地区一个都不能少。要坚持把推进中华民族共同体建设作为边疆民族地区工作的主线，要坚持把维护国家安全和社会稳定作为边疆治理的底线要求。推进边疆治理，需要强化理论支撑，加快建构中国自主的边疆学知识体系。[①]

二、把党的全面领导落实到边疆治理的各方面全过程

增强忧患意识，做到居安思危，是治党治国必须始终坚持的一个重大原则。我们党要巩固执政地位，团结带领人民坚持和发展中国特色社会主义，保证国家安全是头等大事。[②]习近平总书记对国家安全工作提出"十个坚持"，其中第一个就是坚持党对国家安全工作的绝对领导。治边工作不能脱离中国共产党的领导，尤其是在统一的多民族国家背景之下，党中央的集中领导是必须坚持的基本原则。中国作为统一多民族国家，边疆民族工作在国家治理中占有重要地位，边疆各民族交往交流交

---

① 参见《深入做好边疆治理各项工作　推动边疆地区高质量发展》，《人民日报》2024年12月11日。

② 《坚持总体国家安全观　走中国特色国家安全道路》，《人民日报》2014年4月16日。

融是中华民族"多元一体"实体的关键组成部分。党中央历来高度重视边疆民族地区治理工作。党的十八大以来，以习近平同志为核心的党中央更是不断深化对边疆民族地区治理规律的认识和把握，反复强调要促进各民族交往交流交融，并多次召开边疆治理工作座谈会，凝聚全党全国的力量大力支持边疆民族地区的发展，做出一系列重大决策部署，形成了新时代党的治边方略。

新中国成立之后，在党中央的集中统一领导下，边疆地区按照中央指示精神，将区域治理工作摆在发展进程中的重要位置。如今，中国特色社会主义各项建设事业取得了举世瞩目的成就，其中边疆民族事业成绩尤为突出，边疆地区发生了翻天覆地的变化，各民族也实现了从贫困走向富裕、从封闭走向开放、从落后走向进步，不断创造出越来越多的发展奇迹。实现边疆民族地区治理体系和治理能力现代化，必须加强党的全面领导，坚决维护党中央权威和集中统一领导，紧密团结在以习近平同志为核心的党中央周围，自觉在思想上政治上行动上同以习近平同志为核心的党中央保持高度一致，深刻领悟"两个确立"的决定性意义，增强"四个意识"、坚定"四个自信"、做到"两个维护"，为推进边疆民族地区治理现代化提供坚强政治保障，并沿着正确方向稳步前进，将党的领导这一中国特色社会主义制度的最大优势转化为国家治理的强大效能。

党在边疆治理的全面工作中居于核心领导地位。加强边疆民族地区治理，必须全面落实新时代党的建设总要求，加强党对边疆民族地区的全面领导，紧密结合边疆民族地区的治理实际，积极推进党自身执政能力、领导能力建设，强化中国共产党在边疆治理中的领导核心地位，教育引导各族干部群众不忘初心跟党走、牢记使命兴边疆，主动扛起使命责任，把提高边疆治理能力作为一项重大历史任务，充分把党和国家的制度优势更好转化为社会治理效能，坚持从边疆地区和各族群众实际出发，以党的全面领导为统领，提高党科学执政、民主执政、依法执政水平，在争当边疆民族地区治理体系和治理能力现代化排头兵上不断取得新进展，奋力书写中国边疆治理新篇章。

中国共产党领导边疆各族人民在进行革命、建设和改革的伟大实践中形成了边疆政治系统的政治中枢、领导核心和中坚力量，对于边疆政治系统的动态发展起着以一持万、纲举目张的推动作用，更是新时代推进和落实边疆民族地区治理体系和治理能力现代化的根本和关键。中国共产党始终坚持马克思主义在意识形态领域的指导地位，坚持中国特色社会主义发展道路，经过70多年的建设发展，取得了举世瞩目的伟大历史成就。中国共产党砥砺奋进100多年的光辉历程，彰显出马克思主义的强大生命力和创造力，成为世界上最大的马克思主义执政党。实践证明，正是在中国共产党的坚强领导下，中国才能够成功应对一系列重大风险挑战、克服无数艰难险阻，始终沿着正确方向稳步前进。当前世界正经历百年未有之大变局，我国发展的外部环境更趋复杂，边疆民族地区国家意义和地缘战略价值日益凸显，边疆经济社会形势更加复杂，边疆治理任重而道远。推进社会主义国家治理体系和治理能力现代化，必须始终不渝坚持党的领导，发挥中国共产党在实现中华民族复兴伟业中的主心骨和领路人作用。

党的十八大以来，以习近平同志为核心的党中央把边疆治理摆在治国理政的重要位置，提出"治国必治边"的重要论断，深入推进新时代兴边富民行动，推动边疆地区经济社会发展取得历史性成就。在党中央的坚强领导下，边疆地区人民自信自强、团结奋斗，基础设施跃上新台阶，特色产业蓬勃发展，人民生活蒸蒸日上，对外开放水平稳步提高，边防巩固、边境安全，各民族的面貌、民族关系的面貌、经济社会发展的面貌焕然一新，中华文化认同不断强化，各族群众的获得感、幸福感、安全感空前增强，中华民族共同体意识进一步铸牢，中华民族的凝聚力和向心力极大提升，呈现出"中华民族一家亲、同心共筑中国梦"的良好局面。

边疆民族地区治理是国家治理的重要组成部分。习近平总书记指出，坚定不移走中国特色社会主义社会治理之路，善于把党的领导和我国社会主义制度优势转化为社会治理优势[①]，"要实现富民强省、稳边固边的目标，关键在加强和改善党的领导"[②]。坚持中国共产党的领导是党和国家的根本所在、命脉所在，是全国各族人民的利益所在、幸福所在，是边疆治理取得实效并迈进现代化新征程的优势所在、保障所在。长期以来，边疆地区人民政府立足自身的具体实际，把党的领导贯穿和落实到边疆治理各领域，对边疆地区的经济、政治、文化、社会、生态、国防、军事、外交等开展了全方位、多方面、各环节的治理，有效实现了党的领导这一政治优势向边疆治理效能的转化。

以此为基础，进一步把党的领导优势转化为边疆治理优势，一是要准确把握党中央关于边疆治理的战略定位，提高从国家战略高度思考和推进边疆治理现代化的前瞻性、预见性、实效性，找准边疆地区自身在国内大循环和国内国际双循环中的位置和比较优势，全面提升在新发展格局中的嵌入度、融合度、贡献度以及产业链、供应链、价值链地位，在主动服务和融入新发展格局中展现新担当、新作为，努力服务和融入新发展格局。二是要贯彻落实党中央关于边疆治理的决策部署，对标对

---

① 《坚持走中国特色社会主义社会治理之路　确保人民安居乐业社会安定有序》，《人民日报》2017年9月20日。

② 《坚持走中国特色社会主义社会治理之路　确保人民安居乐业社会安定有序》，《人民日报》2017年9月20日。

表党中央关于边疆治理的大政方针、政策文件，把政策吃透、吃准、吃到位，提高政策研究、政策解读、政策落实的能力，实现党治理边疆的价值理念、思想主张、制度保障等在边疆地区落地生根、开花结果。三是要持续巩固党建引领边疆治理的成效，坚持大抓基层的鲜明导向，抓紧补齐基层党组织领导基层治理的各种短板，发挥党的建设在边疆治理中的作用和优势，重视党建战略引领、党建思想引领、党建组织引领、党建制度引领、党建作风引领，在健全体系、破除惯性、提高能力、提升质效的过程中确保边疆治理与党治国理政的现代化进程保持一致，推动实现边疆社会的现代化转型和融入社会主义现代化强国建设。四是要加强和巩固基层政权建设，加强党的组织体系建设，通过优化组织结构、履行组织职能、开展组织工作来增强政治功能和组织功能，不断优化创新组织设置，扩大党组织覆盖面，注重从"有形覆盖"向"有效覆盖"深化发展，通过建立健全组织运行、组织管理、组织服务一体化的工作体系，全面抓好农村、社区、机关、学校、医院、国企、"两新"等各领域基层党组织建设工作。尤其是要着力向新兴领域和以往工作相对比较薄弱的环节延伸，发挥党组织整合资源和配置资源的优势，把边疆基层党组织建设成为有效实现党的领导的坚强战斗堡垒。

习近平总书记在给云南省贡山独龙族怒族自治县独龙江乡群众的回信中指出："有党的坚强领导，有广大人民群众的团结奋斗，人民追求幸福生活的梦想一定能够实现。"[1]实现边疆治理体系和治理能力的现代化，关键在于加强党对边疆民族地区的全面领导，巩固中国共产党在边疆治理中的领导核心作用。坚持和完善党对边疆民族地区的全面领导，是确保党在边疆民族地区领导力、向心力、凝聚力和执行力的关键。这

---

① 《同心协力建设好家乡守护好边疆　努力创造更加美好的明天》，《人民日报》2019年4月12日。

就需要我们夯实党在边疆民族地区全面领导的政治基础和组织保障，同时改革和创新领导理念、机制、结构和方式，提升党的科学执政、民主执政和依法执政的能力，这也是实现边疆民族地区治理体系和治理能力现代化的重要策略。

"治国必治边"深刻揭示了边疆治理在国家发展与安全中的核心地位。边疆的稳定与发展直接关系到国家的整体安全与繁荣。党的十八大以来，以习近平同志为核心的党中央高度重视边疆治理工作，一系列重要论断和重大举措，如"兴边富民、稳边固边""推进边疆治理体系和治理能力现代化"等战略部署，大力推动了边疆地区的长治久安与发展繁荣。党的十八大以来的边疆治理实践充分证明了"治国必治边"这一重要论断的科学性和正确性。新时代新征程上，必须继续坚持党的全面领导，落实党中央关于边疆治理的各项决策部署，推动边疆地区高质量发展，为实现中华民族伟大复兴的中国梦贡献边疆力量。

第二节　内蒙古自治区是祖国的"北大门"和首都的"护城河"

国家安全是安邦定国的基石，维护国家安全是全国各族人民根本利益所在。内蒙古自治区地处北疆，战略地位十分重要，是祖国的"北大门"、首都的"护城河"。保卫神圣国土、守卫北疆地区边境安全，是习近平总书记和党中央赋予内蒙古自治区的战略定位和重大责任。内蒙古自治区深入贯彻落实习近平总书记重要讲话和重要指示批示精神，切实担负起维护国家安全的重大政治责任，不断强化使命担当，筑牢维护国家统一、民族团结、边疆稳固的坚强屏障，为党和人民守好边、固好防。

一、内蒙古自治区地理位置重要性概览

内蒙古自治区地处祖国正北方，东起大兴安岭，西至阿拉善高原，南有河套平原、阴山，北是辽阔草原，外接俄蒙，内联八省区，总面积达118.3万平方千米，占中国陆地国土总面积的1/8。全区地理上大致属蒙古高原南部，从东到西地貌多样，植被分布具有很大差异性。这里有茂密的森林、广袤的草原和丰富的矿藏，是中国资源富集地区之一。

蒙古高原曾是游牧民族生息繁衍的家园。承游牧民族之余绪，蒙古高原上演绎了一幕幕历史剧，并为这片土地深深烙上了文化和历史印记。近代以来，内蒙古地区经历了一系列变迁，社会形态、民族结构已经有了历史性改观。内蒙古自治区的辽阔土地上世代居住着蒙古、达斡尔、鄂温克、鄂伦春、汉、满、回、朝鲜等民族，全区各民族携手并肩，共同建设着祖国的北疆。2023年末，全区常住人口达到2396万人。作为我国最早建立的民族自治区，内蒙古自治区不仅在维护民族地区繁荣发展、和谐稳定中发挥着极其重要的作用，也在全国安全稳定大局中起到了重要的典型示范作用。因此，筑牢祖国北疆安全稳定屏障，关系内蒙古自治区改革发展大局，关系各族人民根本利益，更关系国家安全稳定大局。

内蒙古自治区在"中俄蒙经济走廊"建设上同样具有天然的地理位置优势。内蒙古自治区北部毗邻俄罗斯和蒙古国，是对外开放的北方窗口，在政治经济文化对外交流上具有举足轻重的作用。2014年9月11日，习近平主席在杜尚别同俄罗斯总统普京和时任蒙古国总统额勒贝格道尔吉举行的中俄蒙元首会晤中，首次提出"中俄蒙经济走廊"的战略构想，即"把丝绸之路经济带同俄罗斯跨欧亚大铁路、蒙古国草原之路

倡议进行对接"，特别是针对俄罗斯和蒙古国提出跨境合作战略构想，即把中国经济发展同俄罗斯和蒙古国的国家利益结合起来。这对俄罗斯、蒙古国乃至东北亚区域搭乘中国经济发展"便车"，实现"互联互通"具有重要现实意义。

观察亚欧版图可以发现，"中俄蒙经济走廊"可以说是"丝绸之路经济带"向北在陆地上的延伸、向南与"21世纪海上丝绸之路"对接的一种新跨境合作战略构想，既缩小了俄罗斯和蒙古国与亚太地区的时空距离，又体现了俄罗斯和蒙古国的国家利益和经济发展要求，是一个符合三国发展愿景的巨大合作平台。

内蒙古自治区东联东北三省老工业基地，南接华北五省区，西联新疆、甘肃等西北省区，是我国东西跨度最大的省区。位于内蒙古自治区与蒙古国边境线段的国家级口岸从西向东分布，既是我国内蒙古自治区向北开放的门户，也是蒙古国走向世界的窗口。"中俄蒙经济走廊"战略构想可实现中国"丝绸之路经济带"与蒙古国"草原之路"和俄罗斯"跨欧亚大铁路"的有效对接。蒙俄和中蒙边界口岸是这条"经济走廊"的必经之路。换言之，蒙古国在保持与中国口岸的紧密联系的同时，也致力于与俄罗斯口岸的合作。在中国与俄罗斯、蒙古国和中亚国家经济的合作黄金时期，中国可以利用资金、技术和人力资源的优势，根据"亲、诚、惠、容"的外交理念，通过亚投行和丝路基金等机制，加大对蒙古国口岸基础设施建设的投资，以实现中蒙两国口岸管理的高效"互联互通"。

内蒙古自治区既是祖国的"北大门"，又是首都的"护城河"。维护国家安全和边疆安宁，筑牢祖国北疆安全稳定屏障，是内蒙古自治区的重大政治责任。祖国北疆的国土安全直接关乎内蒙古自治区各民族的团结进步发展。2018年，习近平总书记在参加内蒙古代表团审议时特别强调，"扎实推进民族团结和边疆稳固"①。2019年，习近平总书记在内蒙古考察时指出，"内蒙古自治区历来是民族自治、民族团结的模范，我们搞民族区域自治的目的是为了推动民族团结"②。2022年，习近平总书记在参加十三届全国人大五次会议内蒙古代表团审议时强调，内蒙古是边疆民族地区，在维护民族团结和边疆安宁上担负着重大责任。要见微知著，增强忧患意识，提高战略思维，有效防范民族工作领域的各种风险隐患，切实筑牢祖国北疆安全稳定屏障。③2023年，习近平总书记来到内蒙古，对驻内蒙古边防部队长期以来为筑牢祖国北疆安全稳定屏障所发挥的作用给予充分肯定，强调要充分认清做好边防工作的重要意义，强化使命担当，为党和人民守好边、固好防。④

2023年6月，中共中央总书记、国家主席、中央军委主席习近平在内蒙古考察。习近平总书记强调，要在建设"两个屏障""两个基地""一个桥头堡"上展现新作为。⑤"两个屏障""两个基地""一个桥头堡"分别指的是，我国北方重要生态安全屏障、祖国北疆安全稳定屏障；国家重要能源和战略资源基地、农畜产品生产基地；我国向北开放重要桥头堡。筑牢祖国北疆安全稳定屏障，是习近平总书记交给内蒙古自治区的"五大任务"之一。

① 《扎实推动经济高质量发展　扎实推进脱贫攻坚》，《人民日报》2018年3月6日。

② 《习近平：各民族要一起推动中华民族的发展》，新华网，http://www.xinhuanet.com/politics/leaders/2019-07/16/c_1124758540.htm.

③ 参见《不断巩固中华民族共同体思想基础　共同建设伟大祖国　共同创造美好生活》，《人民日报》2022年3月6日。

④ 《坚持总体国家安全观　筑牢祖国北疆安全稳定屏障》，中国社会科学网，https://www.cssn.cn/mzx/xksy_shjj/202404/t20240412_5745929.shtml.

⑤ 《加强部队全面建设　提高边境防卫管控能力　努力锻造卫国戍边钢铁长城》，《人民日报》2023年6月10日。

内蒙古自治区在国家安全稳定大局中地位重要、责任重大。必须履行好重大责任和光荣使命，建设更高水平的平安内蒙古，筑牢祖国北疆安全稳定屏障。党的十八大以来，内蒙古自治区各族干部群众深入贯彻落实习近平总书记对内蒙古重要讲话重要指示批示精神，强化底线思维和风险意识，加快构建大安全格局、完善大平安体系，推动高质量发展和高水平安全良性互动，确保社会更安定、人民更安宁，以内蒙古之稳守卫边疆安全、拱卫首都安全。①

当前，我国国家安全内涵和外延比历史上任何时候都要丰富，时空领域比历史上任何时候都要宽广，内外因素比历史上任何时候都要复杂。国际形势风云变幻，国内经济社会发生深刻变革，各种可以预见和难以预见的安全风险前所未有，人民群众对国家安全也有了更多更高的期待。内蒙古自治区在国家安全稳定大局中具有重要地位，筑牢祖国北疆安全稳定屏障，是党中央对内蒙古的发展定位，同时，也是内蒙古自治区对国家政治安全、边疆安宁所负的重大责任。全区上下要坚决用总体国家安全观武装头脑、指导实践、推动工作，切实担负起维护国家安全的重大政治责任，扎实有力做好国家安全各项工作。②

二、筑牢祖国北疆安全稳定屏障的重要意义

筑牢祖国北疆安全稳定屏障是深刻领悟"两个确立"、坚决做到"两个维护"的实际行动。党的十八大以来，内蒙古自治区各项事业之所以能够不断发展进步、取得丰硕成果，最根本的就在于以习近平同志

---

① 参见《建设更高水平的平安内蒙古》，《内蒙古日报》2022年12月28日。
② 参见《坚持总体国家安全观　筑牢祖国北疆安全稳定屏障》，中国社会科学网，https://www.cssn.cn/mzx/xksy_shjj/202404/t20240412_5745929.shtml.

为核心的党中央的坚强领导，在于习近平新时代中国特色社会主义思想的科学指引。在全面建设社会主义现代化国家新征程上，全区上下深刻领悟"两个确立"的决定性意义，增强"四个意识"、坚定"四个自信"、做到"两个维护"，在学懂弄通做实习近平新时代中国特色社会主义思想上下功夫，不断汲取感恩奋进的精神力量、挖掘做好工作的思路方法、强化推动落实的内生动力，以更加扎实的作风、更加有力的举措，在祖国北疆筑起坚如磐石的安全稳定屏障。①

党的十八大以来，以习近平同志为核心的党中央高瞻远瞩，立足全局谋划内蒙古自治区经济社会发展，为祖国北疆制定了清晰的发展蓝图。"扎实推动经济高质量发展，扎实推进脱贫攻坚，扎实推进民族团结和边疆稳固。"②"要贯彻新发展理念，统筹好经济发展和生态环境保护建设的关系，努力探索出一条符合战略定位、体现内蒙古特色，以生态优先、绿色发展为导向的高质量发展新路子。"③这是习近平总书记对内蒙古自治区的殷切嘱托，也是对内蒙古自治区经济发展作出的重要指示要求。筑牢祖国北疆安全稳定屏障，要以习近平新时代中国特色社会主义思想为指导，坚持中国共产党的领导，牢牢把握党中央对内蒙古自治区的战略定位，完整、准确、全面贯彻新发展理念，坚持发展和安全并重，守住安全发展底线，构建与新发展格局相适应的新安全格局，以新安全格局保障新发展格局。

作为我国最早成立的民族自治区，自觉维护民族团结和边疆安宁，

---

① 参见《筑牢安全稳定屏障　守卫祖国北疆安宁》，《内蒙古日报》2023年4月13日。

② 《扎实推动经济高质量发展　扎实推进脱贫攻坚》，《人民日报》2018年3月6日。

③ 《保持加强生态文明建设的战略定力　守护好祖国北疆这道亮丽风景线》，《人民日报》2019年3月6日。

是内蒙古自治区的光荣传统。在中国共产党的坚强领导下，内蒙古自治区各族干部群众团结一心、勠力奋斗，坚决扛起筑牢祖国北疆安全稳定屏障的重大政治责任，创造了一段又一段历史佳话，维护边疆安宁团结和国家安全稳定已成为内蒙古自治区各族干部群众根植血脉的精神传承。党的十八大以来，习近平总书记三次到内蒙古考察调研，五次参加全国人民代表大会内蒙古代表团审议，系统阐明了事关内蒙古自治区全局和长远发展的一系列重大理论和实践问题，为内蒙古自治区量身定制了行动纲领。内蒙古自治区广大干部群众深入贯彻习近平总书记关于加强和改进民族工作的重要思想，抓住铸牢中华民族共同体意识这条主线，从更高层面、更深层次领会把握筑牢祖国北疆安全稳定屏障的战略意义和深刻意涵，提高政治站位，自觉从党和国家工作大局、从中华民族整体利益的高度思考问题，做深做细做实有利于铸牢中华民族共同体意识的工作，及时补齐工作上的短板不足，让"三个离不开""五个认同""四个与共"更加深入人心。①

习近平总书记强调，要牢牢把握党中央对内蒙古的战略定位，完整、准确、全面贯彻新发展理念，紧紧围绕推进高质量发展这个首要任务，以铸牢中华民族共同体意识为主线，坚持发展和安全并重，坚持以生态优先、绿色发展为导向，积极融入和服务构建新发展格局，在建设"两个屏障""两个基地""一个桥头堡"上展现新作为，奋力书写中国式现代化内蒙古新篇章。②习近平总书记心系北疆发展，关心北疆安全，为北疆建设提出了要求、指明了方向。内蒙古自治区将深入贯彻落实

---

① 参见《筑牢安全稳定屏障　守卫祖国北疆安宁》，《内蒙古日报》2023年4月13日。

② 《牢记嘱托　勇担使命　筑牢祖国北疆安全稳定屏障——习近平总书记考察内蒙古重要讲话精神在干部群众中引发强烈反响》，内蒙古自治区人民政府网，https://www.nmg.gov.cn/ztzl/tjlswdrw/aqwdpz/202306/t20230612_2330400.html.

习近平总书记的指示要求，以习近平总书记的重要讲话精神为工作指导，举全区之力扛起铸牢北疆安全稳定屏障的大旗，实现习近平总书记对北疆安全工作的殷切期望。

三、筑牢祖国北疆安全稳定屏障是构建安全新格局的必然要求

筑牢祖国北疆安全稳定屏障，要贯彻总体国家安全观，以铸牢中华民族共同体意识为主线，加快国家安全体系和能力现代化建设，夯实基层基础，有效防范化解风险，完善社会治理体系，提升社会治理效能，维护自治区民族团结、社会和谐、边疆稳固的良好局面，建设更高水平的平安内蒙古、法治内蒙古，守卫祖国边疆安全。

在全面建设社会主义现代化国家新征程上，必须坚持统筹发展和安全，牢牢守住安全发展这条底线，打造与新发展格局相适应的新安全格局，实现高质量发展和高水平安全的良性互动，把发展建立在更加安全、更为可靠的基础之上，以新安全格局保障新发展格局。内蒙古自治区是祖国的"北大门"、首都的"护城河"，在国家总体安全大局中战略地位重要、职责使命特殊。以内蒙古之稳守卫边疆安全、拱卫首都安全，对于服务保障国家改革发展稳定大局具有十分重大的意义。内蒙古自治区必须坚决筑牢祖国北疆安全稳定屏障，加快构建大安全格局、完善大平安体系，坚决守住安全发展底线，确保社会更安定、人民更安宁。

2022年12月12日，内蒙古自治区政府新闻办召开"贯彻党的二十大精神·推动五大任务见行见效"新闻发布会，针对内蒙古自治区安全体系建设作出要求。内蒙古自治区将全面贯彻党的二十大精神，坚持党

的全面领导，坚持总体国家安全观，加快国家安全体系和能力现代化建设，夯实国家安全和社会稳定基层基础，有效防范化解影响国家安全、社会安定、人民安宁的重大风险，完善社会治理体系，提升社会治理效能，全力维护民族团结、社会和谐、边疆稳固的良好局面，以内蒙古之稳守卫边疆安全、拱卫首都安全。

内蒙古自治区在筑牢祖国北疆安全稳定屏障方面将坚定不移贯彻总体国家安全观。一是全面落实国家安全责任制，加快国家安全体系和能力现代化建设。二是推进总体国家安全观宣传教育常态化长效化，增强全民国家安全意识和素养，筑牢国家安全人民防线。三是落实公共安全分级应对责任，建立大安全大应急框架，构建以预防为主的公共安全治理模式。内蒙古自治区始终牢记习近平总书记殷切嘱托，坚持总体国家安全观，坚持统筹发展和安全，坚持底线思维，加快构建大安全格局、完善大平安体系，全面加强国家安全能力建设，深化反分裂、反颠覆、反恐怖、反邪教斗争，强化网络社会综合治理，坚决维护国家政权安全、制度安全和意识形态安全。建立预防为主治理模式，加快构建源头防控、排查梳理、纠纷化解、应急处置的社会矛盾综合治理机制，强化社会治安整体防控，力争到 2025 年，全区 12 个盟市全部成为市域社会治理现代化试点合格城市。①

筑牢祖国北疆安全稳定屏障是推动内蒙古高质量发展的重要前提。新中国成立以来，内蒙古自治区用实实在在的成绩展现出发展进程中北疆人民的汗水与努力。内蒙古自治区书写了"最好牧场为航天""三千孤儿入内蒙""克服困难捐粮畜"等历史佳话。近年来，内蒙古自治区自觉扛起保大局保供给的责任，每年生产全国约 1/5 的羊肉、1/10 的牛

---

① 参见《守住底线　筑牢祖国北疆安全稳定屏障——访自治区党委政法委副书记王旭军》，人民网，http://nm.people.com.cn/n2/2022/1215/c192247-40232427.html.

肉、1/5的牛奶、1/2的羊绒，一半以上的粮食调往区外，成为名副其实的全国重要绿色农畜产品生产加工输出基地。同时，为缓解能源供应紧张局面，区内六成的煤炭外送全国，电煤保供任务占全国的三成多，外送电量连续18年位居全国第一，以实际行动诠释了内蒙古自治区的奉献与担当。[1]

"十二五"期间，中央财政下拨资金，支持内蒙古自治区发展清洁能源、新材料、装备制造业、生物和环保产业、新能源汽车产业等战略性新兴产业。2019年9月，党中央、国务院将黄河流域生态保护和高质量发展列入重大国家战略，为内蒙古自治区的发展开拓了新的空间、指明了新的航向。2020年，中央财政向内蒙古分配直达资金443.6亿元，并通过直达机制"直通车"，为内蒙古自治区的脱贫攻坚、就业民生等注入强劲动能。

一个个战略政策支持、一项项"真金白银"投入为内蒙古自治区提高经济社会发展水平提供了"加油站"，推动内蒙古自治区与祖国共繁荣。鱼知水恩，乃幸福之源。站在草原望北京，北疆人民心向党。为支持国家的航天建设，额济纳旗"三易旗府"，把最好的牧场献给了祖国的航天事业；为哺育好"国家的孩子"，"草原母亲"都贵玛用无私奉献，书写了一段跨越地域、血脉的传奇。

在总体国家安全观思想指引下，内蒙古自治区始终坚持政治安边、富民兴边、科技控边、依法治边的原则，构建与国家安全和发展利益相适应的强大、稳固、现代的治边格局，利用财政、税收、金融、用地等政策，深入推进兴边富民行动，加强边境地区建设，促进边境地区经济发展，鼓励引导各族群众关心、支持边防事业发展，参与边防事业建

---

[1] 参见《筑牢安全稳定屏障 守卫祖国北疆安宁》，《内蒙古日报》2023年4月13日。

设。公安机关、交通运输、商务、卫生健康、市场监督管理等部门应当协同海关、移民管理等口岸查验机构加强口岸风险的预警防范，配合做好打击走私、防范非法出入境、防控卫生疫情、管控危险货物等口岸安全保障工作。[①]

当前，内蒙古自治区在推动祖国北疆安全稳定屏障建设上已取得了一系列新进展新成效。一是细化实化重点任务，按照内蒙古自治区党委部署要求，牵头起草了《内蒙古自治区党委、自治区人民政府关于筑牢祖国北疆安全稳定屏障的实施方案》，制定了重点任务清单。二是切实维护安全稳定，坚决维护国家政治安全，保持社会大局稳定。三是合力强边固防，筑牢口岸安全防线，加强边境管控，着力打造北疆安全稳定高地和沿边开放重要支点。四是统筹发展和安全，进一步优化法治化营商环境，强化执法司法智能化监督，为经济社会发展提供坚强法治保障。五是积极争取国家支持，按照内蒙古自治区党委统一部署，努力获得更多政策和项目支持。此外，内蒙古自治区还深入推进固边兴边富民行动，出台差异化扶持优待政策，加强边境地区"水电路讯"军民共建共享基础设施建设，以有效解决边境地区人口"空心化"问题。同时，精准完善执法司法政策措施，持续优化法治化营商环境，推动高质量发展和高水平安全实现良性互动，以新安全格局保障新发展格局。[②]

进入新发展阶段，在新形势下，内蒙古自治区应当紧随时代的步伐，加快推动经济转型升级、聚焦扩内需战略基点、推动高水平对外开

---

① 参见《坚持总体国家安全观　筑牢祖国北疆安全稳定屏障》，中国社会科学网，https://www.cssn.cn/mzx/xksy_shjj/202404/t20240412_5745929.shtml.

② 参见《守住底线　筑牢祖国北疆安全稳定屏障——访自治区党委政法委副书记王旭军》，人民网，http://nm.people.com.cn/n2/2022/1215/c192247-40232427.html.

放，主动服务有效融入国家发展新格局。内蒙古自治区将与全国人民风雨同舟，肝胆相照，与祖国同行，以繁荣富强夯实安全稳定屏障的坚实基础。

四、筑牢祖国北疆安全稳定屏障是满足人民群众对美好生活向往的现实前景

我们党始终维护人民利益，坚持从人民的整体利益、根本利益、长远利益出发，增进民生福祉，坚持发展为了人民、依靠人民，让北疆安全建设的成果惠及人民。北疆安全稳定是人民心中的美好愿景，也是我国发展的现实前景。北疆治理工作要紧紧围绕群众，提升人民群众的幸福感，让人民群众切实感受到治理工作的实际成果。

北疆安全的前提是保障人民群众平安幸福。为此，内蒙古自治区坚持以人民为中心的发展思想，按照系统治理、依法治理、综合治理、源头治理的原则，完善平安体系建设，提升治理效能，保障人民安居乐业、社会安定有序。为推动公共安全治理模式向事前预防转型，内蒙古自治区结合新型城镇化、乡村振兴和区域协同发展等战略，统筹构建跨盟市区域灾害监测预警、应急物资储备、联合应急救援、恢复重建等体系。加强矛盾纠纷易发多发领域行业性、专业性人民调解委员会建设，健全人民调解工作机制。内蒙古自治区坚持党建引领，健全基层党组织领导的自治、法治、德治相结合的基层社会治理体系，坚持和发展新时代"枫桥经验"，按照预防为主、调解优先的原则，促进人民调解、行政调解、司法调解有机衔接，形成矛盾纠纷多元化解的大调解工作格局。此外，内蒙古自治区不断畅通和规范群众诉求表达、利益协调、权益保障通道，完善社会心理服务体系，建立健全社会心理疏导、危机干

预机制。①

第一，加强守边固边兴边。内蒙古自治区一是实施边境节点村镇基础设施提档升级工程，支持边境地区水电路讯一体化建设，实现抵边自然村、边防哨所、边境派出所和抵边警务室饮用水、电力、通信、广电普遍覆盖。二是深入开展兴边富民行动中心城镇建设试点。三是开展"民营企业进边疆"行动，实施兴边富民特色产业发展工程，促进边民就地就近就业和增收致富。四是扶持民族贸易和民族特需商品生产。五是推进边境"四个共同"长廊建设。支持大兴安岭林区防火路和抵边自然村通硬化路建设。六是加快沿边国道331线待贯通和低等级路段建设改造，有序推进沿边国道并行线建设。七是研究强化抵边乡镇工作力量，加强党政军警民合力强边固防，推进"平安北疆、智慧边防"建设。

第二，坚定不移推进稳边固边工作。内蒙古自治区一是深入推进固边兴边富民行动，支持边境旗市加快发展。不断提高沿边地区基本公共服务和重大基础设施保障水平，着力解决边境地区"水电路讯"不畅通等问题，努力吸引更多人口到边境地区置业安居、守边戍边。实施智慧边防工程，加强军警民统建共用。二是切实做好退役军人服务保障工作，完善双拥工作机制，巩固发展军政军民团结。

第三，坚定不移推进平安内蒙古建设。内蒙古自治区一是构建了以预防为主的公共安全治理模式，加强安全风险监测预警体系和突发事件应急能力体系建设。二是健全共建共治共享的社会治理制度，加强和改进人民调解工作和人民信访工作，强化社会治安整体防控，依法严惩群众反映强烈的各类违法犯罪活动。严密防范打击敌对势力渗透破坏颠覆

---

① 参见《坚持总体国家安全观　筑牢祖国北疆安全稳定屏障》，中国社会科学网，https://www.cssn.cn/mzx/xksy_shjj/202404/t20240412_5745929.shtml.

分裂活动，高度警惕一切影响民族团结的苗头性问题，坚定维护国家政权安全和制度安全。

只有解决民众的急难愁盼，提升民众幸福感，才能让治理工作真正惠及每一位公民。民生是人民幸福之基、社会和谐之本。在发展中更加注重保障和改善民生，是习近平总书记对内蒙古的殷殷嘱托。内蒙古自治区一是牢牢抓住就业这个民生之本，用好公益性岗位兜底安置政策，落实失业保险待遇，加强困难群体就业兜底帮扶。多措并举拓宽就业渠道，强化培训服务，促进重点群体实现就业。二是扩大集体经济补助城乡居民养老保险试点范围，推进基本医疗保险、大病保险与医疗救助三重保障制度互补衔接，巩固拓展脱贫攻坚成果，坚决守住不发生规模性返贫的底线。

公共服务关乎民生、连接民心。内蒙古自治区聚焦群众所想所盼所急，着力补齐民生短板、破解民生难题、增进民生福祉，让改革发展成果更多更好惠及全区人民。一是围绕服务地方产业发展，加快职业院校教育改革，积极探索"中职＋应用型本科"贯通式一体化人才培养模式，以高素质人才集聚带动产业高质量发展。二是推动落实卫生健康事业高质量发展"1+9"政策体系，加快紧密型城市医疗集团建设，促进基层医疗卫生服务体系健康发展，建立健全优质高效的医疗卫生服务体系。三是开展完整社区试点建设，实施村（社区）综合服务补齐短板和扩能升级项目，全面提升为民服务水平和满意度。

国家安全是民族复兴的根基，社会稳定是国家强盛的前提。为此，内蒙古自治区全力以赴做好防风险、保安全、护稳定、促发展等各项工作。一是实施北疆各地安全韧性提升、交通安全提升、社会治安防控体系、公共安全视频监控建设联网应用等工程，做实社区防控、矛盾排查、纠纷调处等基础工作，让群众更具安全感。二是严格落实安全生产责任制，加强重点行业领域安全风险排查，完善预测预警评估和应急协调联动机制，健全应急救援和物资保障体系，坚决防范遏制重特大事故。

2024年8月30日，内蒙古自治区党委常委会召开会议，传达学习中央有关会议精神，研究部署贯彻落实工作。会议强调，要把学习贯彻2024年8月23日中央政治局会议精神同学习贯彻习近平总书记在新时代推动西部大开发座谈会上的重要讲话精神紧密结合起来，准确把握内蒙古在国家发展全局中的战略定位，全力办好两件大事，加快推动形成大保护、大开放、高质量发展新格局。认真研究中央有关政策文件，充分挖掘蕴含其中的政策红利，细化实化内蒙古自治区落实党中央关于西部大开发战略决策的任务举措。加强优势产业领域科技攻关和成果转化，创新完善政策机制，用改革的办法和市场化手段推动特色产业做强做大。以发展储能为重点紧抓快干推进新能源建设，系统研究推进氢能产业发展，统筹解决好生产、存储、运输等环节问题。用好京蒙协作平台，深化与北京的全方位合作，开动脑筋深入挖掘商机和合作契合点，借力提升内蒙古自治区开放发展水平。会议强调，要认真学习领会中央全面深化改革委员会第六次会议精神，雷厉风行落实好党中央关于进一步全面深化改革的各项决策部署。①

党的二十大报告强调，国家安全是民族复兴的根基，社会稳定是国家强盛的前提。内蒙古自治区作为祖国"北大门"和首都"护城河"，维护国家安全和社会稳定的责任重于泰山。党的十八大以来，内蒙古自治区广大干部群众牢记习近平总书记的殷殷嘱托，共同守卫祖国边疆，

---

① 参见《自治区党委常委会召开会议　学习贯彻中央有关会议精神　孙绍骋主持》，内蒙古自治区人民政府网，https://www.nmg.gov.cn/zwyw/ldhd/202408/t20240831_2566443.html。

共同创造美好生活，长期保持了民族团结、社会和谐、边疆安宁的良好局面。新时代新征程上，全区上下更要再接再厉、共同努力，全力做好守边护边、社会治理、防范化解风险等各项工作，始终牢记习近平总书记的嘱托，守望相助、团结奋斗，全力维护好国家安全、社会公共安全、人民生命财产安全，与全区各族人民一道把祖国北疆安全稳定屏障构筑得更加牢不可破、坚不可摧。

第三节　内蒙古自治区全力加强守边固边兴边

习近平总书记强调，从全国来看，推动全体人民共同富裕，最艰巨的任务在一些边疆民族地区。[①]党的十八大以来，内蒙古自治区严格贯彻落实党的民族政策，通过抓党建促强边固防、社会平安和谐，抓党建促乡村振兴、建设好美丽家园，抓党建促基层治理、维护好民族团结。全区不断强化社会治安防控体系建设，开创了新时代党政军警民合力强边固防的新局面。通过统筹经济社会建设，推动产业结构战略性调整优化，深入开展兴边富民行动，内蒙古自治区让北疆各族人民实实在在感受到了推进共同富裕在进行、在身边。

一、党政军警民合力强边固防，守卫北疆边境安全

内蒙古自治区横跨"三北"，内联八省，外邻俄蒙，边境线长达4200多千米，红色文化、草原文化、农耕文化、黄河文化、长城文化以及现代工业文化在自治区内浑然一体，维护国家安全和边疆安宁始终

---

① 参见《把握战略定位坚持绿色发展　奋力书写中国式现代化内蒙古新篇章》，《人民日报》2023年6月9日。

是内蒙古自治区的重大责任与神圣使命。2018年3月，习近平总书记在参加十三届全国人大一次会议内蒙古代表团审议时指出，保障内蒙古安全稳定工作事关改革全局，意义重大。内蒙古是我国最早成立民族自治区、党的民族区域自治制度最早付诸实施的地方，地处祖国北疆，战略地位十分重要。内蒙古改革发展稳定工作做好了，在全国、在国际上都有积极意义[①]。在新征程新起点上，内蒙古自治区牢记习近平总书记殷殷嘱托，胸怀"国之大者"，深刻把握自身在现代化建设全局中的战略定位，抓牢"主攻方向"谋篇布局，积极贯彻总体国家安全观，以实际行动履行新时代国防责任和义务，全力构筑祖国北疆安全稳定屏障。

为党和人民守好边、固好防，内蒙古自治区充分发挥党政军警民合力强边固防的独特优势，扎实推进全区各项安全稳定工作。北疆边防工作的核心是坚持党对国家安全工作的绝对领导。党的领导为边防工作提供了明确的政治方向，对边防工作政策的制定和执行起决定性作用。党通过动员和整合各方资源，包括军队、武警、公安、海关、地方政府和民众，以形成强大的边防工作合力；通过加强民族政策的落实，促进民族团结，以确保边境地区的稳定与和谐；通过制定和实施支持边境地区发展的政策措施，促进边境地区基础设施建设、民生改善和社会进步，以提升边境地区的综合实力，从根本上增强边防工作的保障能力。与此同时，党员作为党的肌体细胞和战斗力基础，始终是内蒙古自治区边防工作的骨干力量，是党和各族人民群众信任的守护者、建设者。尽管边境地区由于受地理位置与环境条件特殊、社会文化构成多元等诸多因素影响，在社会治理方面总是面临诸多挑战，但不论在任何领域遇到怎样的艰难险阻，党员总是能够发挥模范带头作用，英勇无畏冲锋在前。为

---

① 参见《扎实推动经济高质量发展　扎实推进脱贫攻坚》，《人民日报》2018年3月6日。

了更好地维护边境地区的社会稳定与民族团结，遍及内蒙古自治区各地的"党员志愿服务队"深入边境一线，了解群众需求，帮助解决实际困难，不断增强帮扶共建力量。针对边境地域广阔、党员群众居住分散、难以开展集中教育培训的情况，宣讲形式丰富、机动灵活的"草原流动党校"应需而生。流动党校依托嘎查村阵地、党员中心户、党小组宣讲点等平台，紧贴农牧民党员群众需求，每季度至少开展一次党的政治理论、党章党规、系列讲话等专题宣讲，全面加强党员理想信念。针对牧民居住比较分散，购物、就医等日常活动不便的情况，内蒙古自治区开通了"爱民固边直通车"，实现了服务牧民"零距离"，让群众切身感受到党和政府一心为民谋发展的初心使命，既增进了党群关系，同时增强了边防工作的群众基础。

平安是民生所盼、发展之基。习近平总书记指出，平安是人民幸福安康的基本要求，是改革发展的基本前提。[①] 增强人民群众安全感一直是内蒙古自治区边防安全工作的头等大事。为此，内蒙古自治区成立了平安内蒙古建设工作领导小组，通过完善组织机构、健全议事规则，出台了平安建设分工方案，形成了党委统一领导、各部门齐抓共管的平安建设工作新格局。党的十八大以来，内蒙古自治区不断巩固和谐稳定社会大局，加强对社会矛盾的排查化解，坚决杜绝安全隐患，严格防范重大风险，依法严厉打击各类违法犯罪行为，并着力构建全方位社会治安防控体系。阿拉善边境管理支队、额济纳边境管理大队等多个边疆管理支队在恶劣的自然环境中建立起了"戈壁移动警务室"，实施24小时"网格化巡逻、动态化出警"，全力打造边境辖区快警模式，为辖区群众、企业提供方便快捷的服务；兴安边境管理支队积极统筹，整合群众治安

---

① 《为经济社会发展创造平安稳定环境》，求是网，http://www.qstheory.cn/llwx/2019-12/13/c_1125343229.htm。

力量，组建了"雪城义警"治安联防协会，协助边境派出所开展治安防控和巡逻、矛盾纠纷调解、社区服务等警务工作；锡林郭勒边境管理支队将传统边境管控措施和现代化技防设备相融合，在通过组织由派出所的民警和居边护边堡垒户共同组成巡逻队开展巡护的同时，派出"鹰巡"无人机警航队一路侦测实况，为巡逻队保驾护航。内蒙古自治区内各地边境管理政府部门实事求是，针对当地主要管理问题各出"奇招"，形成了多元化矛盾化解、全方位平安守护、零距离服务群众的共建共治共享社会治理格局。除此之外，"猎鹰""巴尔虎"等特战分队成为内蒙古自治区反恐维稳、扫黑除恶的一只只"重拳"；"云剑""震慑"等系列专项行动战果累累。[①] 内蒙古自治区多措并举着力提高边区社会治理水平，并取得了显著成效，不仅为全区经济社会发展创造了更加安全稳定的环境，同时也极大提高了边区人民群众的生活安全感与幸福感。

党政军警民合力强边固防，必须织密国家安全、社会稳定、边境安宁的"三道防线"——"人防""物防""技防"。所谓"人防"，是指家家是哨所，人人是哨兵。打好强边固防战役，既要依托军警管边控边主力军，还要全面发动人民群众这支生力军。在118万平方千米的土地上，内蒙古自治区各族干部群众守望相助、团结奋斗，坚决守好国门、管好边境、筑牢防线，让鲜艳的五星红旗不仅高高飘扬在祖国北疆的上空，更深深扎根于内蒙古自治区各族人民的内心深处。此外，内蒙古自治区还着力提高护边员补贴标准，壮大护边员队伍规模，真正把官兵冷暖放在心上，主动靠上去解决实际困难，把各方面保障做到位。"物防"是"人防"的基础。"物防"就是要加强边区基础设施建设，改善戍边条件与环境，强化边防工作的物质保障。在内蒙古自治区许多边境地

---

① 参见《守边固防　北疆安宁》，《内蒙古日报》2021年3月31日。

区，"草原110"、戍边警务室、蒙古包哨等已得到广泛推行，这是内蒙古自治区推动警力下沉、警务前移、深化"打防"衔接的重要举措，不仅打通了服务群众的"最后一公里"，还使边境走私、偷渡等跨境违法犯罪活动得到了有效遏制，构建起了稳边固边的"天罗地网"。"技防"，即以科技赋能边防，为强边固防插上智慧之翼。2024年，内蒙古自治区不断完善边境立体化防控体系，推动资源力量向边境一线集聚工作，取得了一系列成效。为有效提升信息化戍边控边能力，内蒙古自治区以边防、军事科技创新为驱动力，打造"平安北疆、智慧边防"，扎实推进数字化、智能化、立体化边防管控试点建设，推进边境盟市军警民联防平台和旗市终端建设。内蒙古出入境边防检查总站聚焦国家和自治区重大战略布局，全面推进警用无人机、视频监控、警务移动终端等实战应用，先后投入运行10个执法办案管理中心，联合北奔重汽研发了电子哨兵、流动警务车，创新 AGV 无人驾驶跨境运输、智能重卡、跨境空轨等新型非接触式查验模式，全力打造"警务助理""强边固防直通车""警鹰巡航队"等特色警务品牌，推动科技管边控边能力显著提升。

　　为推进依法治边，内蒙古自治区党委政法委结合全区实际，对《关于筑牢祖国北疆安全稳定屏障的意见》进行了修改完善，并明确提出了推进落实维护国家政治安全、巩固加强民族团结、维护社会稳定、推进社会治理现代化、完善社会治安防控体系建设等"十大重点任务"。《内蒙古自治区筑牢祖国北疆安全稳定屏障促进条例》（以下简称《条例》）是内蒙古自治区为了巩固国家安全、维护边境地区稳定、促进民族团结和社会和谐而制定的一部重要法规。《条例》围绕国家安全的总体战略，结合内蒙古自治区的特殊地理位置和社会发展实际，对筑牢祖国北疆安全稳定屏障的工作进行了全面规范和具体指导。同时，为了进一步加强边防工作的制度化、规范化，提高边防管理的科学性和有效性，内蒙古自治区出台了《内蒙古自治区边防（联防）委员会工作规范》，并将其作为北疆边防工作的指导性文件。该规范的主要内容涵盖了边防工作的方方面面，明确了自治区、盟市、旗县三级边防（联防）委员会的职责和任务，规定边防（联防）委员会的组织架构，阐明边防（联防）委员会的工作机制，尤其强调了边防工作的联防联控机制，即通过建立跨区域、跨部门的合作机制，强化边境地区的联防联控，以有效应对跨境犯罪、非法越境等问题，同时还提出了边防突发事件的应急预案和处置流程，确保在边防突发事件发生时，各级边防委员会能够迅速响应，及时采取有效措施，防止事态扩大。

为加强部队全面建设，提高边境防卫管控，内蒙古自治区严格遵照习近平总书记在内蒙古调研边境管控和边防部队建设情况时的重要指示和重要讲话精神，高度重视从思想上政治上建设和掌握部队，坚持不懈用党的创新理论凝心铸魂，加强政治纪律、群众纪律、外事纪律和民族宗教政策教育，确保部队纯洁巩固和高度集中统一。内蒙古自治区紧贴使命任务，加强练兵备战，增强战斗力建设适应性和实效性；加快信息化成边控边能力建设步伐，转变边防执勤方式，提高边境管控效能；狠抓依法治军、从严治军，严格军规军纪，创新部队教育管理方式，抓好经常性基础性工作落实，确保部队秩序正规、安全稳定；加强一线带兵人培养，加强边防专业人才队伍建设。驻内蒙古边防部队严格执行党中央和中央军委决策指示，落实改革部署，加强练兵备战，坚决捍卫边防安全和边境地区稳定，有力维护国家主权、安全、发展利益。

2023年6月，习近平总书记在内蒙古调研边境管控和边防部队建设情况，先后听取北部战区、陆军、驻内蒙古边防旅、内蒙古军区有关情况汇报，对驻内蒙古边防部队长期以来为筑牢祖国北疆安全稳定屏障所发挥的作用给予了充分肯定。内蒙古自治区将进一步贯彻新时代党的强军思想，贯彻新时代军事战略方针，把握边防工作特点规律，加强部队全面建设，提高边境防卫管控能力，努力锻造卫国戍边钢铁长城，为实现建军一百年奋斗目标作出更大贡献。

二、落实党的民族政策，全面推进民族团结进步事业

内蒙古自治区是中国共产党领导建立的第一个省级民族自治区，始终坚持和完善民族区域自治制度，通过地方立法健全了以宪法为核心、民族区域自治法为主干的民族区域自治法制体系，具有民族团结的光荣传统，长期以来享有"模范自治区"的崇高荣誉。内蒙古自治区1/8以上的家庭是多民族混合家庭，"民族团结户"随处可见。内蒙古自治区坚持和完善民族区域自治制度的一系列举措，为内蒙古自治区的发展提供了坚实保障：通过地方立法，使《中华人民共和国民族区域自治法》规定的多项自治权落到实处；制定了一批具有鲜明民族特色的地方性法规，如《蒙古语言文字工作条例》等；在莫力达瓦达斡尔族自治旗、鄂温克族自治旗、鄂伦春自治旗，3个自治条例和30多个单行条例全面保障了这三个人口较少民族充分行使自治权；一批又一批少数民族干部和各类人才，成为党和政府联系各族群众的重要桥梁和纽带。

习近平总书记强调，铸牢中华民族共同体意识，既要做看得见、摸得着的工作，也要做大量"润物细无声"的事情，[1] 要深入开展民族团结进步创建，着力深化内涵、丰富形式、创新方法。[2] 民族团结进步创建

---

① 参见《不断巩固中华民族共同体思想基础　共同建设伟大祖国　共同创造美好生活》，《人民日报》2022年3月6日。

② 参见《以铸牢中华民族共同体意识为主线　推动新时代党的民族工作高质量发展》，《人民日报》2021年8月29日。

工作是贯彻落实党和国家民族政策的重要形式，是凝聚各方面力量、共同推进民族团结进步事业的关键举措，是扎实推进民族团结和边疆稳固的有效途径。为深入贯彻落实习近平总书记关于"铸牢中华民族共同体意识是新时代党的民族工作的主线，也是民族地区各项工作的主线"的重要指示精神，更好推进全方位建设模范自治区，内蒙古自治区党委出台了《关于全面贯彻铸牢中华民族共同体意识主线的若干措施》（以下简称《措施》）。《措施》明确提出，要将铸牢中华民族共同体意识作为新时代民族工作的核心主线，要将这一意识贯穿社会各个层面。《措施》强调，加强各级教育体系中的中华民族共同体意识教育，特别是在学校、社区和机关等，要通过教材编写和课程设置，使这一意识深入人心；鼓励各民族之间加强交流与合作，推动民族地区与其他地区在经济、文化、社会等方面的互通互助，促进民族间的交往交流交融。在制度和政策引领下，内蒙古自治区各盟市因地制宜地建立铸牢中华民族共同体意识的宣传交流阵地，长期开展推进民族团结和边疆稳固的生动实践。伊金霍洛旗札萨克镇的"统战艾力"——草原书屋就是一个生动的例子：蒙古语中"艾力"是"家"的意思。草原书屋是札萨克镇党委帮助统一战线成员建起的"家"。草原书屋通过举办"快乐读书 快乐成长"等一系列活动，不仅吸引了孩子们前来阅读书籍、增长知识，而且成为了家长们相互讨论育儿心得及读书心得的好去处。草原书屋的出现，既丰富了当地家庭的精神文化生活，又有效增进了民族团结。此外，"统战艾力"还依托乌兰夫艺术馆，深入挖掘当地红色资源，打造民族团结进步教育基地。伊金霍洛旗委统战部依托现有公共服务场所，在统一战线成员相对集中的嘎查村、社区、园区、企业和科教文卫等单位先行先试，通过打造27处"统战艾力"，把各族人民拧成一股绳，全力守好各族人民共有的精神家园。

中华民族共同体意识的培养需要从教育入手。教育工作能够通过系统的课程设置和教育活动，在青少年心中深植民族团结进步的强烈爱国信念，帮助学生树立正确的世界观、人生观和价值观。内蒙古教育系统全面落实立德树人根本任务，全面深入持久开展铸牢中华民族共同体意识教育。内蒙古自治区内多民族聚居，民族语言多种多样，长期以来支持鼓励区内各中小学开展丰富多彩的普通话演讲比赛、诗歌朗诵会等系列活动，旨在创造轻松愉快的汉语学习氛围与环境，使各民族学生切实感受国家通用语言文字的魅力。全区各盟市教育系统通过统筹安排、系统部署、凝聚合力，有效推广普及国家通用语言文字，成功推动国家通用语言文字成为民族教育工作的基础。2021年，内蒙古自治区实现了国家统编教材"应推尽推"，全区义务教育阶段原民族语言授课学校1至8年级、呼和浩特等5个盟市的9年级学生全部使用国家统编教材并使用国家通用语言文字授课，全区幼儿园全部使用国家通用语言文字进行保育教育，培根铸魂育时代新人。

同时，内蒙古自治区持续夯实铸牢中华民族共同体意识的思想基础，深入实施构筑中华民族共有精神家园工程。一是夯实体制机制保障。2021年，内蒙古自治区教育部门印发了《关于在全区大中小学校（幼儿园）全面深入持久开展铸牢中华民族共同体意识教育的实施方案（2021—2025年）》，一体化、分阶段推进五年行动计划。将铸牢中华民族共同体意识教育纳入各地各校党委重要议程、党建和意识形态工作责任制，纳入各级政府履职、班子考核和书记抓党建述职评议指标体系。目前，全区已构建起基础教育、职业教育、高等教育各学段有序衔接，课程融入、专题教育、主题实践、校园文化各领域全面覆盖的一体化铸牢中华民族共同体意识教育体系，从体制机制上保障了学校铸牢中华民族共同体意识教育的有力推进，"三个离不开""四个与共""五个认同"

在全区教育系统干部师生心中深深扎根。二是用好课堂教学主渠道。内蒙古自治区编印并配发了小学石榴籽读本和幼儿园绘本，将铸牢中华民族共同体意识内容纳入中考范围，率先开设高校铸牢中华民族共同体意识必修课，构建"石榴红""北疆绿""航天蓝"特色思政课程，编写习近平新时代中国特色社会主义思想在内蒙古的实践案例和"六句话的事实和道理"思政讲义，聚焦"蒙古马精神""三北精神"制作示范资源包，构建起各学段全覆盖的一体化课程教材体系，着力提升思政课的亲和力、感染力；建设全区高校课程思政协同教育研究中心，推进课程思政理论与实践创新，注重挖掘丰富的教育资源，建成课程思政优质教学资源库，将铸牢中华民族共同体意识融入各级各类学校、融进所有课程，着力增强各类课程的协同性、有效性；在各级各类教师培训中设置一定学时的铸牢中华民族共同体意识内容，全区高校在马克思主义学院设立铸牢中华民族共同体意识教研室，建设3个覆盖全区东、中、西部的铸牢中华民族共同体意识大中小学思政一体化培训研修基地等，着力提升教师的施教能力。三是拓展实践育人新模式。实施"石榴籽"育人建设工程，围绕铸牢中华民族共同体意识，内蒙古自治区教育部门指导各地各校布局140项重点任务，评选12所铸牢中华民族共同体意识教育创建示范校，建立12个青少年研学实践基地和36个中华优秀传统文化传承基地（校），组织开展"红色地标我打卡 思政课堂走起来"活动，挖掘各地丰富社会资源，打造出近百个红色打卡点，让学生在身临其境中深受启发和教育；实施"互联网＋铸牢中华民族共同体意识教育"行动，创作《沿着总书记足迹 走读新时代内蒙古》系列短视频，制作《草原额吉都贵玛》《齐心协力建包钢》等虚拟仿真课程，分学段制作25集石榴籽育人小课堂，打造《何以中国》《奋进吧！北疆少年》等网络育人品牌，提高网络育人质效；布局建设内蒙古大学等6所高校的铸牢中华民族共同体意识研究基地，逐步建立和完善铸牢中华民族共同体意识理论研究学科体系、学术体系、话语体系，为全区各级学校铸牢中华民族共同体意识教育提供学理支撑。①

党建和思想政治教育工作在维护国家安全、促进民族团结、推动边疆稳定和发展中能够起到至关重要的作用。内蒙古自治区持续巩固党基层组织作为战斗堡垒，推进党组织覆盖，确保党的组织网络覆盖到每个村庄、社区和边境哨所，进而不断增强党组织在边境地区的领导力和号召力。为了更好地适应边境地区的实际情况，内蒙古自治区边境牧区积极创新党建工作模式，深化拓展了"一校一队一车一户一业""五个一"特色党建模式，真正做到党员群众在哪里，宣讲课堂就设在哪里。通过边境地区不断创新的特色党建工作模式，内蒙古自治区把铸牢中华民族共同体意识有机融入边境群众教育实践活动，中华民族的历史、中华民族共同体理论以及新时代党的民族工作取得的历史性成就在祖国遥远的边疆得到广泛传播与学习，中华民族同世界各国人民携手构建人类命运共同体的美好愿景在实践中铺陈于北疆边境线上。内蒙古自治区有效提升边境地区基层党组织组织力、强化对边区民众的思想政治教育，为边境地区的长治久安和各民族的团结进步筑牢祖国北疆"红色屏障"。

卫国成边需要凝聚合力，必须以"融"为民族团结进步创建工作的导向。为此，内蒙古自治区不断健全机制、创新载体，持续开展各民族交往交流交融"三项计划"。一是建立完善推动实施"三项计划"的体制机制，加强与兄弟省市的协作，组织开展一批高质量专题活动，确定一批全区试点示范项目，提升"三项计划"的社会效果和影响力。二是推进各民族人口流动融居，构建互嵌式社会结构和社区环境，创造各族

---

① 《内蒙古深化新时代学校民族团结进步教育》，中华人民共和国国家民族事务委员会网站，https://www.neac.gov.cn/seac/xwzx/202310/1168309.shtml.

群众共居共学、共建共享、共事共乐的社会条件，以中华民族大团结促进中国式现代化。三是完整准确全面把握和贯彻习近平总书记关于加强和改进民族工作的重要思想，紧扣铸牢中华民族共同体意识这条新时代党的民族工作和民族地区各项工作的主线，以贯彻落实《关于推动内蒙古高质量发展奋力书写中国式现代化新篇章的意见》为契机，全面开展铸牢中华民族共同体意识示范区建设，着力从健全完善铸牢中华民族共同体意识理论研究、教育实践、宣传宣讲"三个体系"，构筑中华民族共有精神家园。通过促进各民族广泛交往全面交流深度交融，内蒙古自治区各民族正在共同走向社会主义现代化的道路上奋勇向前，并通过依法治理民族事务、提升民族事务治理能力、在全面加强党对民族工作的领导等方面下功夫，为有形有感有效做好铸牢中华民族共同体意识各项工作而不懈奋斗。

边关之固，固在勠力同心。积极开展民族团结进步创建，是守边、护边、固边、稳边的基础，是建设亮丽内蒙古和共圆伟大中国梦的必然要求。新时代新征程上，内蒙古自治区始终坚持鲜明政治导向，加强党对民族工作的领导，突出铸牢中华民族共同体意识这条主线，形成全党全社会共同推动民族团结进步事业的体制机制，推进民族团结进步创建工作全面深入持久开展，全力推动新时代党的民族工作高质量发展。

三、探索转型发展新路径，共享现代化建设成果

边地不富，则边疆不稳，国防不固。进入新时代，内蒙古军地持续指导边境旗市党政军警民联合党组织，始终把推进固边兴边富民行动作为强基工程，进而汇聚起管边控边强大合力。内蒙古自治区在边境地区深入开展兴边富民行动中心城镇建设试点，打造各民族共同团结奋斗、

共同繁荣发展的标杆；充分利用少数民族发展任务资金，协同推进边境"四个共同"长廊建设，多措并举开展"民营企业进边疆"行动，推动有实力的民营企业赴自治区边境地区投资兴业，促进边境地区各族群众就地就近就业和增收致富。

为推动资源型地区向绿色经济转型，内蒙古自治区坚持以政策规划引领经济社会发展。《内蒙古自治区国民经济和社会发展第十四个五年规划和2035年远景目标纲要》（以下简称《纲要》）为内蒙古未来在"十四五"时期乃至更长远的经济社会发展指明了方向，确立了宏伟的蓝图。《纲要》指出，"十四五"时期是内蒙古自治区在全面建成小康社会后，向着全面建设社会主义现代化国家迈进的关键时期。面对国内外复杂严峻的环境和新的发展形势，内蒙古自治区坚持以习近平新时代中国特色社会主义思想为指导，全面贯彻党的二十大和二十届二中、三中全会精神，坚定不移走以生态优先、绿色发展为导向的高质量发展新路子。为此，内蒙古自治区进一步调整产业结构与布局，大力发展现代农业、现代能源产业和先进制造业，着力推动传统产业优化升级，加快发展现代服务业，推动新兴产业发展壮大。《纲要》高度重视民生福祉，坚持以人民为中心的发展思想，不断提升社会保障水平，提出在"十四五"期间进一步加大教育、医疗、养老、就业等方面的投入和改革力度，全面提升公共服务水平。《纲要》还明确要扩大养老保险覆盖面，提高基本养老保险待遇水平，健全社会救助体系，加强对困难群体的帮扶力度，努力实现全体人民共同富裕。从长期来看，《纲要》为内蒙古自治区未来的发展制定了清晰的战略蓝图，体现了内蒙古自治区全区上下立足新发展阶段、贯彻新发展理念、构建新发展格局的决心和信心。通过扎实推进各项任务，内蒙古自治区正朝着高质量发展的方向不断前进，以实现经济社会的全面进步和人民生活的持续改善。

　　产业是兴边稳边固边的根本。产业发展的前提是必须牢固树立"绿水青山就是金山银山"的生态意识。"我们必须处理好经济发展和生态环境保护的关系。""那种吃祖宗饭、断子孙路、竭泽而渔的发展方式，决不能再延续下去了！"①内蒙古自治区的生态状况如何，不仅关系全区各族群众生存和发展，而且关系华北、东北、西北乃至全国生态安全。坚持绿色发展是内蒙古自治区经济发展的必由之路，要把保护生态环境摆在压倒性位置已成为全区上下的共识——必须以前所未有的勇气与担当直面产业转型带来的风险与机遇，摒弃早期以损害生态环境为代价的经济发展模式。内蒙古自治区全区87%的面积被划入限制开发区域，50%以上的面积被划入生态保护红线，从源头上杜绝了不合理开发建设活动。通过完善绿色发展指标体系、设置绿色门槛，内蒙古自治区严格执行国家重点生态功能区产业准入负面清单，将污染企业拒之门外。此外，内蒙古自治区还以零容忍的态度来解决生态环境领域突出问题。数十年来，当地各族群众团结一心鏖战黄沙，成为抵御风沙、保持水土、护农促牧的"绿色长城"建设者、守护者。从"沙逼人退"到"人进沙退"，内蒙古自治区科学推进沙化土地综合治理，把防沙治沙与发展地方经济、增加农牧民收入紧密结合，探索出多种类型的产业化防治模式，重点培育和发展了沙生植物种植与开发利用、特种药用植物种植与加工经营、沙漠景观旅游等产业，走出了一条"行政推动、政策促动、产业拉动、典型带动"的防沙治沙新路子。如今，在位于中国第七大沙漠——库布齐沙漠腹地的达拉特光伏发电应用领跑基地中，架设起的光伏板，不仅能捕捉太阳能量，还能够为板下植物生长提供良好环境，推动"板上发绿电，板下变绿洲"的生态场景成为了现实。内蒙古自治

---

　　① 《习近平著作选读》第2卷，人民出版社2023年版，第90页。

区围绕党中央对内蒙古自治区的战略定位，完整、准确、全面贯彻新发展理念，坚持优化产业结构必须立足内蒙古区域禀赋特点和战略定位，大力发展优势特色产业。

在自治区兴边富民的产业创新实践中，巴彦淖尔市乌拉特中旗全力推进"三带三领三链"党支部领办合作社发展模式，因地制宜培育规模化种植、农机社会化服务、奶食品加工、现代化养殖等9个特色产业，通过党组织引领、党员示范，将边境牧民有效组织起来，共同组建规模化经营实体。据统计，全旗34家党支部领办合作社带动农牧民入股3182户，总筹集资金6693.53万元，累计分红603.4万元，惠及农牧民2209户。大兴安岭利用丰富的自然资源，从地方到森工集团开始增强商品意识、精算意识，多措并举发展林下经济，加强特色产品宣传营销，千方百计把资源变成产品再变成商品，使先前粗放的旅游管理模式变为更加注重精准定位目标客户，内蒙古自治区精心抓好旅游产品的设计、包装和营销，不断丰富产品业态，吸引游客观光与消费。在自治区党委政府引领下，额尔古纳市室韦农牧业有限责任公司、莫尔道嘎国家森林公园、白鹿岛和根河市冷极村的农场、林场经营和旅游业发展迅速。农场负责人解放思想，大力发展观光农业、体验农业，勇于尝试旅游新项目，创收新路径，提升企业经营效益。口岸建设和发展对于兴边富民同样至关重要。内蒙古口岸以互贸免税购物区为依托，进一步增强开放意识，因地制宜用好口岸资源，想方设法把边民互市贸易做起来，通过加强政策解读和宣传引导，让更多边民参与进来，把更多收益留在当地。

此外，内蒙古自治区内早期的工业城市也在淘汰落后和过剩产能，推动能耗双控向碳排放双控全面转型。包头新能源、现代装备等品种用钢销量同比增加11.7%，智能制造项目开工率达到56%，碳化法钢铁渣综合利用项目成功入选国家发展改革委《绿色低碳先进技术示范项目清单》。包头市不仅完成了设备更新和节能技术改造，并且大力发展晶硅光伏产业的新兴产业集群，成功开辟转型升级新赛道，实现了推动传统产业向高端化、智能化、绿色化的转型升级。2023年，包头市晶硅光伏产业同比增长59.3%，成为第二个超千亿元产业。同样，对于约占全国1/6煤炭探明储量的老工业城市鄂尔多斯来说，改革煤炭技术，推动产业链向下游延伸、价值链向中高端攀升势在必行。煤炭经过深加工可变为煤制油、煤制气、煤制甲醇和烯烃、煤基新材料等多种高附加值产品，而在生产过程中，热电锅炉产生的炉渣飞灰经过回收能够成为生产建材配料，酸性气体则可经过特殊处理后变为硫黄。

内蒙古自治区推动产业转型、不断开创中国式现代化的探索与实践，为全区各族人民群众带来了实质性的效益与增收，让人民群众成为绿色经济产业的受益者。共享现代化建设成果既是内蒙古自治区经济改革发展的出发点，更是落脚点。内蒙古自治区党委和政府始终牵挂边境地区少数民族群众的生产生活。自治区党委书记孙绍骋连续三年走边关，从内蒙古自治区最西端的清河口哨所启程，到中、俄、蒙三国交界的0号界碑，再到最东端的恩和哈达哨所，穿越沙漠、戈壁、草原、森林、河湖，行程6400多千米，每一程都在不断地发现和解决问题。[1] 如今，清河口哨所的苦咸水变成了直饮水，恩和哈达哨所线路改造后实现了常电"常通"。这两年，全区累计有61个哨所和1.6万边民的用水困难、63个哨所和1.8万边民的用电难题得到解决，贯通等级公路、巡逻路520千米，铺设光缆2471千米，新建通信基站208个，实现边防哨所

---

[1]　参见《千里边关万里行　强边固防筑安宁　孙绍骋三启边关行走遍八千里边防线》，内蒙古自治区人民政府网，https://www.nmg.gov.cn/zwyw/jrgz/202408/t20240811_2553141.html.

移动信号全覆盖，331国道4G信号覆盖率从47%提高到74%，边境一线基础设施和公共服务正在加快改善。此外，内蒙古自治区还开展了边境地区"水电路讯"基础设施一体化建设三年行动，紧扣边防部队需求，补齐民生服务短板，力争彻底解决边防官兵和边境农牧民"水电路讯"不畅的历史难题。目前，内蒙古自治区已完成投资64亿余元，水井水窖及配套入户设备建设受益1.6万余人，新建改造输电线路解决3万余名边境军民供电需求，G331、G55公路建设路段全线通车，第八批电信普遍服务试点项目已投入使用。

新形势下，内蒙古自治区各族人民要更加紧密地团结在以习近平同志为核心的党中央周围，高举改革开放旗帜，凝心聚力、奋发进取，深入贯彻落实国务院《关于推动内蒙古高质量发展奋力书写中国式现代化新篇章的意见》精神，推动内蒙古自治区在建设"两个屏障""两个基地""一个桥头堡"上展现新作为，切实提升保障国家生态、能源、粮食、产业和边疆安全功能，全方位建设"模范自治区"，打造服务保障全国高质量发展的重要支撑，为推进中国式现代化、全面建设社会主义现代化国家作出更大贡献。内蒙古自治区将以国土安全为保障，全力筑牢祖国北疆安全稳定屏障，推动各民族共同走向社会主义现代化。同时，紧紧围绕贯彻落实习近平总书记对内蒙古的重要指示精神和铸牢中华民族共同体意识工作主线，进一步全面深化改革，更好地为办好两件大事赋能增效，统筹兼顾、大胆创新，为各族群众创造更加美好的生活，奋力书写中国式现代化内蒙古新篇章。

第四章

以跨境合作与稳定为基石，
打造我国向北开放的重要桥头堡，
全力筑牢祖国北疆安全稳定屏障

内蒙古自治区作为我国向北开放的关键门户，其在高质量共建"一带一路"和中蒙俄经济走廊建设中的角色至关重要。通过高质量建设向北开放重要桥头堡，不仅能够促进内蒙古自治区自身的发展，而且能够在国家全方位对外开放大局中发挥独特的作用。习近平总书记作出了关于积极参与高质量共建"一带一路"和中蒙俄经济走廊建设的重要指示，在这一背景下，内蒙古自治区要全面提升对外开放水平，构筑我国向北开放重要桥头堡，从而更好地服务于国家全方位对外开放的战略布局。

第一节　积极参与高质量共建"一带一路"
和中蒙俄经济走廊建设

内蒙古自治区地处中国北部边疆，横跨三北，外接俄蒙、内联八省，是连接我国内陆地区与俄罗斯和蒙古国的桥梁与通道。内蒙古自治区与俄蒙边境线长达4261千米，占全国陆地边境线长度的近20%，同时拥有中俄、中蒙最大陆路口岸——满洲里和二连浩特。把内蒙古自治区建设成为我国向北开放的重要桥头堡，是习近平总书记和党中央赋予内蒙古自治区的战略定位和重大责任。为此，内蒙古自治区要在立足新发展阶段、贯彻新发展理念、构建新发展格局的背景下，积极参与高质量共建"一带一路"和中蒙俄经济走廊建设，充分发挥内蒙古自治区的区位优势、口岸优势和通道优势，畅通我国与蒙古国、俄罗斯进而连接欧洲的国际大通道，积极融入国内国际双循环，实行更加积极主动的开放战略，使内蒙古自治区真正成为中国向北开放的前沿和窗口。

一、高质量共建"一带一路"是中国为世界提供的公共产品

2013年9月和10月，习近平总书记分别提出建设"丝绸之路经济带"和"21世纪海上丝绸之路"的合作倡议，将依靠中国与有关国家既有的双多边机制，通过基建、交通的互联互通及贸易投资的便利化等措施，与相关各国打造互利共赢的"利益共同体"和共同发展繁荣的"命运共同体"。2015年3月28日，《推动共建丝绸之路经济带和21世纪海上丝绸之路的愿景与行动》全文发布，全面阐述了"一带一路"建设的总体方向和框架思路，标志着"一带一路"建设全面启动。

10多年来，共建"一带一路"取得了丰硕成果，成为深受欢迎的国际公共产品和国际合作平台。截至2023年6月底，中国与五大洲的150多个国家、30多个国际组织签署了200多份共建"一带一路"合作文件，形成一大批标志性项目和惠民生的"小而美"项目，同时相继开展了数千个务实合作项目，全方位推进政策沟通、设施联通、贸易畅通、

资金融通、民心相通。2013年至2022年，中国与"一带一路"共建国家进出口总额累计达到19.1万亿美元，年均增长6.4%；与共建国家双向投资累计超过3800亿美元，其中中国对外直接投资超过2400亿美元。[①]

二、中蒙俄经济走廊是高质量共建"一带一路"的重要组成部分

2014年9月，习近平主席在中俄蒙三国元首会晤时提出，把"丝绸之路经济带"同俄罗斯跨欧亚大铁路、蒙古国草原之路倡议进行对接，打造中蒙俄经济走廊。2015年3月，《推动共建丝绸之路经济带和21世纪海上丝绸之路的愿景与行动》发布，把建设中蒙俄经济走廊作为"一带一路"倡议的重要组成部分正式写入国家战略规划。2015年7月，中蒙俄元首举行第二次会晤，批准了《中俄蒙发展三方合作中期路线图》，进一步扩大三方在经贸、投资、人文等领域的全面合作。2016年6月，三国签署了《建设中蒙俄经济走廊规划纲要》，旨在进一步推动三国间交通基础设施互联互通、口岸建设、产能、投资、经贸、人文、生态环保等领域方面的合作，标志着"一带一路"首个经济合作走廊正式实施，具有重要意义。此后，三国元首举行多次会晤，为推动中蒙俄合作提供了高层引领。2022年9月，三国元首举行了第六次会晤，三方确认《建设中蒙俄经济走廊规划纲要》延期5年。

中蒙俄经济走廊建设将基础设施互联互通作为先导性工程，三方持续加大铁路、公路、口岸、航空等领域合作对接力度，初步形成了以铁路、公路和边境口岸为主体的跨国基础设施联通网络。中蒙俄国际联运

---

① 《共建"一带一路"：构建人类命运共同体的重大实践》，中华人民共和国中央人民政府网站，https://www.gov.cn/zhengce/202310/content_6907994.htm.

干线（集二铁路、满洲里口岸）完成扩能改造，铁路口岸通关能力显著
提升。在此基础上，中国与蒙俄的贸易规模持续扩大。2024年，中蒙贸
易额达到190.47亿美元，同比增长8.5%，中俄贸易额达到2448.2亿美
元，同比增长1.9%，[①] 再创历史新高。中蒙俄三国还在高质量共建"一
带一路"和《建设中蒙俄经济走廊规划纲要》框架内开展了一系列人文
交流合作，如三国建立了旅游联席会议机制；从2016年起每年举行中
俄蒙三国旅游部长会议；共同成立中俄蒙"万里茶道"国际旅游联盟；
举办"万里茶道—和平之旅"中俄蒙跨境自驾游等文旅活动等。

中蒙俄经济走廊建设的推进，为区域经济一体化和可持续发展奠定
了坚实基础。未来，随着合作的进一步深化，中蒙俄经济走廊有望在更
大范围内发挥其战略作用，推动区域繁荣与稳定。

三、国家对内蒙古自治区在我国对外开放中的定位

内蒙古自治区作为同时与俄罗斯、蒙古国接壤的省区，在我国全方
位对外开放新格局中具有重要地位。因此，国家非常重视内蒙古自治区
的发展，并对内蒙古自治区提出了明确的定位与要求。

2011年6月，国务院发布了《关于进一步促进内蒙古经济社会又好
又快发展的若干意见》，首次从国家层面提出要把内蒙古自治区建设成
为我国向北开放的重要桥头堡，"大力实施沿边开放战略，依托重点口
岸和合作园区，加快国际通道、对外窗口及沿边开发开放试验区建设。
深化与俄罗斯、蒙古国等国家的经贸合作与交流，发挥内引外联的枢纽

---

① 《2024年12月进出口商品主要国别（地区）总值表（美元）》，中华人民共
和国海关总署网站，http://www.customs.gov.cn/customs/302249/zfxxgk/2799825/302274/
302275/6312783/index.html.

作用，努力构建面向北方、服务内地的对外开放新格局"①。2014年初，习近平总书记在内蒙古自治区考察时，再次明确这一定位，提出要通过扩大开放促进改革发展，发展口岸经济，加强基础设施，完善同俄罗斯、蒙古国合作机制，深化各领域合作，把内蒙古建成我国向北开放的重要桥头堡②。2015年3月发布的《推动共建丝绸之路经济带和21世纪海上丝绸之路的愿景与行动》再次指出，要"发挥内蒙古联通俄蒙的区位优势""建设向北开放的重要窗口"③。

2021年是"十四五"开局之年，习近平总书记在参加十三届全国人大四次会议内蒙古代表团审议时再一次强调，内蒙古要打造我国向北开放重要桥头堡，要深化改革开放，优化营商环境，积极参与共建"一带一路"，以高水平开放促进高质量发展。④2023年10月，《国务院关于推动内蒙古高质量发展　奋力书写中国式现代化新篇章的意见》出台，明确提出内蒙古要"积极融入国内国际双循环，推动向北开放重要桥头堡建设提质升级"⑤。把内蒙古自治区建设成为我国向北开放重要桥头堡，是习近平总书记交给内蒙古自治区的"五大任务"之一，也是内蒙古自治区推动更高水平对外开放，并以高水平开放促进高质量发展的现实需要。为此，内蒙古自治区要积极融入高质量共建"一带一路"国

①　《国务院关于进一步促进内蒙古经济社会又好又快发展的若干意见》，中华人民共和国中央人民政府网站，http://www.gov.cn/zwgk/2011-06/29/content_1895729.htm.

②　参见《以习近平同志为核心的党中央关心内蒙古发展纪实》，中华人民共和国中央人民政府网站，http://www.gov.cn/xinwen/2017-08/07/content_5216332.htm.

③　《授权发布：推动共建丝绸之路经济带和21世纪海上丝绸之路的愿景与行动》，人民网，http://world.people.com.cn/n/2015/0328/c1002-26764633.html.

④　参见《习近平参加内蒙古代表团审议》，新华网，http://www.xinhuanet.com/politics/2021lh/2021-03/05/c_1127174574.htm.

⑤　《国务院关于推动内蒙古高质量发展　奋力书写中国式现代化新篇章的意见》，中华人民共和国中央人民政府网站，https://www.gov.cn/zhengce/zhengceku/202310/content_6909412.htm.

际合作，以口岸为依托，以俄罗斯与蒙古国为主要合作国家，以合作机制为抓手，以参与中蒙俄经济走廊建设为驱动力，不断创新理念，在互联互通方面发挥积极作用，构建新合作模式。

四、内蒙古自治区高质量参与共建"一带一路"和中蒙俄经济走廊建设的成就

（一）与"一带一路"共建国家对外贸易保持快速增长

近年来，内蒙古自治区在继续稳定推进与蒙古国、俄罗斯经贸合作的基础上，积极在全球范围内开拓和发展新的贸易伙伴。2024年，内蒙古自治区与全球158个国家开展贸易往来，对120个贸易伙伴实现进出口增长，[①] 外贸进出口总值达2073.1亿元人民币，同比增长5.8%，高于全国外贸增速0.8个百分点，首破2000亿元大关。[②] 内蒙古自治区外贸由"十三五"开局之年（2016年）的768.7亿元提高到2024年的2073.1亿元，年均增长13.2%，高于同期全国平均增速5.6个百分点。[③] 同时，内蒙古自治区与"一带一路"共建国家贸易合作潜力不断释放。2024年，内蒙古自治区对"一带一路"共建国家的进出口额1678.7亿元，同比增长9.5%；其中，对蒙古国进出口额740.5亿元，

①　参见《内蒙古对120个贸易伙伴实现进出口增长》，内蒙古自治区人民政府网站，https://www.nmg.gov.cn/zwyw/gzdt/bmdt/202501/t20250123_2658568.html.

②　参见《高于全国增速　去年内蒙古外贸进出口总值2073.1亿》，内蒙古自治区人民政府网站，https://www.nmg.gov.cn/zwyw/gzdt/bmdt/202501/t20250121_2657106.html.

③　参见《内蒙古举行2024年外贸进出口情况新闻发布会》，国务院新闻办公室网站，http://www.scio.gov.cn/xwfb/dfxwfb/gssfbh/nmg_13830/202501/t20250122_883160_m.html.

对俄罗斯进出口额351.2亿元，合计占内蒙古自治区对"一带一路"共建国家外贸总额的65%。[①]

（二）基础设施互联互通水平不断提升，通道运输能力不断增强

加强基础设施互联互通建设是内蒙古自治区积极参与高质量共建"一带一路"和中蒙俄经济走廊、建设国家向北开放桥头堡的重要基础和保障。目前，二连浩特铁路口岸和满洲里铁路口岸已成为内蒙古自治区与蒙古国和俄罗斯跨境运输的主要通道。此外，其他几条中蒙跨境铁路建设也在积极推进中。2023年10月，中蒙签署《关于成立中蒙策克—西伯库伦口岸跨境铁路工作组的谅解备忘录》。2025年2月，国务院总理李强在哈尔滨会见来华出席第九届亚洲冬季运动会闭幕式的蒙古国总理奥云额尔登，中蒙双方签署了关于甘其毛都—嘎顺苏海图跨境铁路建设的协议。这两条跨境铁路连接后，对于提升中蒙基础设施互联互通水平、深化产业与投资务实合作具有积极作用。公路通道方面，截至2023年，内蒙古自治区已与俄罗斯、蒙古国开通42条国际客运、货运路线，基本实现对俄蒙两国边境重点城市（镇）的覆盖。[②]在航空互联互通方面，内蒙古自治区的主要机场，包括呼和浩特、包头、鄂尔多斯、满洲里、二连浩特、海拉尔、阿尔山等机场均开通了到蒙古国与俄罗斯的航线，还陆续开通了面向韩国、日本、中国香港等国家和地区的航线，推动内蒙古自治区航空跨境运输能力得到进一步提升。

---

① 参见《内蒙古举行2024年外贸进出口情况新闻发布会》，国务院新闻办公室网站，http://www.scio.gov.cn/xwfb/dfxwfb/gssfbh/nmg_13830/202501/t20250122_883160_m.html.

② 参见《我区与蒙俄达成开通协议国际道路客货运输线路42条》，内蒙古交通运输厅网站，http://jtyst.nmg.gov.cn/zzb/jtyw/202310/t20231024_2398076.html.

（三）加强口岸与对外开放平台建设

目前，内蒙古自治区共有14个陆路口岸，其中10个是对蒙口岸，4个是对俄口岸，形成了向北开放的带状布局。此外，二连浩特和满洲里还是中欧班列的中通道和东通道，使得内蒙古自治区成为国内国际双循环的重要节点。在提高口岸运力的同时，内蒙古自治区还不断推动对外合作平台建设。国务院分别于2012年和2014年批准满洲里和二连浩特设立国家重点开发开放实验区。2015年，内蒙古自治区首家综合保税区——满洲里综合保税区获批，同年还批准了呼伦贝尔中蒙俄合作先导区。2017年、2018年，鄂尔多斯、呼和浩特综合保税区相继获批。目前，内蒙古自治区还在二连浩特、满洲里、策克、阿尔山、额尔古纳、额布都格、阿日哈沙特等口岸设立了边民互市贸易区，以带动口岸经济发展。内蒙古自治区还积极推动跨境经济合作平台建设。2024年3月，中蒙二连浩特—扎门乌德经济合作区正式获国务院批复设立，成为我国与毗邻国家共同建立的第三个经济合作区。

（四）深化对外人文交流合作

内蒙古自治区从向北开发开放以及融入高质量共建"一带一路"的战略需求出发，先后制定出台了《进一步加强与俄罗斯和蒙古国进行文化交流的意见》《内蒙古自治区"一带一路"文化发展行动》等政策文件，旨在打造对外文化交流品牌，建立对外文化交流长效机制，以民心相通带动经济联通。2021年出台的《内蒙古"十四五"规划和二〇三五年远景目标规划》明确提出，要"深入开展与'一带一路'沿线国家在教育、科学、文化、体育、旅游、卫生等领域人文交流"。①

当前，内蒙古自治区已搭建起多种对外人文交流平台，多层次协商会晤不断深化，并成功举办中蒙博览会、中蒙俄智库论坛、中蒙新闻论坛，在蒙古国和俄罗斯举办"中国内蒙古文化周"等活动。随着中蒙俄经济走廊建设的推进，三国学术交流与智库合作日益密切，内蒙古自治区再次发挥"桥头堡"人文交流的标杆作用，与俄罗斯、蒙古国在学术层面的交流和互动主要围绕蒙古学以及语言、历史、文学、文化等内容，并以学术会议、学者互访、田野调查等多种形式开展。目前，内蒙古自治区各大高校以及各类科研单位已成为对外学术交流的主要力量。通过与蒙古国、俄罗斯高校及其科研院所互派留学生、互派教师及开展科研合作、共同举办学术会议等形式，内蒙古自治区与蒙古国、俄罗斯建立了比较稳定的合作关系，并构建起了长效合作机制。

第二节　内蒙古自治区加快形成多方位立体化口岸开放格局

内蒙古自治区通过优化重点口岸的功能定位和资源整合配置，明确了不同口岸的专业化发展方向，为形成多方位立体化的口岸开放格局奠定了坚实的基础。在这一过程中，内蒙古自治区不仅重视提升满洲里、二连浩特等综合枢纽口岸的国际贸易、物流仓储、加工制造能力，还着重强化了甘其毛都、策克、满都拉等重点专业口岸的大宗矿产资源进口功能。这些措施有效地推动了口岸的差异化发展，增强了内蒙古在区域

---

① 《内蒙古自治区国民经济和社会发展第十四个五年规划和2035年远景目标纲要》，内蒙古自治区人民政府网站，https://www.nmg.gov.cn/zwgk/zfxxgk/zfxxgkml/202102/W020210408647403417142/mobile/index.html#p=86.

经济合作中的地位。

一、明确重点口岸功能定位，优化口岸资源整合配置

口岸资源整合对于维护国家经济安全、社会安全和生态安全具有重要意义。通过整合口岸资源，优化通关流程和提升物流效率，可以降低企业贸易成本，增强国家经济竞争力，同时加强海关对进出口货物的监管，防范走私、逃税等经济犯罪行为，保障国家经济秩序和税收安全。此外，通过整合口岸的资源，还能强化口岸的基础设施建设、人员配备和应急处置能力，有效防范非法入境、恐怖主义渗透、毒品走私等社会安全风险，维护国家社会稳定。在生态安全方面，通过加强检验检疫与海关、边检等部门的协同合作，建立统一的生态安全监测体系，加强对入境货物、交通工具和人员的检疫检查，能够有效防止外来有害生物和传染病的输入，保护国家的生态环境和公共卫生安全。

有鉴于此，内蒙古自治区构建了重点突出、功能互补的口岸发展格局。全区口岸实施分类管理，避免低水平重复建设。根据口岸现有交通运输条件、口岸功能和贸易规模、产业类型和商品结构等比较优势，将现有口岸分为综合枢纽口岸、重点专业口岸、普通口岸三种类型。

一是优先打造满洲里、二连浩特综合枢纽口岸，形成以国际贸易、物流仓储、加工制造为主导的口岸发展格局，实现产业价值链升级和多元化服务功能，扩大口岸的国内外影响力。满洲里综合枢纽口岸，凭借其地处中欧班列东通道的优越地理位置，广泛辐射自治区东部盟市及周边区域，深度服务于东北振兴的国家战略。该口岸积极促进与俄罗斯及欧洲国际市场的紧密衔接，加速推进满洲里作为国家重点开发开放试验区及跨境电子商务综合试验区的建设步伐，旨在通过贸易的繁荣发展，

带动落地加工产业的蓬勃兴起。二是推动满洲里口岸与沿边腹地各类功能区相连接，形成跨境产业链、价值链与供应链，成为"双循环"的重要支撑点。三是发挥满洲里综合枢纽口岸作用，辐射带动自治区东部盟市其他口岸协同发展，形成以国际贸易、国际物流、商贸服务和跨境旅游为主导的口岸发展区域。二连浩特综合枢纽口岸依托地处中欧班列中通道的区位条件，辐射自治区中部盟市及周边地区，积极服务于呼包鄂乌、京津冀和中原城市群协同发展。四是推动二连浩特综合枢纽口岸与蒙古国、俄罗斯及欧洲等国际市场衔接，加快二连浩特国家重点开发开放试验区、二连浩特—扎门乌德经济合作区建设；推动二连浩特—乌兰察布国家物流枢纽建设，加快二连浩特—集宁两地协同一体化发展进程；以二连浩特综合枢纽口岸为核心，辐射带动自治区中部盟市其他口岸协同发展，打造国际贸易、国际物流、加工制造、商贸服务等功能于一体的口岸发展区域。

支持甘其毛都、策克、满都拉专业口岸打造千万吨级境外大宗矿产资源进口专用通道，推动甘其毛都重点专业口岸依托地处自治区西部的区位条件，对内辐射包头市、巴彦淖尔市，对外面向蒙古国西部矿产资源较富集区，采取专业化发展策略，积极探索贸易与产业结构的多样化，不断提高进境矿产品落地加工比例，实现口岸发展模式从通道经济向落地经济转变。策克重点专业口岸依托地处自治区西部的区位条件，辐射乌海市、阿拉善盟等自治区西部盟市及陕甘宁地区，联合后方陆域煤炭、有色金属等能源矿产品进口加工基地，成为西部重要的煤炭进口口岸和集散中心。满都拉重点专业口岸依托地处自治区中部的区位条件，服务包头工业基地，成为进口蒙古国矿产资源的重要通道。发挥重点专业口岸辐射带动作用，协同乌力吉口岸共同打造以高品质能源和矿产品进口和加工为主导的口岸发展区域。[1]

口岸作为人员、货物、交通工具等跨境流动的主要通道，其安全状况直接关系国家安全和社会稳定。近年来，内蒙古自治区在口岸资源整合与安全管控方面取得了显著成就，通过加强基础设施建设、技术应用和应急处置能力，有效防范了非法入境、恐怖主义渗透、毒品走私等社会安全风险。

甘其毛都口岸实施了一系列智能化管控措施。通过建设智慧管控中心，利用524路视频监控对通关区域进行全覆盖、全时段监控，实现了通关精细化管控。此外，甘其毛都口岸还率先在全国现役边检机关推出了智能验讫章柜系统，实现了验讫章出柜入柜的计算机纪录。同时，甘其毛都口岸还引入了AGV无人驾驶跨境运输技术，成为全国首个将无人驾驶技术应用于陆路跨境运输场景的口岸。在技术应用方面，甘其毛都口岸配备了智能闸机、音视频采集设备、X光机、CT机、防爆设备、毒品检测设备等设施，提升了现场查验及处置效能，还广泛应用机器人巡逻和人工智能算法，采取无人机与地面巡逻机器人相结合的方式，实现了全天候、全区域不间断巡逻。通过这些智能化手段，甘其毛都口岸不仅提高了通关效率，而且有效防范了各类安全风险。在应急处置能力方面，甘其毛都口岸管委会积极与海关、边检及其他执法部门合作，构建了高效、智能的监管体系。通过引入无人智巡机器人"灵犬"集成了人工智能和自动驾驶技术，能够自主巡逻并采集数据，满足口岸限定区域的巡逻防控需求。此外，甘其毛都口岸还通过"三个100%+一随机"车辆检查模式，结合车辆安全扫描系统，将出入境车辆检查效率提升了

---

[1]　参见《内蒙古自治区人民政府办公厅关于印发自治区"十四五"口岸发展规划的通知》，内蒙古自治区人民政府网站，https://www.nmg.gov.cn/zwgk/zfxxgk/zfxxgkml/ghxx/202201/t20220105_1990452.html.

50% 以上。[①]

　　口岸作为人员、货物和交通工具跨境流动的重要通道，是外来物种入侵和传染病输入的关键环节，其生态安全问题直接关系国家的生态环境和公共卫生安全。内蒙古自治区作为我国向北开放的重要桥头堡，拥有众多口岸，生态安全管控任务尤为艰巨。近年来，内蒙古自治区通过整合口岸资源，不断加强检验检疫部门与海关、边检等部门的协同合作，取得了显著成效，有效提升了口岸的生态安全管控能力。

　　内蒙古自治区在"十四五"口岸发展规划中明确提出，要完善口岸安全防控体系，加强公共卫生、生物安全等多领域的安全管控，筑牢国门防线。在具体实践中，作为内蒙古自治区重要的综合枢纽口岸，满洲里口岸和二连浩特口岸通过建立统一的口岸生态安全监测体系，加强对入境货物、交通工具和人员的检疫检查，有效防止了外来有害生物和传染病的输入。满洲里口岸通过智能化查验设备的应用，实现了对入境货物的高效检测，确保了生态安全。二连浩特口岸则通过加强与蒙古国的跨境合作，建立了联合防控机制，有效防范了跨境传染病的输入。

　　此外，甘其毛都口岸作为内蒙古自治区重要的能源进口通道，通过引入先进的检测技术和设备，对入境煤炭等货物进行严格检疫，有效防止了外来有害生物的入侵。同时，该口岸还通过智能化管理系统，实现了对跨境运输车辆的实时监控，进一步提升了生态安全管控水平。呼和浩特海关通过建设口岸公共卫生实验室，加强了对入境人员和货物的病原体检测能力，有效防范了传染病的输入。同时，内蒙古还通过信息化平台实现了海关、边检、检验检疫等部门的信息共享，进一步提升了口

---

① 参见《智慧赋能　甘其毛都口岸高质量发展跑出"加速度"》，内蒙古自治区人民政府网站，https://www.nmg.gov.cn/ztzl/tjlswdrw/qtb/202412/t20241213_2624221.html.

岸生态安全的协同管控能力。①

二、实施口岸扩能改造和智能化改造，优化口岸功能和配套设施

通过实施口岸扩能改造和智能化升级，可以显著提升口岸的运行效率、查验能力和综合防御能力，为国家经济安全、生态安全、公共卫生安全和主权安全提供有力保障。这不仅是实现口岸高质量发展的必然要求，也是维护国家安全的重要举措。②

首先，从"点"出发。"点"，即口岸，进一步加大投资，完善基础设施，特别是与内蒙古自治区口岸相对应的俄蒙口岸应纳入规划中。口岸远离国家发展中心，国家对口岸投资少，口岸设施差，人员素质低。如果不对口岸进行改善，会直接影响口岸通关能力的提升。

内蒙古自治区地域辽阔，口岸资源丰富，但长期以来开放程度相对较低。为打破这一瓶颈，内蒙古自治区正全力推进开放大通道建设，旨在通过全方位扩大开放，实现高质量发展，并在联通国内国际双循环中发挥更为显著的作用。内蒙古自治区因地制宜，攻坚克难，致力于打造向北开放的"黄金通道"，在基础设施互联互通方面，积极配合国家进行二连浩特至乌兰巴托至乌兰乌德中线铁路的升级改造，加速甘其毛都至嘎顺苏海图、策克至西伯库伦、珠恩嘎达布其至毕其格图等铁路口岸的建设，并推进甘其毛都至嘎顺苏海图至塔本陶勒盖跨境公路的建设。

---

① 参见《"智慧口岸"+"数字国门"：内蒙古口岸建设提挡加速》，央广网，https://nm.cnr.cn/jiaodiantu/20241105/t20241105_526965619.shtml.

② 参见《关于智慧口岸建设的指导意见》，央广网，https://nm.cnr.cn/jiaodiantu/20241105/t20241105_526965619.shtml.

同时，内蒙古自治区还在不断加快呼和浩特等国际航空港物流园区的建设步伐，开通并常态化运营至俄罗斯、蒙古国主要城市的航线，积极开展跨境输电建设，探索中蒙电力多点联网，并加强呼和浩特区域性国际通信业务出入口、国际互联网转接点、国际数据专线等建设，推进通向蒙古国、俄罗斯、欧洲的国际光缆建设。此外，内蒙古自治区还积极引导企业设立海外数据中心，推动乌兰察布、通辽机场口岸的开放，加快呼和浩特等国际航空快件中心的建设，提高货物集散能力，并优化了呼和浩特、满洲里、二连浩特互换局（交换站）的功能，支持国际快件监管中心的建设，建立邮件快件进出境一体化设施，全面提升跨境寄递能力。在加快泛口岸经济发展方面，明确重点口岸功能定位，优化口岸资源整合配置，集中建设满洲里、二连浩特、呼和浩特等陆港空港口岸主阵地，提升满洲里、甘其毛都、策克等边境口岸服务支撑能力。通过统筹口岸、通道和各类开放载体，内蒙古自治区正着力贯通陆海空网联运主通道，推进重要枢纽节点城市、货物集疏中心和资源转化园区建设，改变口岸同质化竞争、孤立式运行状况，形成口岸带动、腹地支撑、边腹互动格局。

其次，从"面"出发，内蒙古自治区口岸众多，且各口岸功能定位各异，如满洲里侧重于俄罗斯木材、石油等资源的进口加工，策克则聚焦于蒙古国煤炭资源的深加工，而二连浩特则成为日用消费品的进出口集散地。然而，当前，经济发展模式未能有效支持口岸需求，导致口岸功能雷同，特色不明显。为破解此困局，内蒙古自治区正以中欧班列集结中心项目为抓手，整合口岸资源，搭建综合服务平台，以提升中欧班列运行质量和效率，同时，积极促进与"一带一路"共建国家物流企业的合作，打通欧亚贸易大通道。在此基础上，完善干线基础设施建设，优化运输组织，加强多式联运建设，提升口岸综合服务能力。同时，新

技术新设备的创新应用也在不断推进，旨在提高物流枢纽的智能化和绿
色发展水平。

此外，为进一步提升口岸综合效能，内蒙古自治区不断加强基础
设施建设，以完善口岸集疏运体系，增强集疏运管理能力，并加快口岸
与腹地城市的经济衔接。作为当前全区重点建设项目之一，智慧口岸建
设通过应用信息网络等先进技术，旨在建立互联互通、数据共享的口岸
物流信息和电子商务平台，提高口岸工作效率、简化手续，加快通关速
度。智慧化、数字化的赋能将优化口岸功能布局，完善基础设施和智能
设备，全面提升口岸智慧化水平，为内蒙古自治区的对外开放和经济发
展注入新的活力。①

三、推动口岸功能向腹地延伸，提升口岸辐射能力

完善口岸配套设施与推动口岸功能向腹地延伸，是提升口岸辐射
能力、服务国家安全战略的重要举措。通过优化口岸布局、完善基础设
施、提升智能化水平，不仅可以增强国家的经济安全和生态安全，还能
促进边境地区的稳定与发展，为国家的总体安全提供有力保障。凭借资
源集聚与辐射效应，通过整合优化资源要素以提升城市服务质量的经济
模式。内蒙古自治区致力于将口岸枢纽基础设施建设作为对外开放的关
键突破口，力图构建一个集水、陆、空于一体的综合口岸输运体系，具
体措施包括修建跨境铁路、完善口岸公路交通运输网络，并不断强化国
际航空口岸功能，将其塑造为区域性的航空枢纽。

在推动内蒙古自治区枢纽经济发展的过程中，内蒙古自治区通过强

---

① 参见许海清：《内蒙古口岸与腹地城市经济联动发展的对策研究》，《北方经
济》2023年第6期。

化引导组织工作，发挥枢纽规划的引领作用，明确发展方向，并建立了协调机制，以确保各枢纽任务的有序执行。同时，通过加强运行监测，构建评估与调整机制，创建科学的监测指标体系，以实时、准确地反映枢纽运行效率。此外，内蒙古自治区还积极借助行业协会的力量，加强对枢纽内部的规范化管理，引导其实现有序、稳健的发展。

围绕煤化工等特色产业，内蒙古自治区积极促进自治区物流枢纽与区域内相关产业的融合发展，构建起了以物流枢纽为核心的现代供应链。此外，内蒙古自治区还依托物流枢纽建设国家级冷链物流基地，以打造民族特色冷链物流产业体系，发展航空快递业，同时建设农村电商物流体系。

为推动口岸建设不断向前，内蒙古自治区继续完善和发展口岸的相关功能，同时积极优化布局。边境贸易的蓬勃发展，特别是"边民互市＋落地加工"产业模式的探索以及结合"互联网＋边民互市"的海关监管创新，已成为激活内蒙古自治区边民互市贸易区潜能、强化产业链、促进落地加工的关键，有力带动了兴边富民与口岸经济的双重飞跃。同时，内蒙古自治区还通过深入实施"口岸＋"战略，加速构建起了"口岸＋特色加工业""口岸＋专业市场""口岸＋商贸物流""口岸＋边境旅游"等多维度工程，充分利用口岸联通俄蒙的区位优势，汇聚各方资源，形成发展合力。其中，跨境旅游作为口岸及腹地城市发展的重要驱动力，通过整合特色旅游资源，凸显了民族文化、戈壁荒漠、草原风光等独特魅力，将自然景观与边境景点、互贸市场深度融合，以深度挖掘旅游文化内涵，并以跨境旅游为引擎，激发区域经济活力，为口岸经济的快速增长注入了强劲动力。

满洲里东部大通道与二连浩特中部大通道作为中欧班列的关键路径，正不断加强与沿海及内陆地区的区域通关协作，并携手北京、天津、广东、陕西、湖南、辽宁盘锦等省市共同推进跨区域口岸服务合作，旨在为中欧班列营造高效优质的通关环境。同时，根据《内蒙古自治区建设国家向北开放重要桥头堡重点项目三年滚动实施方案（2023—2025年）》的动态调整，内蒙古自治区为桥头堡建设提供了坚实的项目支撑。在重点专业口岸建设方面，甘其毛都至嘎顺苏海图跨境铁路及口岸、策克至西伯库伦铁路口岸的建设正加速推进，甘其毛都、策克、满都拉等口岸的扩能改造也在紧锣密鼓地进行，旨在全面提升口岸通关能力。此外，煤炭储备项目的建设也在同步展开，旨在建立煤炭等战略资源的储备基地。

内蒙古自治区积极推动中欧班列的增量扩容，不断优化班列布局，强化满洲里、二连浩特基地建设，着力打造乌兰察布中欧班列集散中心。同时，通过建立内蒙古自治区中欧班列运营平台，发展"班列＋"模式，促进贸易、物流、加工企业的落地与"运贸产"一体化发展。为加强与毗邻省区的协作，内蒙古自治区积极开展境外分拨中心、海外仓的建设运营，实现货源与货量的双向均衡发展。为使中蒙博览会等对外开放平台的作用得到充分发挥，内蒙古自治区还在不断提升口岸商贸物流、加工制造、跨境旅游等产业的发展水平上下功夫。此外，自贸区申建工作也在全力推进。以创建中国内蒙古自由贸易试验区为契机，内蒙古自治区协调整合各类开发开放平台，以提高贸易便利化程度，深化改革创新。

在边境与腹地协同发展方面，内蒙古自治区正聚焦解决"酒肉穿肠过"问题，研究创新管理模式，推动沿边产业园区的整合建设，做大做强口岸大宗商品进口规模和区内大宗资源落地加工产业集群，以形成"口岸＋腹地""口岸＋园区"的联动发展格局，推动进口资源在沿边产业园区落地精深加工。[①]

为提升铁路运输能力，中国铁路呼和浩特局积极践行国际联运货物运输与外事工作的各项战略部署，与蒙铁紧密协作，充分利用宽轨回空运输能力，常态化实施敞顶箱宽进宽出策略。同时，积极拓宽装运货物种类，通过煤炭扩展至铁矿石，并探索推进敞顶箱重来重去模式，以释放国境站间准轨通道潜能，满足中欧班列日益增长的开行需求。满洲里与二连浩特口岸作为中欧班列东线和中线的重要通道，其过境班列数量占全国总量的四成，涵盖千余种进出口商品。中欧班列线路丰富，二连浩特拥有63条线路，辐射国内外多个城市；满洲里则拥有57条线路，能够连接更为广泛的国际市场。

在基础设施互联互通方面，呼和浩特铁路局积极响应国家号召，参与二连浩特至乌兰巴托至乌兰乌德铁路的升级改造，推动甘其毛都至嘎顺苏海图、策克至西伯库伦等铁路口岸及跨境公路建设，加快呼和浩特等国际航空港物流园区的建设，并拓展至俄蒙的航线网络。同时，呼和浩特也在积极开展跨境输电与通信设施建设，提升国际通信与数据传输能力，为高质量共建"一带一路"提供坚实支撑。此外，呼和浩特铁路局还致力于优化口岸功能，提升满洲里、二连浩特等口岸的服务水平，推动乌兰察布、通辽机场口岸开放，加快国际航空快件中心建设，提高货物集散效率。

为推动中欧班列提质增效，呼和浩特铁路局不断延伸和丰富班列线路，开辟直达欧洲的新通道，提升境外班列园区的仓储与分拨能力，吸引外向型企业落地发展，增加本地货物出口量。同时，拓展双向货源组织形式，实现班列重去重回，推进"五定"开行模式，并积极组建平台

---

① 参见《乘势而为强化开放大通道建设》，内蒙古自治区人民政府网站，https://www.nmg.gov.cn/ztzl/tjlswdrw/qtb/202312/t20231221_2429515.html。

公司战略联盟，以提升国际运输话语权。

在加快泛口岸经济发展方面，呼和浩特铁路局明确了重点口岸功能定位，不断优化资源整合配置，集中力量建设满洲里、二连浩特、呼和浩特等陆港空港口岸主阵地，以提升边境口岸服务支撑能力。通过统筹口岸、通道与开放载体，贯通陆海空网联运主通道，推进枢纽节点城市、货物集疏中心和资源转化园区建设，内蒙古自治区已形成了口岸与腹地互动发展的新格局。

第三节　内蒙古自治区推动向北开放重要桥头堡建设全面升级面临重大历史机遇

内蒙古自治区凭借其独特的地理优势和丰富的自然资源，一直以来都是中国与蒙古国及俄罗斯等国之间重要的战略枢纽。在总体国家安全观的框架下，内蒙古自治区的地理位置不仅是促进经济合作的关键节点，也是维护国家安全、促进区域稳定的重要因素。通过积极参与高质量共建"一带一路"下的中蒙俄经济走廊建设，内蒙古自治区不仅强化了与周边国家的经济联系，还通过完善交通基础设施和对外开放平台，提升了区域的对外开放水平，为国家安全提供了更加稳定的经济支撑。与此同时，内蒙古自治区持续探索新的经济增长点，深化与"一带一路"共建国家的多领域合作，推动构建更加多元化的开放型经济体系。这一战略布局有助于提升区域经济韧性，降低外部风险，确保国家经济安全。习近平总书记多次强调，内蒙古自治区要在共建"一带一路"和中蒙俄经济走廊建设中发挥更大作用，提升对外开放水平，构筑向北开放的战略桥头堡。这一指示不仅是对内蒙古自治区区位优势的高度肯定，也是对其在全球和地区安全格局中发挥更大作用的战略定位，体现了国家发展和安全并重的总体要求。

一、内蒙古自治区是中蒙俄经济走廊的重要节点

在总体国家安全观的框架下，内蒙古自治区不仅承担着经济发展和区域合作的重任，还在国家安全保障、边疆稳定和资源安全等多个方面发挥着关键作用。作为连接八个省份并接壤俄罗斯和蒙古国的地区，内蒙古自治区在中蒙俄经济走廊中占据重要节点位置，其独特的地理位置和显著的开放优势对于促进区域间的合作与交流具有重要意义。自古以来内蒙古自治区在经济活动和贸易交流中一直具有重要地位。从古代的丝绸之路到近现代的边境贸易，内蒙古自治区就连接起了草原、森林、戈壁与中原，成为各民族、各政权间的重要通道。早在古代，内蒙古自治区地区便是商旅云集之地，尤其是通过"互市"这一独特贸易形式，使中原农耕文化和北方游牧文化在此交汇。互市贸易不仅推动了区域经济的发展，更成为各族文化交融的窗口，留下了浓厚的历史文化印记。

改革开放以来，内蒙古自治区在国家战略支持和开放政策下快速崛起。随着经济政策的深化改革、边境口岸的开放以及交通基础设施的完善，内蒙古自治区从一个传统农业、牧业地区逐步转型为具有多元经济体系的开放区域。近年来，依托丰富的自然资源和地理优势，内蒙古自治区在能源、矿产、农牧业、旅游业等领域取得显著成就，同时积极参与高质量共建"一带一路"，深化与周边国家的经贸合作，逐步发展成为对外开放的重要门户。在双循环新发展格局下，内蒙古自治区继续加快改革创新步伐，不断提升经济建设水平，为我国向北开放和区域经济协同发展作出了重要贡献。

得益于优越的地理位置，内蒙古自治区成为向北开放的重要窗口

之一。内蒙古自治区不仅有丰富的能源资源，如煤炭、天然气等，而且有丰富的矿产资源，如铁矿、铜矿等，还是重要的农牧业生产基地。随着中蒙俄经济走廊的建设与发展，内蒙古自治区能够更好地与周边国家进行贸易往来，带动当地经济发展。"例如，近年来，内蒙古自治区不断深化国际经贸合作，积极开展'蒙商丝路行'海外经贸活动，组织企业赴阿联酋、沙特、蒙古国、俄罗斯等20个国家和地区开展经贸交流。如今在内蒙古自治区，正有越来越多的县域经济实现外贸零的突破，培育出外向型支柱经济。例如开鲁县的红干椒远销韩国，宁城县成为世界最大猫砂产地。"[1] 通过加强与周边国家在能源领域的合作，内蒙古自治区不仅能够促进地区经济发展，还能增强我国在能源领域的自主权和安全保障。

"内蒙古自治区拥有20个对外开放的口岸。口岸建设步伐加快，形成了铁路、公路、航空多种通关方式并存的口岸开放格局，陆路口岸货运量居全国首位，2022年进出境货运量5800多万吨、同比增长14.7%，2023年8月甘其毛都口岸成为全国首个货运量突破两千万吨的公路口岸。交通网络越织越密，全区铁路运营里程近1.5万公里、全国第一，公路里程21万多公里，与周边八省区高等级公路全面打通，民用机场达到48个。开放平台逐步增多，先后建成国家级外贸转型升级基地、综合保税区等多个开放平台，连续举办11届'二洽会'、3届中蒙博览会，2023年创办了国家向北开放经贸洽谈会、世界蒙商大会、世界乳业大会和世界新能源新材料大会等新平台。"[2] 通过参与中蒙俄经济走廊

---

①　《内蒙古自治区：打造"向北"新优势　拓展经济新业态》，新华网，http://www.nmg.xinhuanet.com/20240625/4ea707f4244a4a8a82e171581bccd9d6/c.html.

②　《服务融入共建"一带一路"高质量建设我国向北开放重要桥头堡》，中华人民共和国国家发展和改革委员会网站，https://www.ndrc.gov.cn/xwdt/ztzl/NEW_srxxgcjjpjjsx/jjsxyjqk/qkzk/tdgjydylgzlfz/dt/202401/t20240119_1363548.html.

建设，内蒙古自治区能够不断加强与周边国家的经济联系，推动跨境贸易、文化交流及人员往来，进一步提升中国在这一战略区域的影响力，从而为国家的经济安全、政治安全和文化安全提供支持。

有鉴于此，内蒙古自治区不断加强开放大通道建设，推动沿边开放新格局。一是加快以满洲里口岸为枢纽，连接大连港、秦皇岛港及东北地区，向外连通俄罗斯和蒙古国，进而通向欧洲的向北开放东通道建设。二是以二连浩特口岸为中心，依托中蒙俄中线铁路，内连天津港及京津冀地区，向外通达俄罗斯、蒙古国直至欧洲，构建向北开放中通道。三是通过完善货物通关、物流贸易和生产加工功能，提升相关口岸的综合服务能力。四是加强满洲里、二连浩特中欧班列口岸的服务水平，推动内蒙古自治区中欧班列的扩容和提质，同时，研究将发往蒙古国的班列纳入常规图定线路。五是进一步提升乌兰察布中欧班列的集散能力，加速中蒙俄中线铁路的升级改造，并开展乌兰察布至乌兰巴托、乌兰乌德跨境铁路通道的升级可行性研究。六是推进甘其毛都、策克等口岸的跨境铁路前期研究及建设工作。七是统筹推动"智慧口岸"和"数字国门"试点项目的建设，提升口岸通关效率与保障能力。[①]

2023年，内蒙古自治区的陆路口岸年总货运量突破1亿吨，创造了中国沿边省区陆路口岸年货运量的新纪录，标志着中国向北开放取得的新进展。同年12月8日上午8时，全国货运量最大的公路口岸甘其毛都口岸开始了当天的通关作业。在口岸的"十二进七出"智能卡口，内蒙古自治区生产的出口重型机械设备有序出境，满载蒙古国煤炭和铜精矿的货车按序入关，车头上悬挂着写有"首破亿吨"字样的红绸显得尤为醒目。基础设施互联互通是高质量共建"一带一路"的优先领域，也

---

① 参见《国务院关于推动内蒙古自治区高质量发展奋力书写中国式现代化新篇章的意见》，中国一带一路网，https://www.yidaiyilu.gov.cn/p/017BD6B6.html.

是提升贸易便利化水平的重要支撑。作为国际往来的门户和货物运输枢纽，口岸是"一带一路"基础设施建设的重要组成部分。目前，内蒙古已形成了铁路、公路、航空等多维立体化的开放格局，公路口岸的货运量连续多年稳居全国第一，铁路口岸的货运量也名列前茅。内蒙古自治区正逐步走出一条具有地方特色的口岸发展道路。"如今，一个个项目正为内蒙古自治区建设我国向北开放重要桥头堡注入强劲'动力源'。动力背后，是一项项顺潮流、惠民生、得民心、利天下政策的立柱架梁、强力支撑。近年来，内蒙古自治区结合实际陆续出台了《参与建设'丝绸之路经济带'实施方案》《参与中蒙俄经济走廊建设的实施方案》《支持沿边重点地区开发开放的实施意见》《内蒙古自治区推进'一带一路'建设实施方案》等深度融入共建'一带一路'建设，全面参与'中蒙俄经济走廊'建设，以提高开放水平促进高质量发展的工作思路、战略走向和重点任务愈加明晰。同时，内蒙古自治区积极完善同俄罗斯、蒙古国多层次协商会晤机制，切实巩固与毗邻地区友好合作关系。目前，内蒙古自治区与蒙古国戈壁阿尔泰省等23个地区及俄罗斯外贝加尔边疆区等10个地区建立了友好关系；内蒙古自治区与俄罗斯外贝加尔边疆区政府间、二连浩特市与蒙古国扎门乌德自由经济区建立定期会晤和协调机制。"①

内蒙古自治区凭借其毗邻俄罗斯和蒙古国的区位优势，紧抓高水平开放机遇，采取多项措施确保通行畅通，推动外贸稳步增长。2023年，内蒙古自治区开行的中欧班列数量创下新高，外贸货运量首次突破1亿吨，外贸进出口总值达到1965.3亿元，均刷新了历史纪录。内蒙古自治区是中欧班列东、中、西三大主通道中的重要枢纽，其中二连浩特和满

---

① 《内蒙古自治区推动共建"一带一路"：从"硬联通""软联通"到"心联通"》，中国一带一路网，https://www.yidaiyilu.gov.cn/p/0642HCKS.html.

洲里分别是中通道和东通道的关键进出口口岸。2023年，通过二连浩特和满洲里两个口岸的中欧班列分别达到了3294列和5001列，同比分别增长了30.8%和3%。目前，二连浩特口岸的班列线路已从最初的2条增至70条，通达12个国家和地区，覆盖国内77个城市。通过满洲里口岸的中欧班列运行线路已达到21条，通往13个国家和地区，覆盖国内60个城市。这一系列举措，使得内蒙古自治区在中欧班列的发展中占据了重要地位，进一步推动了对外开放与区域经济的融合发展。[①]内蒙古自治区在边疆治理和稳定方面发挥着至关重要的作用。作为中国与蒙古国及俄罗斯的接壤地带，内蒙古自治区的社会稳定和边境安全直接关系国家的整体安全。内蒙古自治区在深化与周边国家合作的同时，也在加强边境管理、促进民族团结和社会和谐，确保边疆地区的政治安全和社会稳定。

内蒙古自治区是中蒙俄经济走廊重要节点，发展具有天然优势。内蒙古自治区紧紧围绕办好两件大事、实现"闯新路、进中游"的目标，深入贯彻《国务院关于推动内蒙古自治区高质量发展奋力书写中国式现代化新篇章的意见》。在这一背景下，内蒙古自治区将"北疆文化"品牌与自身优势相结合，提出了将内蒙古自治区打造为自驾游首选地、露营游佳选地、度假游必选地、康养游优选地的目标，着力优化旅游发展布局，完善基础设施，丰富旅游产品形态，推动旅游产业的提质升级。为实现"旅游四地"目标，内蒙古自治区不断丰富产品供给，在文化和自然遗产日推出了"读历史、游北疆"10条主题文物游路径，进一步拓展了度假游的内涵。此外，森林康养游、草原休闲游、寻古探秘游、沙漠穿越游等精品线路，为打造康养游的优选地和露营游的佳选地提供了

---

① 参见《班列畅行外贸腾飞——内蒙古自治区向北开放显成效》，新华网，
http://www.nmg.xinhuanet.com/20240131/016a4e41f53b4289b24a194620602372/c.html.

充实的旅游产品体系。同时，特色自驾游线路，如"中国之路"和"最美331旅游线路"等也在精心培育之中，进一步提升了自驾游目的地的吸引力和多样性。[①]内蒙古自治区的开放发展模式在一定程度上为国家在新发展格局中构建更加稳定、安全的经济环境提供了支撑。通过推动区域经济一体化与多领域合作，内蒙古自治区不仅能实现自身的经济转型升级，还能为国家在全球竞争中增强经济韧性，降低外部风险。总之，作为中蒙俄经济走廊的重要节点，内蒙古自治区在推动区域合作与经济发展的同时，也为保障内蒙古经济安全落实发挥着关键作用。

二、内蒙古自治区是国家西部陆海新通道的重要门户

内蒙古自治区在推进西部陆海新通道建设中的关键作用，深刻体现了总体国家安全观的战略布局。在新时代，西部陆海新通道不仅是推动区域经济发展的重要举措，也是保障国家经济安全、资源安全和区域安全的重要战略通道。2019年，中共中央发布的《关于新时代推进西部大开发形成新格局的指导意见》明确指出，要大力推进西部陆海新通道建设，作为国家战略性通道之一。随后，国家发展改革委于同年8月发布了《西部陆海新通道总体规划》，将其定位为推动国家发展的重要枢纽。西部陆海新通道的主通道位于西南地区，并通过有效的辐射网络，连接西北地区的主要城市。通过这一主通道与西北综合运输体系的衔接，充分发挥西部地区在国家战略中的桥梁作用，能够深化陆海双向开放，推动西部大开发形成新的经济发展格局。内蒙古自治区积极发挥区位优势与发展需求，加快制定和实施了具体方案，推动西部陆海新通道建设，

---

① 参见《北疆文化铸就内蒙古自治区文旅新气派》，新华网，http://www.news.cn/20240630/dab867ffe0704672b8c67f556c1a38eb/c.html.

畅通西北地区的综合运输通道，加强与西南地区主通道的衔接，融入国内大循环，并促进了国内国际双循环的相互促进。这一通道的定位已不再局限于区域经济发展，更是全面提升国家综合实力和区域安全的战略命脉。

西部陆海新通道不仅推动了西部地区与内地、国际市场的经济联系，还通过提升物流效率、优化交通基础设施，为国家经济安全奠定了坚实基础。在这一过程中，内蒙古自治区凭借其跨越东北、华北、西北并紧邻蒙古国和俄罗斯的独特地理优势，成为西部陆海新通道建设的重要枢纽。内蒙古自治区通过加速铁路、公路和物流设施的建设，不断提升通道的承载能力，确保西部地区能够与全国乃至全球的经济流通无缝对接，成为国家"陆海联动"战略的重要支撑。

内蒙古自治区的区位优势和基础设施建设与国家安全目标密切相连。首先，西部陆海新通道的建设强化了国家对外贸易的安全保障，为中国在国际竞争中保持稳定的供应链提供了支持。内蒙古自治区通过提升中欧班列和铁路运输能力，确保国家货物运输的安全高效，进而降低对外部风险的依赖。其次，内蒙古自治区通过加强与蒙古国、俄罗斯等邻国的经济合作，不仅促进了经济一体化，还加强了区域安全合作，形成了共同发展、共同安全的局面。此外，内蒙古自治区的能源资源和物流枢纽作用也为保障国家能源安全、供应链安全和边疆稳定提供了战略保障。

在推进西部陆海新通道建设方面，内蒙古自治区始终坚持规划引领、夯实基础设施建设的方针，强化薄弱环节、弥补短板，逐步优化资源和产业布局，不断提升通道建设和发展的承载能力。根据《内蒙古自治区推进西部陆海新通道铁路通道建设实施方案（2020—2025年）》，内蒙古自治区通过建立重大铁路项目协调机制、筹措资金、压实项目责任等方式，有效推动了铁路规划建设。与此同时，内蒙古自治区还加快了与国内外铁路基础设施的衔接，致力于打造一个完善的交通走廊。例如，2023年上半年，内蒙古自治区在干线铁路领域已完成投资166.57亿元。在铁路专用线方面，自治区对全区专用线进行了系统规划，并提出到2030年形成干支有效衔接的多式联运铁路集疏运体系的目标。[①]

在国家安全体系中，西部陆海新通道的建设直接回应了国家对边疆安全、生态安全等多维安全的关注。为此，内蒙古自治区积极推动基础设施建设，强化边境管控，并通过建设区域性物流枢纽，增强了对外开放的安全性和稳定性。通过这种方式，内蒙古自治区在提升区域经济活力的同时，也为国家安全提供了多层次的保障。

向北而生，开放而兴。在新时代新征程上，内蒙古自治区上下将以更加有力的改革举措挺进深水区，以更加坚定的信心与决心开路破局，推动向北开放重要桥头堡建设提质升级，为推动内蒙古自治区高质量发展注入活力与动力。内蒙古自治区在西部陆海新通道建设中的战略地位，不仅是推动经济高质量发展的关键所在，也体现了在总体国家安全观下国家发展与安全的深度融合上。内蒙古自治区通过不断提升其通道建设和物流效率，不仅为国家经济提供了新动能，还为国家安全战略提供了全方位的支持。

三、内蒙古自治区是我国对外开放的"新前沿"

内蒙古自治区在国家对外开放战略中的突出地位，深刻体现了总体国家安全观的战略要求和内涵。改革开放40多年来，尤其是在党的十八大以来，我国加速实施东西南北一体化开放战略。中西部地区作为

[①] 参见《"13+2"省区市全力推动西部陆海新通道发展》，人民网，http://cq.people.com.cn/n2/2023/1101/c365402-40624042.html.

国家战略的重要组成部分，逐渐成为开放新高地。内蒙古自治区凭借其得天独厚的地理优势，成为我国"向北开放"的重要桥头堡和新前沿，承担起了维护国家安全与推动经济发展双重任务。

内蒙古自治区的地理优势不仅是促进区域经济发展的重要因素，也在国家安全体系中占据着战略地位。首先，内蒙古自治区拥有4200多千米的边境线，连接俄罗斯和蒙古国，形成了我国北疆的安全屏障。随着高质量共建"一带一路"和中蒙俄经济走廊的不断推进，内蒙古自治区的国际合作和对外开放不仅增强了区域经济的联动性，也在确保国家边境安全、资源安全以及地缘政治安全方面发挥着重要作用。在复杂多变的国际环境下，内蒙古自治区的开放战略为国家经济发展提供了保障，同时也是维护我国北方安全的重要防线。其次，内蒙古自治区积极融入双循环战略，深化与周边国家的经济合作，推动经济高质量发展。通过加快实施跨境经济合作区、推动沿边开放试验区建设等项目，内蒙古自治区在加强区域基础设施建设的同时，也为国家安全提供了更加稳固的基础设施保障。比如，满洲里和二连浩特作为主要陆路口岸，承载了大量的贸易与能源运输，保障了国家的能源安全和战略物资的流通。通过这些建设，内蒙古自治区不仅为我国对外贸易提供了重要保障，也为加强国际互信合作，促进区域稳定提供了支持。在当前国际竞争和地缘政治的背景下，内蒙古自治区的向北开放战略具备深远的安全意义。通过强化口岸建设、优化基础设施，内蒙古自治区提升了区域与国际市场的对接能力，为国家经济安全和资源安全提供了重要支持。同时，内蒙古自治区以"双碳"目标为契机，推动了绿色产业和数字经济的发展，减少了对外依赖，提高了经济的自主可控性，进而增强了国家在全球经济中的竞争力。

内蒙古自治区积极融入国家向北开放战略，在双循环格局中开创新局。内蒙古自治区立足大开放格局，围绕"通、集、落"三大目标，编制了高起点的口岸发展规划。从2024年起，三年内实施85个口岸重点项目，总投资达371亿元。满洲里综保区铁路专用线、二连浩特智慧口岸、甘其毛都公路口岸大桥等关键项目正在加快建设，这些项目将大幅提升口岸的通关便利化和智慧化水平。2024年上半年，全区口岸进出境货运量达到6059万吨，同比增长28.1%，再创历史新高。此外，内蒙古自治区充分发挥区位优势和产业基础，构建起了多层级立体开放体系。目前，内蒙古自治区拥有3个国家级经济技术开发区、2个国家沿边重点开发开放试验区等多个开放平台。特别是中蒙二连浩特—扎门乌德经济合作区的正式获批，成为我国与毗邻国家共同建立的第三个经济合作区。这些平台不仅提升了内蒙古自治区的对外开放水平，也为区域经济发展注入了新的活力。①

内蒙古自治区对外开放的"新前沿"主要体现在以下几个方面：

一是加强开放平台建设，推动开放型经济。内蒙古自治区积极申请设立中国（内蒙古自治区）自贸试验区，加快沿边重点开放区、跨境经济合作区、跨境电商试验区、口岸产业园区等平台建设，完善各类开放平台布局，以发挥联通内外作用。促进口岸与腹地联动，深化互市贸易区加工、投资和贸易一体化，促进综合保税区高质量发展，增强内生动力。

二是深度参与"中蒙俄经济走廊"建设，发展开放型经济。内蒙古自治区依托本区两个基地、八大产业集群和十六条重点产业链优势，通过与蒙古国、俄罗斯在农林牧渔、能源矿产、基础设施、防沙治沙等领域合作，促进资源共享与优势互补。首先，内蒙古自治区依托其丰富的

---

① 参见《内蒙古自治区加速构筑我国向北开放重要桥头堡，高质量发展驶入快车道》，正北方网，http://www.northnews.cn/p/2323411.html.

煤炭、稀土、农牧产品等资源，深化与周边国家的贸易往来，构建更加高效的跨境物流和产业链体系。其次，通过推动区域内基础设施互联互通，如铁路、公路、能源管道等，提升区域内外经贸往来的便捷性和效率。最后，内蒙古自治区通过优化营商环境，吸引外资和先进技术，发展以数字经济、绿色产业、现代农业为代表的开放型经济，逐步形成多元化的经济合作模式，推动自治区经济持续转型升级。通过这些举措，内蒙古自治区不仅能加强与其他地区经贸联系，还能在全球经济格局中占据更加重要的位置，提升其开放型经济的国际竞争力。

三是完善外商投资促进方式，保障外商投资企业依法平等参与政府采购和享受支持政策。内蒙古自治区通过完善外商投资权益保护机制，落实诚信建设，依法保护外商企业权益。优化外籍员工工作生活便利，为符合条件的外籍人才提供多次往返签证等便利。作为我国向北开放的重要前沿，内蒙古自治区充分发挥其区位优势和资源禀赋，以"新前沿"定位推动外商投资促进方式的完善。首先，创新外商投资政策支持体系，强化政策的透明性和稳定性，为外资企业提供更具吸引力的投资环境。其次，依托高质量共建"一带一路"和中蒙俄经济走廊建设，建立跨境经贸合作平台，加强与周边国家的经贸联系，打造国际投资新高地。再次，通过发展数字经济和绿色产业，优化外商投资产业结构，引导外资向高附加值和可持续发展领域倾斜。最后，强化地方政府在招商引资中的主动性，健全"一站式"服务机制，为外资企业提供从投资到运营的全周期支持，从而进一步提升内蒙古自治区在全球投资者中的吸引力。近年来，内蒙古自治区充分发挥自身区位优势和产业基础，提出了一系列具有地方特色的对外开放改革试点任务，逐步打造了一个多层次、立体化的开放体系，以不断增强对外开放的深度和广度。

四是加强组织实施。内蒙古自治区各盟市和相关部门坚决贯彻落实党中央、国务院的决策部署，严格按照自治区党委、政府的工作要求，深入推进新形势下的外资利用工作。内蒙古自治区以铸牢中华民族共同体意识为主线，大力弘扬"蒙古马精神"，切实优化内蒙古自治区外商投资的营商环境，进一步加大吸引和利用外资的力度，并结合各自职责，确保工作落实到位。通过建立高效的工作机制，做到内外资招商引资主管部门的统筹协调、信息共享、定期会商和及时研判，充分压实属地政府在外资工作中的管理责任，并加大外资政策的落实与宣传力度。同时，发挥内蒙古自治区稳外贸稳外资专班和重大项目厅际联席会议制度等工作机制的作用，力争引进一批标志性项目，确保外资利用稳步增长、质量提升，推动内蒙古自治区高水平对外开放进程，为建设"国家向北开放重要桥头堡"贡献新力量，为实现"两件大事"作出更大贡献。①

内蒙古自治区在全国构建新发展格局中发挥着至关重要的作用，尤其在推动区域协调发展、能源转型和生态保护方面具有独特的总领作用。作为国家重要的能源基地和生态屏障，内蒙古自治区不仅在保障能源安全方面具有战略意义，还肩负着推动绿色低碳转型的重大责任。在双循环新发展格局下，内蒙古自治区通过加快对外开放，深化与"一带一路"共建国家的合作，推动资源、市场、技术的优化配置，成为促进国内大循环和国际大循环深度融合的关键节点。与此同时，内蒙古自治区还在区域协调发展战略中扮演着桥梁和纽带的角色，推动西部地区与东部地区以及中部地区的协同发展，促进产业升级和经济结构转型。内

①　参见《关于印发〈内蒙古自治区关于进一步优化外商投资环境　更大力度吸引和利用外资的行动方案〉的通知》，内蒙古自治区商务厅，https://swt.nmg.gov.cn/xmt/swfw/swzc/bmwj/202406/t20240605_2519008.html。

蒙古自治区在矿产资源方面具有无可比拟的优势，22种矿产的保有量居全国之首，煤炭产量占全国1/4，全球1/8，稀土储量占全国3/4，全球近1/5。风能和太阳能的可开发量分别位居全国第一和第二，成为国家的矿产"粮仓"和风光"宝库"，是我国重要的能源和战略资源基地。此外，内蒙古自治区的耕地、草原、森林面积均居全国前列，粮食产量排名第六，牛奶、羊肉、牛肉和羊绒产量位居全国第一。内蒙古自治区还拥有我国北方最大、种类最全的生态功能区，并且拥有超过4200千米的边防线，扼守着祖国的"北大门"和首都的"护城河"，在国家的北方安全和生态安全中发挥着重要作用，是我国北方的生态安全屏障和祖国北疆的稳定防线。满洲里和二连浩特分别是我国对俄、对蒙的最大综合枢纽口岸，经过这些口岸的中欧班列占全国的34.3%，成为我国"北开南联、东进西出"的重要枢纽。随着国际形势的复杂变化和国内改革发展的不断深化，内蒙古自治区在保障国家生态安全、能源安全、粮食安全、产业安全和边疆安全中的责任愈加重要。在落实"双碳"目标的过程中，内蒙古自治区的大宗工农产品对全国发展的支撑作用愈发凸显，对经济大省的贡献也更加显著。在能源、资源、地缘等多个方面，全区的综合优势愈加突出。未来，内蒙古自治区将继续聚焦服务和融入国家新发展格局，全面贯彻新发展理念，推动高质量发展，积极建设我国向北开放的重要桥头堡。通过充分发挥"两个基地"促进发展、"两个屏障"保障安全的作用，推动双循环畅通无阻。内蒙古自治区将在服务国家发展安全大局中展现更大作为，为国家经济的稳定和安全作出更大贡献。①

---

① 参见《服务融入共建"一带一路"高质量建设我国向北开放重要桥头堡》，中华人民共和国国家发展和改革委员会网站，https://www.ndrc.gov.cn/xwdt/ztzl/NEW_srxxgcjjpjjsx/jjsxyjqk/qkzk/tdgjydylgzlfz/dt/202401/t20240119_1363548.html.

第五章

以建设国家重要能源和战略资源基地为抓手，高度重视能源资源安全

建设国家重要能源和战略资源基地，是习近平总书记交给内蒙古自治区的"五大任务"之一，更是内蒙古自治区必须履行好的重大责任和光荣使命。《国务院关于推动内蒙古高质量发展奋力书写中国式现代化新篇章的意见》（以下简称《意见》）在内蒙古自治区引发热烈反响，广大干部群众纷纷表示，从全区经济发展大局出发，凝心聚力、解放思想、开拓进取，努力完成习近平总书记交给内蒙古自治区的"五大任务"和全方位建设"模范自治区"两件大事，推动内蒙古自治区各项工作再上新台阶。

《意见》要求，增强国家重要能源和战略资源基地保供能力，提升传统能源供给保障能力。建设新型能源体系，推进大型风电、光伏基地建设，加快构建现代能源经济体系。

第一节　能源安全事关经济社会发展全局

能源安全关乎社会经济发展全局。党的十八大以来，以习近平同志为核心的党中央从国家发展和安全战略高度提出能源安全新战略，加

快构建中国新型能源体系，为中国式现代化建设提供安全可靠的能源保障。

习近平总书记指出："能源安全是关系国家经济社会发展的全局性、战略性问题，对国家繁荣发展、人民生活改善、社会长治久安至关重要。能源的重要性和能源资源的稀缺性决定了谁掌握能源，谁就可能掌握发展空间、掌握创造财富的重要源泉。当今世界，能源问题是各国国家安全的优先领域，很多国际政治、经济、外交、军事等方面的活动都是围绕能源在做文章，抓住能源就抓住了国家发展和安全战略的牛鼻子。"[①]"能源保障和安全事关国计民生，是须臾不可忽视的'国之大者'。要加快推动关键技术、核心产品迭代升级和新技术智慧赋能，提高国家能源安全和保障能力"。[②]

内蒙古自治区是国家重要能源和战略资源基地。保障国家能源安全，端牢"能源饭碗"，是内蒙古自治区必须坚决履行好的重大责任和光荣使命。优化能源产业结构，必须立足这些禀赋特点和战略定位，大力发展优势特色产业，积极探索资源型地区转型发展新路径，加快构建体现内蒙古自治区特色优势的现代化产业体系。要发挥好能源产业优势，把现代能源经济这篇文章做好。要发挥好战略资源优势，加强战略资源的保护性开发、高质化利用、规范化管理，加强能源资源的就地深加工，把战略资源产业发展好。

---

①　中共中央党史和文献研究院编：《习近平关于国家能源安全论述摘编》，中央文献出版社2024年版，第3页。

②　中共中央党史和文献研究院编：《习近平关于国家能源安全论述摘编》，中央文献出版社2024年版，第12页。

一、加强煤气油储备能力建设，为经济平稳发展提供能源保障

能源是现代社会的血液、国民经济的命脉。能源安全是关系国家经济社会发展的全局性、战略性问题。提高煤气油等传统能源开发与利用效率，节约传统能源，是实现经济平稳发展和实施新型能源战略的重要保障。

习近平总书记指出："经过长期发展，我国已成为世界上最大的能源生产国和消费国，形成了煤炭、电力、石油、天然气、新能源、可再生能源全面发展的能源供给体系，技术装备水平明显提高，生产生活用能条件显著改善。"[①]内蒙古自治区作为国家重要能源和战略资源基地，承担着保障能源安全的重大政治责任。要积极发挥能源资源禀赋和产业比较优势，先立后破，逐步建立健全现代能源经济体系，保障能源供给，为端稳中国"能源饭碗"作出更大贡献。然而"富煤贫油少气是我国国情，要夯实国内能源生产基础，保障煤炭供应安全，统筹抓好煤炭清洁低碳发展、多元化利用、综合储运这篇大文章，加快绿色低碳技术攻关，持续推动产业结构优化升级"[②]。内蒙古自治区煤炭资源探明储量居全国第一位，远景储量占全国远景储量的1/4，稀土储量居全国第一位，风能储量、太阳能年总辐射量分别居全国第一、第二位，是国家重要的清洁能源发展基地之一，在发展传统能源产业和新能源产业方面都

[①] 中共中央党史和文献研究院编：《习近平关于国家能源安全论述摘编》，中央文献出版社2024年版，第3页。
[②] 《向全国各族人民致以美好的新春祝福 祝各族人民幸福安康 祝伟大祖国繁荣富强》，《人民日报》2022年1月28日。

具有得天独厚的优势。因此在确保传统能源供给，以及新能源与传统能源替代方面，具有良好的资源条件。

在"双碳"目标下，推动能源革命势在必行。因此，深入推动能源革命，加快建设能源强国，要"立足我国能源资源禀赋，坚持先立后破、通盘谋划，传统能源逐步退出必须建立在新能源安全可靠的替代基础上"[①]。"绿色低碳发展是经济社会发展全面转型的复杂工程和长期任务，能源结构、产业结构调整不可能一蹴而就，更不可能脱离实际。如果传统能源逐步退出不是建立在新能源安全可靠的替代基础上，就会对经济发展和社会稳定造成冲击。减污降碳是经济结构调整的有机组成部分，要先立后破、通盘谋划。"[②]

自新中国成立以来，我国能源消费结构长期以煤炭为主。虽然近年来煤炭在能源消费结构中比例持续下降，但仍是支撑经济发展的主导能源，这一现状在短期内不会发生质变。但是，促进煤炭消费绿色转型已成为当务之急。习近平总书记指出，煤炭作为我国主体能源，要按照绿色低碳的发展方向，对标实现碳达峰、碳中和目标任务，立足国情、控制总量、兜住底线，有序减量替代，推进煤炭消费转型升级。[③]"实现碳达峰碳中和目标要坚定不移，但不可能毕其功于一役，要坚持稳中求进，逐步实现。要立足国情，以煤为主是我们的基本国情，实现碳达峰必须立足这个实际。在抓好煤炭清洁高效利用的同时，加快煤电机组灵活性改造，发展可再生能源，推动煤炭和新能源优化组合，增加新能源

---

①　《深入分析推进碳达峰碳中和工作面临的形势任务　扎扎实实把党中央决策部署落到实处》，《人民日报》2022年1月26日。

②　中共中央党史和文献研究院编：《十九大以来重要文献选编》（下），中央文献出版社2023年版，第571页。

③　参见《解放思想改革创新再接再厉　谱写陕西高质量发展新篇章》，《人民日报》2021年9月16日。

消纳能力。要狠抓绿色低碳技术攻关，加快先进技术推广应用。"[①] 不仅如此，还要丰富发展煤炭产业链。煤炭不仅是能源，还是重要的化工原料。煤化工产业潜力巨大，大有前途，要提高煤炭作为化工原料的综合利用效能，促进煤化工产业高端化、多元化、低碳发展，把加强科技创新作为最紧迫任务，加快关键核心技术攻关，积极发展煤基特种燃料、煤基生物可降解材料等。[②] 能源转型不会一蹴而就，要保障能源安全，必须在保障传统能源供给和消费的同时，解决好新能源与传统能源替代，石油、天然气资源同样如此。解决油气核心需求是我们面临的重要任务。要加大勘探开发力度，夯实国内产量基础，提高自我保障能力。要集中资源攻克关键核心技术，加快清洁高效开发利用，提升能源供给质量、利用效率和减碳水平。[③] "深入推进能源革命，加强煤炭清洁高效利用，加大油气资源勘探开发和增储上产力度，加快规划建设新型能源体系，统筹水电开发和生态保护，积极安全有序发展核电，加强能源产供储销体系建设，确保能源安全。"[④]

对于内蒙古自治区这一国家重要的能源和战略资源基地，习近平总书记进一步指出，内蒙古要推动传统能源产业转型升级，大力发展绿色能源，做大做强国家重要能源基地，是内蒙古发展的重中之重。在这方面内蒙古方向明确、路子对头、前景很好，大有作为，大有前途。[⑤] "要

①　中共中央党史和文献研究院编：《十九大以来重要文献选编》（下），中央文献出版社2023年版，第571页。

②　参见《解放思想改革创新再接再厉　谱写陕西高质量发展新篇章》，《人民日报》2021年9月16日。

③　参见《咬定目标脚踏实地埋头苦干久久为功　为黄河永远造福中华民族而不懈奋斗》，《人民日报》2021年10月23日。

④　《习近平著作选读》第1卷，人民出版社2023年版，第42页。

⑤　参见《把握战略定位坚持绿色发展　奋力书写中国式现代化内蒙古新篇章》，《人民日报》2023年6月9日。

把现代能源经济这篇文章做好，紧跟世界能源技术革命新趋势，延长产业链条，提高能源资源综合利用效率。"①

二、积极发展清洁能源，推动经济社会绿色低碳转型

能源转型，势在必行。当前，由于气候、环境、资源对经济发展的多重约束，"积极发展清洁能源，推动经济社会绿色低碳转型，已成为国际社会应对全球气候变化的普遍共识"。②我国有十四亿多人口，要全面建设社会主义现代化，延续过去发达国家高耗能、高排放的老路是行不通的，必须转到绿色低碳的发展轨道上来，这是我国现代化的必由之路。

能源转型，必须结合国情，找到适合的转型方向。2024年2月29日，中共中央政治局就新能源技术与我国的能源安全进行第十二次集体学习。习近平总书记在主持学习时强调我国能源发展仍面临需求压力巨大、供给制约较多、绿色低碳转型任务艰巨等一系列挑战。应对这些挑战，出路就是大力发展新能源。③"推动能源革命。加快构建清洁低碳安全高效的能源体系，是我国能源革命的主攻方向。如何把握好新旧能源协调平衡，推进新旧能源有序替代，不断提高能源自给率，增强能源供应稳定性、安全性、可持续性，是摆在我们面前的一个重大课题。"④

① 《扎实推动经济高质量发展　扎实推进脱贫攻坚》，《人民日报》2018年3月6日。

② 《大力推动我国新能源高质量发展　为共建清洁美丽的世界作出更大贡献》，《人民日报》2024年3月2日。

③ 参见《大力推动我国新能源高质量发展　为共建清洁美丽的世界作出更大贡献》，《人民日报》2024年3月2日。

④ 中共中央党史和文献研究院编：《十九大以来重要文献选编》（下），中央文献出版社2023年版，第568页。

在中国式现代化的征程上，能源转型之路，也不能单纯借鉴西方经验，而应走出一条有中国特色的中国式能源转型之路。为此，我们要"从国家发展和安全的战略高度，审时度势，借势而为，找到顺应能源大势之道"①。"尊重自然、顺应自然、保护自然，促进人与自然和谐共生，是中国式现代化的鲜明特点。近代以来，西方国家的现代化大都经历了对自然资源肆意掠夺和生态环境恶性破坏的阶段，在创造巨大物质财富的同时，往往造成环境污染、资源枯竭等严重问题。我国人均能源资源禀赋严重不足，加快发展面临更多的能源资源和环境约束，这决定了我国不可能走西方现代化的老路。"②"要立足我国能源资源禀赋来推进'双碳'工作。富煤贫油少气是我国的国情，推进'双碳'工作必须立足这个实际，不能盲目追求'去煤化'。要坚持先立后破，通盘谋划，传统能源逐步退出，必须建立在新能源安全可靠替代基础上"。③

能源转型的底线是能源安全。"能源安全事关经济社会发展全局。积极发展清洁能源，推动经济社会绿色低碳转型，已经成为国际社会应对全球气候变化的普遍共识。我们要顺势而为、乘势而上，以更大力度推动我国新能源高质量发展，为中国式现代化建设提供安全可靠的能源保障，为共建清洁美丽的世界作出更大贡献。"④我们不仅"要深入推动能源革命，促进能源消费、供给、技术、体制改革，加强国际合作，加

---

① 中共中央党史和文献研究院编：《习近平关于国家能源安全论述摘编》，中央文献出版社2024年版，第3页。

② 习近平：《中国式现代化是强国建设、民族复兴的康庄大道》，《求是》2023年第16期。

③ 中共中央党史和文献研究院编：《习近平关于国家能源安全论述摘编》，中央文献出版社2024年版，第23页。

④ 《大力推动我国新能源高质量发展 为共建清洁美丽的世界作出更大贡献》，《人民日报》2024年3月2日。

快建设能源强国"①。还"要把促进新能源和清洁能源发展放在更加突出的位置，积极有序发展光能源、硅能源、氢能源、可再生能源。要推动能源技术与现代信息、新材料和先进制造技术深度融合，探索能源生产和消费新模式。要加快发展有规模有效益的风能、太阳能、生物质能、地热能、海洋能、氢能等新能源，增加新能源消纳能力，研究解决新能源发展用地、入网、定价等问题。要统筹水电开发和生态保护，推进风光水多能互补。要积极安全有序发展核电，合理确定核电站布局和开发时序"②。"作为最大的发展中国家，中国始终在确保安全的前提下，致力于开发利用核能，弥补能源需求缺口，应对气候变化挑战。中国是核电发展最快的国家，同时保持着良好核安全纪录。"③

三、统筹好新能源发展和国家能源安全，推动新能源高质量发展

党中央非常重视能源安全。习近平总书记指出："在能源问题上要讲底线思维，要时刻保持忧患意识、危机意识。"④"能源安全是关系国家经济社会发展的全局性、战略性问题，对国家繁荣发展、人民生活改善、社会长治久安至关重要。能源的重要性和能源资源的稀缺性决定了，谁掌握了能源，谁就可能掌握发展空间、掌握创造财富的重要源

---

① 中共中央党史和文献研究院编：《习近平关于国家能源安全论述摘编》，中央文献出版社2024年版，第65页。
② 中共中央党史和文献研究院编：《习近平关于国家能源安全论述摘编》，中央文献出版社2024年版，第65页。
③ 《习近平外交演讲集》第1卷，中央文献出版社2022年版，第384页。
④ 中共中央党史和文献研究院编：《习近平关于国家能源安全论述摘编》，中央文献出版社2024年版，第3页。

泉。当今世界，能源问题是各国国家安全的优先领域，很多国际政治、经济、外交、军事等方面的活动都是围绕能源在做文章，抓住能源就抓住了国家发展和安全战略的牛鼻子。"①

对我国来说，什么样的能源结构是安全、可持续的呢？这就要把世界能源发展大势和国情紧密结合起来看。当代世界能源发展大势，就是在技术进步带动下，推动可再生能源、非常规能源迅猛发展。因此，我们更要"顺应这一大势，着力发展天然气、核能、风能、太阳能，尽可能提高新能源、可再生能源比重。同时，我们也不要忘了，我国煤炭资源丰富，在发展新能源、可再生能源同时，还要做好煤炭这篇文章"②。受经济发展、技术瓶颈、能源消费路径依赖等多重约束，煤炭、石油及天然气等传统能源在我国能源消费结构中的地位短期内不可能改变。因此，发展新能源必须处理好传统能源与新能源替代之间的关系，既要实现传统能源绿色消费，又要充分利用条件，尽可能提高新能源在能源消费中的比重，建立多元能源供给体系，实现能源多元化供给与消费。

发展新能源不仅要建立多元能源供给，还要提高新能源供给效率，保障新能源安全高效利用。"要构建清洁低碳安全高效的能源体系。抓好煤炭清洁高效利用，确保发挥兜底保障和对新能源发展的支撑调节作用。大力发展风电和太阳能发电，统筹水电开发和生态保护，积极安全有序发展核电，加快构建新型电力系统。重点控制化石能源消费，加强能源产供销体系建设，提升国家油气安全保障能力。"③"要科学规划建

---

① 中共中央党史和文献研究院编：《习近平关于国家能源安全论述摘编》，中央文献出版社2024年版，第3页。

② 中共中央党史和文献研究院编：《习近平关于国家能源安全论述摘编》，中央文献出版社2024年版，第61页。

③ 习近平：《以美丽中国建设全面推进人与自然和谐共生的现代化》，《求是》2024年第1期。

设新型能源体系，促进水风光氢天然气等多能互补发展。"[①]"积极培育新能源、新材料、先进制造、电子信息等战略性新兴产业，积极培育未来产业，加快形成新质生产力，增强发展新动能。加快发展风电、光电、核电等清洁能源，建设风光火核储一体化能源基地。"[②]

四、加快建设新型能源体系，是保障国家能源安全的必然选择

为顺应国际形势，面对经济发展的多重约束，党中央早在2014年就确定了保障能源安全，建设新型能源体系的新战略。

"面对能源供需格局新变化、国际能源发展新趋势，保障国家能源安全，必须推动能源生产和消费革命。这是我国能源发展的国策，基本要求可以概括为'四个革命'、'一个合作'。'四个革命'就是能源消费革命、能源供给革命、能源技术革命、能源体制革命。'一个合作'就是加强全方位国际合作。"[③]

所谓能源消费革命，重点是节能。"就是要坚决控制能源消费总量，有效落实节能优先方针，把节能贯穿于经济社会发展全过程和各领域，加快形成能源节约型社会。"[④]"目前，世界上普遍把节能视为比开发更为优先的能源来源，称为煤炭、石油、天然气、非化石能源之

---

① 《推动新时代治蜀兴川再上新台阶　奋力谱写中国式现代化四川新篇章》，《人民日报》2023年7月30日。

② 《牢牢把握东北的重要使命　奋力谱写东北全面振兴新篇章》，《人民日报》2023年9月10日。

③ 中共中央党史和文献研究院编：《习近平关于国家能源安全论述摘编》，中央文献出版社2024年版，第4页。

④ 习近平：《论坚持人与自然和谐共生》，中央文献出版社2022年版，第75页。

外的'第五能源'，这个理论值得推广。"[①] "我国能源资源的国情决定了，我们必须加大力度，促进粗放浪费型用能方式向集约高效型用能方式加快转变。"[②] 我国过去的经济发展模式是一种高耗能的发展模式，没有考虑到能源消费对环境的影响以及能源的可持续利用，必须改变这种不可持续的发展模式已成为共识。因此，首要任务是在保障当前经济发展的同时控制能源消费总量。其次，节能的技术路线中必须包括调整产业结构，一方面要化解产能过剩，另一方面要大力发展低能耗的先进制造业、高新技术产业与服务业。此外，还要重视城镇化节能，通过政策与市场手段共同培育城镇居民节能的意识，并在节能问题上积极付诸行动。

所谓能源供给革命，就是建立能源多元供给体系。"就是立足国内多元供应保安全，大力推动煤炭清洁高效利用，着力发展非煤能源，形成煤、油、气、核、新能源、可再生能源多轮驱动的能源供应体系，同步加强能源输配网络和储备设施建设。"[③] 在多元能源供给体系中，应加大新能源、清洁能源的供给比重。"发展清洁能源，是改善能源结构、保障能源安全、推进生态文明建设的重要任务。"[④] "要坚持统筹发展和安全，提升能源资源等重点领域安全保障能力。加快建设新型能源体系，做大做强一批国家重要能源基地。加强管网互联互通，提升'西电东送'能力。"[⑤] "坚持全国'一盘棋'，继续深化上游地区同中下游地区

①　习近平：《论坚持人与自然和谐共生》，中央文献出版社2022年版，第75页。
②　习近平：《论坚持人与自然和谐共生》，中央文献出版社2022年版，第75页。
③　中共中央党史和文献研究院编：《习近平关于国家能源安全论述摘编》，中央文献出版社2024年版，第61页。
④　《习近平书信选集》第1卷，中央文献出版社2022年版，第120页。
⑤　《进一步形成大保护大开放高质量发展新格局　奋力谱写西部大开发新篇章》，《人民日报》2024年4月24日。

的能源合作。加强煤炭等化石能源兜底保障能力，抓好煤炭清洁高效利用，注重水电等优势传统能源与风电、光伏、氢能等新能源的多能互补、深度融合，加快建设新型能源体系，推进源网荷储一体化。"①

所谓能源技术革命，就是将能源利用技术与产业结构升级结合起来，利用能源技术革命，推动相关产业优化升级，成为经济发展新的增长点。② 我们要"深刻认识和把握能源技术变革趋势，高度重视能源技术变革的重大作用。确定能源技术开发应用的重点，要充分考虑资源条件、技术基础、环境容量、经济合理、国际合作可行性等因素，按照'三个一批'的路径，加快推进能源技术革命"。③ 推动"绿色低碳技术重大突破。要抓紧部署低碳前沿技术研究，启动重大示范应用工程。要加快推广应用减污降碳技术，发展高效安全储能和碳捕集技术，推动氢能技术发展的规模化应用。要建立完善绿色低碳技术评估、交易体系和科技创新服务平台"④。"要瞄准世界能源科技前沿，聚焦能源关键领域和重大需求，合理选择技术路线，发挥新型举国体制优势，加强关键核心技术联合攻关，强化科研成果转化运用，把能源技术及其关联产业培育成带动我国产业升级的新增长点，促进新质生产力发展。"⑤

---

① 《进一步推动长江经济带高质量发展　更好支撑和服务中国式现代化》，《人民日报》2023年10月13日。

② 参见中共中央党史和文献研究院编：《习近平关于国家能源安全论述摘编》，中央文献出版社2024年版，第72页。

③ 中共中央党史和文献研究院编：《习近平关于国家能源安全论述摘编》，中央文献出版社2024年版，第72页。

④ 中共中央党史和文献研究院编：《十九大以来重要文献选编》（下），中央文献出版社2023年版，第239页。

⑤ 《大力推动我国新能源高质量发展　为共建清洁美丽世界作出更大贡献》，《人民日报》2024年3月2日。

所谓能源体制革命，就是建立健全能源法治体系，主要通过构建有效竞争的市场结构和市场体系，形成主要由市场决定能源价格的机制，转变政府对能源的监管方式。在能源体制改革过程中，政府要"保障能源安全，要明确责任、狠抓落实、抓出成效，密切跟踪当前国际能源市场出现的新情况新变化，趋利避害，加快完善石油战略储备制度，推进能源价格、石油天然气体制等改革、大力发展非常规能源"①。要"提高电力交易市场化程度，改进电网成本监管，降低电价"②，"深化电力体制改革，加快构建清洁低碳、安全充裕、经济高效、供需协同、灵活智能的新型电力系统，更好推动能源生产和消费革命，保障国家能源安全"。③

我国新型能源体系建设，离不开国际合作助力。迄今为止，中国已通过二十国集团、高质量共建"一带一路"等多个平台寻求在能源安全、能源政策及能源技术等多方面的国际合作。习近平总书记在出席二十国集团领导人第九次峰会时强调，二十国集团必须从完善全球经济治理的战略高度，建设能源合作伙伴关系，培育自由开放、竞争有序、监管有效的全球能源大市场，共同维护能源价格和市场稳定，提高能效，制定和完善全球能源治理原则，形成消费国、生产国、过境国平等协商、共同发展的合作新格局。④习近平总书记在致"一带一路"能源部长会议和国际能源变革论坛的贺信中强调，能源合作是共建"一带一

---

①　《真抓实干　主动作为　形成合力　确保中央重大经济决策落地见效》，《人民日报》2015年2月11日。

②　习近平：《论科技自立自强》，中央文献出版社2023年版，第226页。

③　《建设更高水平开放型经济新体制　推动能耗双控逐步转向碳排放双控》，《人民日报》2023年7月12日。

④　参见《习近平出席二十国集团领导人第九次峰会第二阶段会议》，《人民日报》2014年11月17日。

路"的重点领域。我们愿同各国在共建"一带一路"框架内加强能源领域合作,为推动共同发展创造有利条件,共同促进全球能源可持续发展,维护全球能源安全。[①] "应该加强各国能源政策沟通,制定跨国油气管道安保合作具体措施。"[②] "要推动建设亚洲能源资源合作机制,保障能源资源安全。"[③] "倡议探讨构建全球能源互联网,推动以清洁和绿色方式满足全球电力需求。"[④] "要深化新能源科技创新国际合作。有序推进新能源产业链合作,构建能源绿色低碳转型共赢新模式。深度参与国际能源治理变革,推动建立公平公正、均衡普惠的全球能源治理体系。"[⑤]

通过能源消费革命、能源供给革命、能源技术革命、能源体制革命以及能源国际合作,中国新型能源体系的建立正在扎实稳健推进,进而为国家能源安全实现提供更为坚实的保障。

第二节　内蒙古自治区是国家重要能源和战略资源基地

一、内蒙古自治区现代能源经济发展成就

自2022年以来,在习近平总书记关于"精心打造现代能源经济"

---

① 参见《习近平向"一带一路"能源部长会议和国际能源变革论坛致贺信》,《人民日报》2018年10月19日。

② 《习近平外交演讲集》第1卷,中央文献出版社2022年版,第257页。

③ 《习近平谈"一带一路"》,中央文献出版社2018年版,第64页。

④ 《习近平外交演讲集》第1卷,中央文献出版社2022年版,第279页。

⑤ 《大力推动我国新能源高质量发展　为共建清洁美丽世界作出更大贡献》,《人民日报》2024年3月2日。

的重要指示下，内蒙古自治区能源局全力推进能源保障、重大项目建设和能源结构调整等工作，协同推动能源装备制造产业发展，取得了显著成效。

第一，供应保障能力的持续增强。2023年，内蒙古自治区能源系统煤炭实际产能达到12.2亿吨，向全国29个省份供应9.45亿吨煤炭，为国家能源安全和经济发展作出了重要贡献。同时，内蒙古自治区外送电量达到3065亿度，相当于3个三峡工程年发电量，为全国各地提供了稳定可靠的电力支持。在天然气和绿色电力供应方面，内蒙古自治区亦取得显著突破。2023年，内蒙古自治区向京津冀地区输送天然气230亿立方米，管线长度超过700千米。同时，内蒙古自治区输送了超过1亿度的绿色电力，管线长度超过1600千米，为杭州亚运会提供了绿色、清洁的电力保障。

第二，能源结构调整的加速。一是2023年全年，内蒙古自治区并网新能源装机容量达到5653万千瓦，占电力总装机的36%，超过全国平均水平8个百分点。在建和拟建新能源装机规模超过1.5亿千瓦，全面并网后将显著改善能源生产和消费结构。二是能源重大项目建设稳步推进，2023年能源项目投资达633亿元，其中新能源项目投资占比近70%。三是新能源消纳能力持续提升，大规模推进火电机组灵活性改造和各类市场化并网新能源项目建设。2022年，内蒙古自治区新能源发电量占总发电量的20%，相当于节约标准煤3600万吨。仅2023年上半年，内蒙古自治区新能源发电量比重提升至21.2%。四是深入推进煤电机组改造升级，煤电平均供电煤耗较2022年同期下降8克/千瓦时，减排降耗效果显著。

第三，风光氢储全产业链的统筹布局。内蒙古自治区一是出台了《关于加强新能源装备制造基地规划布局的指导意见》，明确了风光氢储全产业链装备制造基地的布局。二是制定了风电、光伏装备制造产业链全景图，明确招商重点，确定第一批链主企业名单，吸引了隆基绿能、晶澳科技、金风科技、龙马重工等一批龙头企业。2023年上半年，内蒙古自治区风光氢储新能源装备制造项目投资达256亿元。三是推动设立新能源装备制造产业基金，目前正在推进首期100亿元基金的注资工作。

第四，能源高质量发展制度体系的持续完善。内蒙古自治区坚持规划先行、布局先行、政策先行，推动出台了《推动全区风电光伏新能源产业高质量发展的意见》《促进氢能高质量发展的意见》《加快推动新型储能发展的实施意见》《新能源装备制造业高质量发展方案》《蒙西新型电力系统建设行动方案（1.0版）》等指导性文件，建立起了较为完善的能源高质量发展制度体系。

第五，能源基地建设的加强。内蒙古自治区能源局围绕国家重要能源基地建设，全力推进新能源大规模开发、高比例应用，加快能源装备制造产业发展，扎实做好能源保障、重大项目建设等工作。

第六，能源开发方式的转变。内蒙古自治区通过加快出台《内蒙古风光资源有序开发利用方案》，谋划好全区风光资源开发利用总体布局、开发时序和开发方式。通过支持地方企业做大做强，探索以独立开发、合作合资、土地作价入股等方式推动地方企业参与新能源开发。支持内蒙古自治区内各级国资公司与央企及区外企业合作开发煤炭资源，加快推动区属国企持有开发专项整治清收的煤炭资源。

第七，能源绿色转型的加速推进。一是推动国家沙漠、戈壁、荒漠风光大基地项目前期工作，加快第一批、第二批大型风电光伏基地项目进度，抓好保障性并网新能源项目建设。二是推动新能源多场景应用，布局一批源网荷储一体化、风光制氢一体化、燃煤自备电厂可再生能源替代、全额自发自用、火电灵活性改造等市场化消纳新能源项目，促进全区主要用能行业多用绿电、降耗减碳。三是深入落实《蒙西新型电力系统建设行动方案（1.0版）》，着力优化电网主网架，提升电网对新能源的消纳、配置、调控能力。推进能源绿色生产，在矿内和矿区短途运输推广光伏电站支持的新能源重卡充换电模式，推进煤电机组"三改联动"，不断降低能源生产能耗水平。

第八，能源全产业链发展的加快。一是以风光氢储四条产业链为重点，瞄准各领域各环节重点招商企业，协同基地所在盟市开展精准招商、链式招商，引进一批缺失项目、延伸项目、升级项目，落地一批具有链主地位的龙头企业，补齐产业链断点，补强短板，基本形成全产业链配套的市场供给能力。二是加快新能源装备制造产业基金的认缴和注资，推动基金以股、债等多种形式深度参与装备制造业发展。三是加快推动首府新能源总部基地建设，推动内蒙古智慧运维服务公司承接央企新能源运维业务。

第九，能源供应保障基地的夯实。内蒙古自治区通过有序释放煤炭先进产能，积极谋划"十四五""十五五"煤炭接续产能，分类处置停产停建煤矿，提升煤炭保供能力。一是加快在建电力项目建设进度，强化电力运行监测，抓好电煤中长期合同履约监管，确保燃煤电厂发电机组应发尽发、多发满发，全力保障电力安全稳定供应。二是推动油气增储上产，加强煤制油气产能储备和技术储备。建立煤炭、成品油和天然气应急储备体系，提升应急情况下能源供给保障能力。三是加强能源安全生产，严格防范重特大事故发生，全力保障能源生产平稳安全运行。

此外，内蒙古自治区还在积极推动新能源产业多元化发展。除风电和太阳能发电外，内蒙古自治区还积极探索生物质能、地热能等新能源开发利用，努力构建多元化、清洁化、低碳化能源供应体系。总的来说，内蒙古自治区在能源保供和新能源发展方面取得了显著成绩，为国家经济发展和能源安全作出了重要贡献。未来，内蒙古自治区将继续发挥自身优势，加强创新驱动，推动新能源产业高质量发展，为构建清洁低碳、安全高效的现代能源体系作出更大贡献。

二、传统能源供给保障能力不断"蓄力"

在加强能源保障方面，内蒙古自治区着重于煤炭产量的增加和稳定供应，强化煤电的支持能力，推进油气资源的储备和生产，以持续提升能源供应保障能力，全面执行国家能源保障任务。为此，内蒙古自治区在提升传统能源供应保障能力方面下功夫，有序释放煤电油气的先进产能，加快煤炭储备项目的建设；实施煤炭产能储备，建立一定规模的煤炭调峰储备产能；加强煤电的基本保障，加快国家规划内煤电项目的建设，储备一批煤电项目；全面推进煤电机组的"三改联动"，持续推动淘汰煤电的落后产能；加大油气勘查区块的出让力度，高质量建设鄂尔多斯现代煤化工产业示范区和煤制油气战略基地，以带动煤基新材料的高端化发展。

2022年，我国煤炭消费占能源消费总量的比重达到了56.2%。在可预见的时期内，煤炭仍将是我国能源安全的基石。煤炭在我国能源安全中的"压舱石"地位短期内不会改变，安全始终是煤炭生产的底线。只有实现煤炭开采的安全，才能确保能源供应的"安全"。能源供应的"安全"是一项政治责任，必须坚决承担。为此，内蒙古自治区建立了煤矿的弹性产能和弹性生产机制，以推动煤矿产能从刚性管理向弹性管理转变，夯实煤炭安全稳定供应的制度基础。同时，煤炭开采的"安全"也是国家能源安全的先决条件，需要持续予以关注。为此，内蒙古自治区聚焦先进技术的研发，以提高能源利用效率，特别是在煤炭绿色智能开发、清洁高效燃烧及污染防控、现代煤化工及高效利用、碳捕集利用与封存等领域不断加强基础研究和关键技术、核心装备的研发，确保煤炭稳定高质量的供应，维护国家能源安全和产业链供应链的安全。在统筹推进能源供应"安全"与煤炭开采"安全"的过程中，还需加强人才队伍建设，推动能源事业的发展。充分发挥企业的主体作用，特别是煤炭总工程师等关键群体的带领作用，完善矿业类教育、科技、人才协同推进的体制机制。

第一，实现煤炭的绿色开发和清洁利用。煤炭在当前社会经济发展中发挥了重要作用，并日益受到重视。如何高效利用碳资源，关键在于将煤炭转化为更多社会发展所需的产品。而煤炭转化的必然趋势是与可再生能源深度耦合。煤炭在我国能源结构中长期占据基础性地位，发展洁净煤技术，实现煤炭清洁高效利用一直是全球关注的焦点。作为全国最大的产煤省份之一，同时也是全国首个能源革命综合改革试点区，内蒙古自治区工作的出发点是如何减少煤炭的使用以及在用煤过程中能否消纳或减少二氧化碳排放量。在尚未探索出零碳排放技术的情况下，我国近期的能源战略应从三方面考虑：首先是能源安全供应，其次是清洁高效利用，最后是减碳的实现和零碳的探讨。有鉴于此，内蒙古自治区不断改造提升能源产业，抓好煤炭智能绿色开采。作为国家重要的能源基地，内蒙古自治区充分发挥煤炭资源优势，持续加大煤炭供应保障力度。数据显示，2023年，全区煤炭产量达到12.2亿吨，其中销往区外煤炭产量7.2亿吨以上。因地制宜推广绿色开采技术，建成13座智能化煤矿，年产120万吨及以上煤矿实现智能化全覆盖，占比达到92%，井下机械化程度基本达到100%，持续优化煤炭产能结构。

第二，发挥能源保障的"压舱石"作用。内蒙古自治区还积极落实国家下达的电煤保供任务，2023年承担国家电煤中长期合同保供任务量9.45亿吨，占全国总任务量的36%，有力保障了全国29个省份的煤炭供应。区内民生供暖用煤也得到了有力保障。2023年入冬前，内蒙古自治区就提前安排了农牧民冬季取暖用煤、城镇集中供热用煤保障工作，全区农牧民冬季取暖用煤320万吨、城镇供热锅炉用煤1658万吨全部落实到位。内蒙古口岸煤炭货运量约7305.6万吨，同比增长124.4%。通过积极探索创新通关模式，内蒙古自治区成功在甘其毛都、策克口岸实现了AGV通关测试运行，开创了全国陆路口岸跨境运输新模式。在国家相关部门的共同推动下，内蒙古自治区煤炭企业大力实施煤矿智能化建设，加快推进机械化换人、自动化减人、智能化少人，优化提升了煤矿生产和安全素质，增强了煤炭供给的韧性和弹性，为保障煤炭安全稳定供应奠定了坚实基础。

此外，内蒙古自治区立足保障油气安全，持续推动增储上产，围绕鄂尔多斯盆地和河套盆地，着力推动苏里格气田增产、巴彦油田上产等重点勘探开发项目实施，提高已探明未开发储量的有效动用，做好老油气田稳产和新区块建产，力争原油年产量达到300万吨以上，天然气年产量稳定在310亿立方米左右。煤制油年产量稳定在110万吨左右，煤制气年产量达到33亿立方米以上。

三、大型风电光伏基地建设加速"发力"

内蒙古这个被誉为能源"宝库"的地区，不仅拥有丰富的煤炭、天然气资源，还享有无尽的风能和太阳能。为了巩固其作为国家重要能源基地的地位，内蒙古自治区必须充分利用其能源产业的优势，精心发展现代能源经济。这包括推进大型风电和光伏基地的建设，特别是在沙漠、戈壁和荒漠地区的基地建设，以及加快建设支撑性电源和外送通道。同时，要坚持规模化与分布式开发的结合，配备高效的储能和调峰设施，并积极发展光热发电。此外，建设新型电力系统的重大示范工程和新能源微电网的应用及加强电源电网在规划、审批、建设和运行各环节的统筹协调也是不可或缺的。

截至2023年底，内蒙古自治区的新能源装机容量已超过8500万千瓦，风电和光伏的并网总装机容量在全国排名第一。随着新能源装机的快速增长，内蒙古自治区通过建设新的储能设施和推动电力外送加大了新能源的消纳力度。通过完善产业、新能源和电网的一体化布局，促进了新能源资源要素的高效配置。内蒙古自治区以系统化的思维实施产业、新能源和电网的规划布局顶层设计，进行关键领域的技术改造和机制创新，有效配置新能源和电网等基本要素，推动产业结构的优化升级。随着国家首批新能源大基地的建成，内蒙古自治区将稳步提高既有通道的新能源外送电量比例，使辽宁、山东、河北、北京、天津等地能够使用内蒙古的绿色电力。2023年，内蒙古自治区能源系统的新能源和新能源装备制造业发展实现了高质量的飞跃，全年新能源项目完成投资1700亿元，全区新能源总装机规模达到9200万千瓦，占全区电力总装机的45%。风光氢储等新能源装备制造项目完成投资超过700亿元，同比增长超过13%。

在新能源电力安全保供方面，内蒙古自治区的库布其、腾格里、乌兰布和、巴丹吉林等沙漠、戈壁、荒漠地区的大型风电光伏基地以及支撑性电源及外送通道都是经济社会稳定运行的基础保障，关系全区各族人民民生、稳定和发展。内蒙古自治区研究推动了浑善达克沙地至京津冀的输电通道建设，并坚持规模化与分布式开发的结合，同步配置高效储能调峰装置，积极发展光热发电，同时支持内蒙古自治区建设新型电力系统的重大示范工程，鼓励新能源微电网的应用。

为了优化蒙西电网与华北电网的联网方式，内蒙古自治区按照国家有关规定，优化了500千伏电网工程的规划程序，并加强了对电源电网在规划、审批、建设、运行等环节的统筹协调。

（一）新能源开发和全产业链建设的加速

英国能源智库 EMBER 的《2024年全球电力评论》指出，2023年，全球可再生能源发电量占比首次超过30%，其中中国贡献了全球新增光伏发电量的51%和全球新增风力发电量的60%。欧洲光伏产业协会的《2024—2028年全球太阳能市场展望》报告也强调，中国新能源市场充满活力，为全球光伏产业发展注入了强劲动力。中国新能源发展正处于历史性的"风口"，必须按照新发展理念和全产业链思维，一手抓新能源开发建设，一手抓装备制造业发展。内蒙古自治区致力于以新能源带动新工业，锚定"两率先""两超过"的目标，加快大型风光基地和源网荷储、风光制氢等场景项目建设，力争并网装机2500万千瓦以上，建成拓展场景应用规模1000万千瓦以上，集中打造风光氢储产业集群和呼包鄂通装备制造基地，努力在新能源领域再造一个"工业内蒙古"。

在加快新能源发展方面，内蒙古自治区利用其得天独厚的资源优势，抓住新能源发展的历史机遇，不断加快基地化外送、市场化消纳、保障性并网新能源项目建设，完成新能源投资超过1800亿元，新增新能源并网规模超过2500万千瓦，将政策利好转化为新能源发展的实际增量，全力推进绿色低碳转型。内蒙古自治区太阳能资源丰富，大部分地区年太阳能总辐射在5000兆焦/平方米以上，年日照时数为2600小时至3400小时，太阳能资源技术可开发量94亿千瓦，居全国第二位，发展光伏产业具备得天独厚的资源优势。为此，内蒙古自治区抢抓"双碳"机遇，把绿色低碳作为调整能源结构、推动能源转型的主攻方向，充分挖掘太阳能资源优势，重点依托"光伏＋生态治理"和"光伏＋生态修复"发电基地建设，促进光伏全产业链发展。按照光伏产业发展目标，到2025年，全区晶硅材料生产规模将超过全国的40%，太阳能电池组件产能达到300万千瓦，可以满足80%以上本地建设需求，光伏制造整体产业规模也将达到1000亿元。近年来，内蒙古自治区不断推出新能源领域的创新产品和技术，实现了新能源产业的迭代升级。值得一提的是，全球叶轮直径最大、单机容量最大的陆上风电机组在内蒙古自治区成功下线。这款机组的叶轮直径达到了惊人的214米，相当于70层楼的高度。同时，它的最大功率达到了11兆瓦，转动1小时就能发出绿电1万度，相当于12个家庭一年的用电量。这一成果的取得，不仅展示了内蒙古自治区在新能源技术领域的领先地位，也为全球新能源产业的发展提供了有力支持。在加快新能源全产业链建设方面，内蒙古自治区也在一体化推进新能源开发与装备制造、运维服务协同发展，大力推进新能源装备制造补链强链，力争完成投资600亿元，建成满足区内、供应周边、辐射全国的新能源全产业链配套供给系统。

（二）新型电力系统建设的加速

在加快新型电力系统建设方面，内蒙古自治区以蒙西电网为试点，着力优化电网主网架，加快建设适应新能源广泛接入、多种电网形态相融并存、源网荷储智能互动、市场体系灵活开放、以新能源为主体的新型电力系统，全力提升新能源消纳能力。

截至2022年底，内蒙古自治区各类电源总装机容量16915万千瓦，同比增长9.2%。其中可再生能源发电装机容量6423万千瓦，同比增长

12.9%；可再生能源装机容量占全部电力装机容量的38.0%，同比提高1.2个百分点。在可再生能源装机中，水电装机容量241万千瓦（含抽水蓄能120万千瓦），同比持平；风电装机容量4568万千瓦，同比增长14.3%；太阳能发电装机容量1568万千瓦，同比增长11.0%；生物质发电装机容量46万千瓦，同比增长21.1%。

第一，新能源的多元化发展趋势明显。内蒙古自治区立足自身资源优势，多措并举加快推动全区绿色低碳发展。一是在沙漠、戈壁、荒漠地区规划建设大型风电光伏基地，建立保障性并网、市场化并网等多元保障机制，稳步推动分散式风电与分布式光伏发电的开发利用，实施工业园区可再生能源替代行动，同步推进燃煤电厂火电灵活性改造。二是全力推进风电、光伏等新能源大规模高比例开发利用，在全国率先建成以新能源为主体的能源供给体系、率先构建以新能源为主体的新型电力系统，力争到2025年新能源装机规模超过火电装机规模、2030年新能源发电总量超过火电发电总量。

第二，推进新能源项目"标准地"建设。为推动新能源项目降本增效，内蒙古自治区创新新能源开发模式，不断深化新能源领域"放管服"改革，推进新能源项目"标准地"建设，引导新能源产业健康有序发展，发挥新能源生态环境保护效益，包括土体供应标准化、新能源建设标准化、行政审批地方代办化、电网工程和配套储能设施同步化。优先支持市场化并网消纳项目。此外，内蒙古自治区还不断加快优化调整能源结构，提升可再生能源开发水平和利用效率，广泛拓展新能源应用场景，优先支持全额自发自用和不占用电网调峰空间的市场化并网消纳项目。为多维度推进区内新能源开发建设、拓展新能源消纳空间，内蒙古自治区能源局印发了工业园区绿色供电项目、全额自发自用新能源项目、火电灵活性改造消纳新能源项目、源网荷储一体化项目等六类市场化并网消纳新能源项目实施细则，并组织了项目申报工作，2022年共批复各类项目107个，总规模达2178万千瓦。

在风力发电方面，2022年，内蒙古自治区风电新增并网装机容量为572万千瓦，较2021年新增装机比例提升明显。2022年，内蒙古自治区风电累计并网装机容量达4568万千瓦，同比增长14.3%，约占全部电源累计装机容量的27%。从盟（市）的角度来看，内蒙古自治区风电装机主要集中在巴彦淖尔市、包头市、赤峰市、通辽市、乌兰察布市和锡林郭勒盟6个盟（市），2022年底累计并网装机容量均超过400万千瓦。

在太阳能发电领域，2022年，内蒙古自治区取得了显著成就。2022年，内蒙古自治区新增太阳能发电并网装机容量达到156万千瓦，累计并网装机容量增至1558万千瓦（不包括10万千瓦的光热项目），同比增长11.1%，在全国排名第十二，占全区总装机容量的9.2%。特别是在鄂尔多斯市、包头市、通辽市、乌兰察布市、巴彦淖尔市、锡林郭勒盟和呼和浩特市7个盟（市），太阳能发电累计并网装机容量均突破了100万千瓦大关。

在常规水电及抽水蓄能方面，尽管全区常规水电装机容量保持稳定，但发电量较2021年下降了30.6%。内蒙古自治区已建成的抽水蓄能电站，如呼和浩特抽水蓄能电站（120万千瓦），其在电力系统的调峰填谷、调频调相、事故备用以及新能源消纳等方面发挥了重要作用，2022年全年累计发电量达到13.172亿千瓦时。同时，芝瑞和乌海的抽水蓄能电站也在建设中，而美岱和太阳沟的抽水蓄能电站已完成预可研工作。

在生物质能领域，内蒙古自治区发展势头稳健，潜力巨大。截至2022年底，全区生物质发电累计并网装机达到46万千瓦，比2021年增长了21.1%。其中，农林生物质发电装机33.2万千瓦，垃圾焚烧发电

12.6万千瓦，沼气发电0.29万千瓦，生物质能发电量折合标准煤约为21.9万吨。

在地热能方面，内蒙古自治区拥有丰富的地热资源，包括浅层地热能和水热型地热。浅层地热能资源广泛分布于河套平原、西辽河平原、阿拉善高原、鄂尔多斯高原和内蒙古北部高原。水热型地热资源则集中分布在环鄂尔多斯盆地群，包括隆起山地对流型和沉积盆地型地热田。这些地区热储层分布稳定，是内蒙古自治区地热资源的富集区。

在新型储能领域，内蒙古自治区仍处于起步阶段。截至2022年底，新型储能总规模达到58万千瓦，主要是新能源项目配套的磷酸铁锂电池储能，产业主要集中在呼和浩特市、鄂尔多斯市和乌海市。此外，内蒙古自治区还推广了"新能源＋储能"的建设模式，新建新能源电站按照不低于装机容量的15%（2小时）配置储能，以提升系统运行的灵活性，同时积极培育技术先进、竞争力强、规模体量大的储能装备制造产业集群。

在氢能方面，为了推动内蒙古自治区氢能产业的高质量发展，适应氢能产业技术创新的快速迭代升级，内蒙古自治区已经发布了《内蒙古自治区"十四五"氢能发展规划》和《内蒙古自治区人民政府办公厅关于促进氢能产业高质量发展的意见》等指导性文件，并依托已有的氢能产业基础，重点打造了"一区、六基地、一走廊"的氢能产业布局，确保氢能产业的可持续发展，打造全国绿氢生产基地。2022年，内蒙古自治区共批复了9个风光制氢一体化项目，电解水制氢规模达到17.3万吨/年。

第三节　内蒙古自治区保障国家能源安全的路径与实践：基于"双碳"目标的战略分析

在"双碳"目标的背景下，内蒙古自治区肩负着为国家提供更稳定、更安全、更绿色能源供应的重要责任。为了完成这一使命，内蒙古自治区必须从大局出发，勇于承担责任，紧跟全球能源技术革命的新趋势。对内蒙古自治区来说，这意味着要做到"双管齐下"。一方面，推动煤炭行业的绿色低碳转型，通过技术创新和管理优化，减少煤炭开采和使用过程中的环境污染和碳排放；另一方面，大力发展新能源产业，如风能、太阳能等，以实现能源结构的优化和升级。此外，内蒙古自治区还需着力提升能源资源的综合利用效率，通过科技创新和系统整合，实现能源的高效转换和利用。其中，包括推动多种能源形式的协同互补，如将传统的煤炭能源与新兴的可再生能源相结合，构建一个综合利用、集约高效、环境友好的能源供应体系。通过这些措施，内蒙古自治区将为国家的能源安全和可持续发展作出更大贡献，并在全球能源转型中发挥积极作用。

一、"双碳"目标背景下内蒙古自治区能源发展战略

当前，传统能源地区普遍面临着双重挑战：既要确保国家能源供应的稳定，又要应对减排降耗的严峻任务。此外，传统能源地区在绿色低碳转型的道路上也遭遇着重重困难。在这一过程中，一些地区对于未来的发展方向感到迷茫，甚至出现了能耗"双控"的简单化处理、拉闸限电以及形式主义的"减碳"行动等问题。习近平总书记强调，实现

"双碳"目标，必须立足国情，坚持稳中求进、逐步实现，不能脱离实际、急于求成，搞运动式"降碳"、踩"急刹车"。[①] 这一重要论述为当前"双碳"工作中的一些误区敲响了警钟。

根据我国的"双碳"目标，调整和优化能源结构，必须基于煤炭作为我国主体能源的现实，推动新旧能源的有序替代，同时优化煤炭与新能源的组合，确保能源的安全稳定供应和平稳过渡。为此，内蒙古自治区将继续在资源转化增值上做好文章，着力延长产业链、提升价值链，提高煤炭利用效率，做大做强煤基产业，努力实现煤炭资源的最大化利用。《内蒙古自治区煤炭工业发展"十四五"规划》提出，到2025年，内蒙古自治区将基本建成绿色、集约、高效、智能、安全的现代煤炭工业体系。

新能源的角色正从生力军转变为主力军，迎来了重要的历史发展机遇。内蒙古自治区抓住这个窗口期，统筹规划，协同作战，在发展规划上大胆布局，在大型风光基地建设上大展拳脚，努力在新能源领域"再造一个内蒙古"，率先在全国建成以新能源为主体的能源供给体系、构建以新能源为主体的新型电力系统。发展新能源，内蒙古自治区更加注重经济效益，转变开发方式、创新合作模式，强化系统观念、链式思维，全面推进"风光资源"开发、产业链延伸配套和场景应用拓展，统筹布局调峰电源、电网设施、储能装置、氢能项目，大力发展新能源装备制造业和运维服务业，不再走"挖煤卖煤、发电卖电"的老路。

为了积极响应国家能源战略和环保政策，内蒙古自治区电力企业正在加快推动能源结构的转型升级，推动业务向清洁能源领域拓展和转

---

① 参见《"不能把手里吃饭的家伙先扔了"》，《人民日报》2022年3月6日。

型。新能源专业化整合从单个协调向整体推动转变，新能源管理从分散式向精益化转变，新能源运营从单兵突进向共享共赢转变，新能源发展从规模扩张向专业化、集约化转变，这对于更大范围优化资源配置、提升企业效率效益和核心竞争力、促进新能源产业高质量发展具有重要意义。可以预见，随着新能源时代的到来，各大能源企业将审时度势，向新能源领域进发。

二、内蒙古自治区建设国家重要能源和战略资源基地的重难点

（一）关键问题是保障煤炭行业的健康发展

首先，必须重新审视煤炭作为初级产品的定位。鉴于我国庞大的煤炭需求、煤矿建设的长期周期以及需求的低弹性，煤炭在能源领域中属于典型的初级产品。然而，煤炭行业常被误解为技术含量低、附加值有限，导致其在国家经济社会和能源发展中的重要性被忽视。近年来，"去煤化"和"污名化煤炭"的论调盛行，这不仅违背了我国的国情，还导致了煤炭供需紧张和价格飙升等问题。未来，我们必须充分认识到煤炭的重要性，并基于底线思维、节约优先、立足国内和国外补充的原则，重新规划煤炭供给保障策略。

其次，煤炭行业的发展信心亟待加强。面对中长期的不景气预期，煤炭企业对于增加产能持谨慎态度。"十四五"期间，尽管煤炭需求达到峰值，但在国内外减碳的大背景下，需求下降是不可避免的，企业担心增加的产能在未来可能面临闲置风险。因此，增强行业信心是推动煤炭行业健康发展的关键。

再次，关键技术的突破是实现煤炭利用碳中和的关键。CCUS（碳捕集、利用与封存）技术作为实现煤炭碳中和的关键技术，目前尚未成熟，需要加强基础研究和前沿技术布局，加快技术研发和推广应用。此外，需求侧产品集约化利用、生产源头节能和能效提升也是关键，需要加强低碳原料和燃料工程技术的应用和推广。

最后，煤炭资产搁浅和人员接续问题不容忽视。随着煤炭行业的收缩，煤矿资产搁浅和人员接续问题日益凸显，影响社会稳定和区域经济发展。随着落后产能的淘汰，采矿区管理、剩余资产盘活和新项目立项等问题亟待解决。同时，煤矿工人的生活和技能培训也是转型过程中需要关注的重点。

内蒙古自治区坚持节约优先，严格实施能源消费总量和强度"双控"制度，落实"双碳"目标。在"十四五"期间，单位GDP能耗强度下降15.5%，能源消费总量控制在2000万吨标准煤以内，严格控制能源消费碳排放。实施新能源发展倍增工程，控制煤炭消费，到2025年，新能源发电装机占比将超过45%，煤炭消费比重降至75%以下；优化化石能源消费，控制高碳化石能源碳排放。同时，严格产业准入，坚决遏制"两高"项目盲目发展，对不符合国家和自治区产业规划、产业政策、"三线一单"、规划环评、产能和能耗置换、污染物排放总量控制和区域削减等要求的项目坚决停批、停建。

此外，内蒙古自治区坚持以协同增效为着力点，把降碳作为源头治理的"牛鼻子"，强化温室气体减排与污染防治协同控制，建立健全减污降碳协同增效工作机制，健全应对气候变化与生态环境保护机制。

（二）新能源发电规模增长带来的电网安全挑战

2024年，内蒙古自治区新能源装机规模突破1.2亿千瓦，超越1.17

亿千瓦的火电装机规模，加之相关水电等发电项目，内蒙古自治区以2.4亿千瓦的电力总装机规模位居全国首位。内蒙古自治区不断优化新能源项目布局，超前谋划电网接入工程，同时不断优化项目手续办理时限，强化项目全过程调度管理，常态化开展新能源项目"再起底"工作，及时废止不具备建设条件的相关新能源项目，实现了项目投产时序的均衡分布，推动新能源发电项目建设高效发展。

"十四五"以来，内蒙古自治区电网新能源蓬勃发展，发电量占比从17.8%增长至26%。由于内蒙古自治区风电和光伏不再大规模并网，并于2024年执行容量电价保底政策，以保护火电主体地位不受到冲击，因此，在此背景下，电网能够消纳风光电的容量将越来越少。此外，受极端天气影响，风电和光伏的输出功率波动性问题难以彻底解决。未来，风电和光伏的消纳模式将不再是简单的大规模并网，而是与其他产业深度融合，以实现就地直供和消纳。这种趋势不仅有助于提高能源利用效率、降低能源成本、保障能源安全，而且为风电和光伏产业的可持续发展提供了新的机遇和挑战。针对新能源发电随机性、波动性、间歇性等特点，内蒙古自治区对内挖掘潜力，对外拓展空间，通过改善电网网架建设、优化机组运行方式、深化电力体制改革、灵活调用调节性电源、参与省间市场等多种手段，有力保障了新能源的高效消纳。

三、内蒙古自治区建设国家重要能源和战略资源基地步履铿锵

内蒙古自治区高质量建设国家重要能源和战略资源基地，需要加快构建新型能源体系，推进能源领域重大项目建设，推动重大能源基础设

施项目投资以拉动上下游产业发展，从而扩大内需，促进经济发展实现质的有效提升和量的合理增长，为高质量发展不断注入强劲新动能。

习近平总书记指出，能源安全是关系国家经济社会发展的全局性、战略性问题，对国家繁荣发展、人民生活改善、社会长治久安至关重要。① "能源的重要性和能源资源的稀缺性决定了，谁掌握了能源，谁就可能掌握发展空间、掌握创造财富的重要源泉。当今世界，能源问题是各国国家安全的优先领域，很多国际政治、经济、外交、军事等方面的活动都是围绕能源在做文章，抓住能源就抓住了国家发展和安全战略的牛鼻子。" ② 能源保障和安全事关国计民生，是须臾不可忽视的"国之大者"。要加快推动关键技术、核心产品迭代升级和新技术智慧赋能，提高国家能源安全和保障能力。③

内蒙古自治区是"国家重要能源和战略资源基地，农畜产品生产基地和我国向北开放重要桥头堡"，优化产业结构必须立足这些禀赋特点和战略定位，大力发展优势特色产业，积极探索资源型地区转型发展新路径，加快构建体现内蒙古特色优势的现代化产业体系。要发挥好能源产业优势，把现代能源经济这篇文章做好。要发挥好战略资源优势，加强战略资源的保护性开发、高质化利用、规范化管理，加强能源资源的就地深加工，把战略资源产业发展好。

内蒙古自治区作为国家重要能源和战略资源基地，保障国家能源安全、端牢"能源饭碗"是内蒙古自治区必须坚决履行好的重大责任和光

---

① 参见《积极推动我国能源生产和消费革命 加快实施能源领域重点任务重大举措》，《人民日报》2014年6月14日。

② 中共中央文献研究室编：《习近平关于社会主义社会建设论述摘编》，中央文献出版社2017年版，第174页。

③ 参见《在推进中国式现代化中走在前做示范 谱写"强富美高"新江苏现代化建设新篇章》，《人民日报》2023年7月8日。

荣使命。

（一）加强煤矿智能化建设，为经济平稳发展提供能源保障

能源是现代社会的血液、国民经济的命脉，能源安全是关系国家经济社会发展的全局性、战略性问题。提高传统能源开发与利用效率，节约传统能源，是实现经济平稳发展和新型能源战略的重要保障。

内蒙古自治区煤矿智能化建设后来居上，走在全国前列。全区共有205处煤矿完成智能化建设，智能化煤矿产能占在产煤矿产能的88%。此外，全区千万吨以上在产煤矿已全部完成智能化建设，煤矿生产效率进一步提高，有力推动了内蒙古自治区煤炭行业高质量发展。2024年，内蒙古自治区原煤产量达12.97亿吨，同比增长5.4%，高于全国增速4.1个百分点，超过山西省跃居全国第一。其中，鄂尔多斯市、锡林郭勒盟、呼伦贝尔市三大原煤主产区合计产量占全区原煤产量的88.3%，占全国原煤产量的24.1%。除此之外，内蒙古自治区认真落实"四个革命、一个合作"能源安全新战略，锚定国家重要能源和战略资源基地的战略定位，全力以赴保障国家煤炭供应。在煤炭产业发展过程中，内蒙古自治区坚持完善政策体系，稳步推进煤炭先进产能释放，先后出台了《内蒙古自治区煤炭管理条例》《内蒙古自治区建设国家重要能源和战略资源基地促进条例》等地方性法规，制定了《关于促进全区煤炭工业高质量发展的意见》及三年行动方案、《内蒙古自治区煤炭产能稳定接续和有序开发方案》等政策制度，通过加快生产煤矿产能核增、新建项目核准、在建项目建设，保持了全区煤炭产能的稳定。

（二）统筹推进能源结构调整，推动新能源高质量发展

2024年，内蒙古自治区新能源总装机规模达到1.35亿千瓦，提前一

年实现新能源装机规模超过火电装机规模目标。2024年，内蒙古自治区新能源累计发电量超过2000亿千瓦时，其中外送电量达600亿千瓦时，位居全国第一。此外，内蒙古自治区还在全国率先创新提出了新能源市场化消纳模式，推动实施源网荷储一体化、风光制氢一体化、燃煤自备电厂可再生能源替代、园区绿色供电、火电灵活性改造、全额自发自用等六类新能源应用场景。

当前，内蒙古自治区在能源重大项目建设方面进展稳健，2024年上半年能源项目投资总额达到633亿元，其中新能源项目投资占比接近70%。这表明，内蒙古自治区新能源发展势头强劲，正成为能源投资的重要方向。为了进一步提升新能源的消纳能力，内蒙古自治区正在大规模推进火电机组的灵活性改造，并积极建设各类市场化并网的新能源项目。2023年，新能源发电量占全区总发电量的20%，相当于节约了3600万吨标准煤。而2024年上半年，新能源发电量占全区总发电量进一步提升至21.2%，显示出新能源在能源结构中的比重不断增加。

此外，内蒙古自治区还深入推进煤电机组的改造升级，使得煤电的平均供电煤耗比2023年同期下降了8克/千瓦时。这一减排降耗的成效十分显著，不仅提高了能源利用效率，而且凸显了内蒙古自治区响应国家"双碳"目标、推动绿色低碳发展的信心和决心。通过这些措施，内蒙古自治区在构建清洁低碳、安全高效的能源体系方面迈出了坚实的步伐。

为了促进可再生能源的可持续发展，内蒙古自治区不断加强对可再生能源资源的开发和储量评估，确保新能源项目的空间信息得到及时更新，并将其纳入国土空间规划的"一张图"中。在遵守国土空间规划和用途管制的要求下，内蒙古自治区充分利用沙漠、戈壁、荒漠等未开发地区，以满足新能源发展的空间需求。这些地区具有开发新能源的巨大潜力，且对生态环境的影响较小，是新能源项目的理想选址。

此外，为了提高新能源的消纳能力，内蒙古自治区不断加强电力和油气跨省跨区输送通道的建设，不仅为大型风电和光伏基地的电力跨省区消纳提供了便利，还促进了电力的就近就地消纳，从而提高了能源利用效率和可靠性。通过这些措施，内蒙古自治区得以更好地整合和优化新能源资源，推动能源结构的转型升级，为实现国家"双碳"目标和能源安全提供坚实基础。

（三）提升能源产业链的现代化水平

为了提升能源产业链的现代化水平，内蒙古自治区支持龙头企业和行业协会利用其优势，引导供应链之间的协调发展，以及供应链与市场之间的有效对接。鼓励电力和光伏产业链的上下游企业通过建立战略联盟、签订长期订单、互相参股等多种形式，建立长期稳定的合作关系，以此完善产业链结构并强化供应链的安全保障能力。同时，我们必须规范新能源产业的发展秩序，坚决打击扰乱市场的行为。推动关键核心技术装备、器件、材料的突破，并持续提高行业的自主创新水平。此外，加快信息技术与能源产业的融合发展，推动能源产业的数字化升级，加强新一代信息技术、人工智能、云计算、区块链、物联网、大数据等新技术在能源领域的推广应用，这些都是提升能源产业链现代化水平的关键措施。

（四）新型能源储备的发展

2024年4月16日，国家能源局发布了《关于促进新型储能并网和调度运用的通知》，旨在规范新型储能的并网接入管理并优化调度运行机制，这将有助于充分发挥新型储能的作用，支持构建新型电力系统。新型储能技术，除了抽水蓄能外，以输出电力为主要形式，并提供服务，具有建设周期短、布局灵活、响应速度快等优势，在电力系统运行中能够发挥调峰、调频、调压、备用、黑启动、惯量响应等多种功能，是构建新型电力系统的重要支撑技术。

2024年以来，内蒙古自治区加快规划建设新型电力系统，紧抓快干推动新型储能规模快速增长，全区新增建成新型储能装机规模708万千瓦，同比增长246%，累计建成装机达到1032万千瓦，是全国首个新型储能装机突破1000万千瓦的省级行政区，位居全国第一。

在全面推动新型储能快速发展的过程中，内蒙古自治区力争做到"政策优、建设快、运行好"。一是在政策方面，印发了《内蒙古自治区独立新型储能电站项目实施细则（暂行）》，从拓展多元化应用场景、合理优化项目布局、健全调度运行机制、加强项目监督管理等方面对独立新型储能电站的项目建设、运行和管理提出了相关要求。二是在建设方面，组织实施独立储能示范项目，开展新型储能发展专项行动。三是在运行方面，构建以容量补偿机制为基础，蒙西"容量补偿＋现货交易"、蒙东"容量补偿＋辅助服务"的储能盈利机制。此外，内蒙古自治区新型储能项目支持政策叠加效应明显，储能项目实现了充分利用，在平衡电力系统运行和消纳新能源方面起到了显著作用。目前，全区电化学储能快速发展，同时在建、拟建储能项目还涵盖了压缩空气储能、飞轮储能、熔岩储热储能等多种技术路线。

下一步，内蒙古自治区将继续积极开展新型储能规划建设工作，进一步推动新型储能装机规模合理增长，支持新型储能项目参与电力系统运行，以市场化方式发挥新型储能电力保供和系统调节作用。

四、"双碳"目标下内蒙古新型能源体系发展前景

构建新型能源体系，是党中央结合国内外发展情况，从实现能源清洁低碳转型的角度提出的重大战略任务，也是"双碳"背景下能源转型的重要历史使命，是完成好习近平总书记交给内蒙古自治区的五大任务的重要体现，也让内蒙古自治区推动高质量发展的底气更足。下一步，内蒙古自治区要在提升传统能源供给保障能力上下功夫，有序释放煤电油气先进产能，加快推进煤炭储备项目建设；开展煤炭产能储备，建立一定规模的煤炭调峰储备产能；强化煤电兜底保障，加快推进国家规划内煤电建设，储备一批煤电项目；全面推进煤电机组"三改联动"，持续推动淘汰煤电落后产能；加大油气勘查区块出让力度，高质量建设鄂尔多斯现代煤化工产业示范区和煤制油气战略基地，带动煤基新材料高端化发展。

做大做强国家重要能源基地，内蒙古自治区必须发挥好能源产业优势，把现代能源经济这篇文章做好。要推进大型风电光伏基地建设，加快建设沙漠、戈壁、荒漠地区大型风电光伏基地、支撑性电源及外送通道；坚持规模化与分布式开发相结合，同步配置高效储能调峰装置，积极发展光热发电；建设新型电力系统重大示范工程，开展新能源微电网应用；加强电源电网在规划、核准、建设、运行等环节统筹协调。

推动经济社会发展绿色化、低碳化是实现高质量发展的关键环节。要加快构建现代能源经济体系，研究设立区域煤炭交易中心，完善适应新能源参与的电力市场规则，开展内蒙古电力市场绿色电力交易；加快新能源产业关键材料、装备及零部件等全产业链发展，壮大风光氢储产业集群，建设国家级新能源装备制造基地；开展大规模风光制氢、新型

储能技术攻关；推进先进绿色高载能产业向内蒙古低碳零碳园区转移布局。具体来说，内蒙古自治区新型能源体系发展的着力点主要集中在如下几个方面：

（一）能源安全与能源转型的双重重视

在合理利用煤炭资源的同时，也要为未来的能源转型做好准备。目前，我国在水电、风电、光伏和生物质发电装机规模方面位居世界第一，已开发的可再生能源仅占技术可开发资源量的一小部分，这为我们提供了充足的信心。构建一个高质量的新型能源系统，需要满足安全可靠、经济可行和绿色低碳的目标。内蒙古自治区能源发展应结合"身边取"和"远方来"的策略，从"政府办电、大企业办电"转变为"政府＋大企业＋人民办电"的新模式，这对保障中国的能源供需安全和环境气候安全具有重要意义。碳中和不仅是经济社会发展的新引擎，也是能源安全和实现"双碳"目标的关键路径。未来社会的发展将依赖于未来的能源，从这个角度出发，我们可以更好地理解"双碳"目标的意义和历史地位。

内蒙古自治区要实现煤炭与"双碳"目标的协调发展，还应从以下几个方面发力：第一，保障国家能源安全，提升煤炭的兜底保障能力。煤炭对国家能源安全至关重要，因此，必须避免"一刀切"式的去煤化和煤炭双控，这既不符合国家能源战略，也不利于"双碳"目标的实施。第二，加强煤炭产能储备，提升能源应急保障能力。我国部分煤矿具备超产潜力，应加强应急产能储备建设。第三，提高煤炭加工能力，促进煤炭环保洁净生产。要求煤矿建设配套的洗煤厂，对原煤进行深加工，以提高经济效益、减少污染。第四，发挥工业原料功能，促进固碳循环利用。随着现代煤化工技术的快速发展，煤炭作为工业原料的属性越来越突出。第五，健全市场体制机制，促进上下游协同发展。建立煤炭产业链供应链各个环节之间的长期战略合作与保障机制，防止市场大幅波动，防范企业经营风险。

（二）能源电力系统的发展趋势——绿电替代＋绿氢替代

从能源电力系统的角度来看，能源转型和"双碳"目标的实现需要关注绿电和绿氢的替代作用。2050年至2060年，非化石能源绿色电力在一次能源消费中的占比将从55.3%增加到73.6%，基本实现对化石能源的"绿电替代"。绿氢储能发电与风光绿电相结合，将在提供长时储能发电和灵活调节方面逐步替代化石能源。绿电和绿氢的"双替代"是实现"碳中和"目标的关键措施，将在新型能源体系和新型电力系统建设中发挥决定性作用。绿色电力（包括绿氢电力）的广泛替代将显著提高能源利用效率，源端综合能源生产单元（IEPU）适合为新能源基地提供灵活性调节资源，而终端综合能源产销单元（IECU）将成为电力系统中提供灵活性资源、增强系统韧性的基本单元。

内蒙古自治区能源局等部门发布了《内蒙古自治区可再生能源制氢产业安全管理办法（试行）》，这是国内首个省级可再生能源制氢管理办法。该办法允许在化工园区外建设绿氢项目和制氢加氢一体站，绿氢项目不需取得危险化学品安全生产许可，绿氢加氢站参照天然气加气站管理模式，经营性绿氢加氢站应向燃气主管部门取得经营许可。未来，内蒙古自治区将强力推进能源关键技术创新应用，围绕新能源汽车、新型储能、氢能等重点领域，加强能源关键技术装备及核心部件攻关和示范应用，大力推进新能源汽车推广应用，推动公共领域汽车全面新能源化，提升补能设施服务能力，完善新型储能顶层设计，推进多元化技术创新，分区域推动用户侧示范应用，加强储能设施安全管理，加快氢能制、储、运、加、用各环节科研攻关和试点示范，推动氢能在交通、工业、发电等领域的多场景应用。

（三）国家新能源迎来爆发式增长，使内蒙古自治区能源基地建设多要素协同发展

新能源的爆发式增长对消费侧提出了能源互联和能源自洽的要求。内蒙古自治区统筹考虑能源、产业和生态等关键要素，打造新能源基地、地区电源电网、重大产业布局、生态治理等多要素协同的新能源就地消纳利用体系，努力实现新能源基地开发与产业融合发展。数据中心温冷业务（东数西算）、绿氢、工业硅等行业未来增长空间和用能需求都很大，并能够适应新能源的波动性调节负荷，这些产业可以考虑向内蒙古自治区转移，以和新能源大基地配套布局。

自愿碳市场可以促进低碳项目融资，从而助力"双碳"目标的实现。下一步，内蒙古自治区自愿碳市场将走向市场化、金融化、国际化。一方面，要大力培育区内碳抵消市场和碳信用市场，为与全国碳市场联结做好准备；另一方面，也应与国际各方一起推动全球自愿碳交易和碳市场建设。

（四）深入学习贯彻习近平生态文明思想，着力推动能源绿色发展

党的十八大以来，以习近平同志为核心的党中央全面加强生态文明建设，开展了一系列根本性、开创性、长远性工作，绿色、循环、低碳发展迈出坚实步伐。党的二十大报告强调，要推动绿色发展，必须牢固树立和践行绿水青山就是金山银山的理念，站在人与自然和谐共生的高度谋划发展，坚定不移走生产发展、生活富裕、生态良好的文明发展

道路，实现中华民族永续发展。能源绿色发展是生态文明建设的重要内容。内蒙古自治区深入践行习近平生态文明思想，全面贯彻落实党中央决策部署，加快发展方式绿色转型，奋力谱写新时代能源高质量发展新篇章。

习近平总书记指出，绿色低碳发展，这是潮流趋势，顺之者昌。[①] 建设美丽中国，推进中国式现代化，必须坚定不移加快能源绿色转型，推动经济社会发展建立在能源资源清洁高效和可持续利用基础之上。

第一，绿色发展是高质量发展的底色。习近平总书记指出，高质量发展是体现新发展理念的发展。我国二产能耗偏高，能源结构偏煤，能耗强度仍是世界平均水平的1.4倍。今后一个时期，推进国家现代化建设，实现高质量发展，走发达国家高耗能、高排放的老路行不通，延续过去主要靠化石能源的路子也很难持久。必须完整、准确、全面贯彻新发展理念，加快发展方式绿色转型，着力破解现代化国家建设面临的能源资源环境约束。要推动传统能源产业转型升级，大力发展绿色能源，加快能源结构调整优化，加强能源节约集约利用，以能源绿色发展推动经济社会发展方式绿色转型，实现高质量发展。

第二，在新时代新征程上纵深推进能源绿色低碳发展。推动能源绿色发展是一项系统工程和长期任务。新时代新征程上，内蒙古自治区要以习近平新时代中国特色社会主义思想为指引，全面贯彻落实党的二十大和二十届三中全会精神，深入践行习近平生态文明思想，遵循"四个革命、一个合作"能源安全新战略，统筹发展和安全、发展和减排，坚持先立后破，立足我国能源资源禀赋，深入推进能源革命，加快规划建

①　参见《大河奔涌，奏响新时代澎湃乐章——习近平总书记考察黄河入海口并主持召开深入推动黄河流域生态保护和高质量发展座谈会纪实》，《人民日报》2021年10月24日。

设新型能源体系，加强创新驱动，着力推动能源高质量发展，如期实现碳达峰碳中和目标，为全面建设社会主义现代化自治区、全面推进中华民族伟大复兴提供坚强支撑。

第三，持续加大非化石能源供给。内蒙古自治区继续推动以沙漠、戈壁、荒漠地区为重点的大型风电光伏基地建设，大力发展分布式新能源，统筹水电开发和生态保护，因地制宜发展生物质能等可再生能源，确保2030年前非化石能源消费比重年均提高1个百分点左右。同时，应着力提升新能源安全可靠替代能力，推动煤炭和新能源优化组合，建设新型电力系统，增强清洁能源跨省区配置和就地消纳能力，推动2030年前新增能源消费的70%以上由非化石能源保障。

第四，推动传统能源产业绿色发展。内蒙古自治区要加大能源生产开发过程中生态环境保护和碳减排力度。推广煤炭绿色开采技术，推动煤矿智能化建设，发展矿山循环经济，探索利用采煤沉陷区、露天矿排土场、废弃露天矿坑等发展新能源产业。此外，要加强油气开发、转化、储运等环节资源回收利用，推动油气田与新能源融合发展。持续推进煤电机组节能降碳改造、灵活性改造、供热改造"三改联动"，逐步有序淘汰落后产能。

第五，加快消费侧绿色低碳转型。内蒙古自治区要坚持节能优先战略，持续提高重点行业和产品能效水平，坚决遏制高耗能、高排放、低水平项目盲目发展。推动完善能源消耗总量和强度调控，重点控制化石能源消费，逐步构建碳排放总量和强度"双控"制度。要推动能源清洁低碳高效利用，深入推进工业、建筑、交通等领域电能替代，稳步提升终端用能电气化水平，推动电能占终端能源消费比重到2025年提高至30%，电气化水平保持世界前列。加快布局充换电基础设施，满足新能源汽车的充电需求。进一步激发全社会绿色电力消费潜力，促进绿色能源消费。

第六，着力增强绿色创新发展动能。内蒙古自治区要加快能源科技自立自强，持续加强前沿性绿色低碳技术攻关，完善能源科技创新体制机制，聚焦大容量风电、高效光伏、大容量储能、低成本可再生能源制氢、低成本碳捕集利用与封存、新型电力系统、化石能源清洁低碳开发利用等重点领域和方向，开展集中攻关、技术突破和成果应用。加强"大云物移智链"等新一代信息技术在能源领域的深度融合应用，积极推动能源产业数字化智能化转型，推动源网荷储多能互补、协调运行。

第七，高质量推进能源绿色国际、跨区合作。内蒙古自治区要深化绿色"一带一路"能源国际合作，在风电、光伏、智能电网等方面，深化与"一带一路"共建国家和地区合作。要发挥内蒙古自治区新能源产业优势，巩固和拓展与欧盟国家绿色发展战略对接，建成一批绿色能源合作项目。要充分利用跨区合作机制，加强与周边区域在高效新能源发电、氢能、储能、碳捕集利用与封存等领域的技术合作。

第六章

以建设国家农畜产品生产基地
为重点，切实保障国家粮食安全

党的十八大以来，以习近平同志为核心的党中央高度重视国家粮食安全，始终把解决好十几亿人口的吃饭问题作为治国理政的头等大事，加快推进农业农村现代化，实施国家粮食安全战略，坚持藏粮于地、藏粮于技，实施最严格的耕地保护制度，推动种业科技自立自强、种源自主可控，不断提高我国粮食综合生产能力，谷物总产量稳居世界首位，14亿多人的粮食安全得到有效保障。建设国家重要农畜产品生产基地，是习近平总书记交给内蒙古自治区的"五大任务"之一，也是保障国家粮食安全，加快把内蒙古自治区建设成为农牧业强区，促进农牧民增收致富的战略举措。

第一节　悠悠万事，吃饭为大

"粮食安全是'国之大者'。悠悠万事，吃饭为大。民以食为天。"[1]

---

[1] 《习近平谈粮食安全：悠悠万事，吃饭为大》，新华网，http://www.xinhuanet.com/politics/2022lh/2022-03/07/c_1128444248.htm.

"粮食安全是国家安全的重要基础。"[1] 习近平总书记在党的十九届五中全会第二次全体会议上指出："保障粮食等重要农产品供给安全，是'三农'工作头等大事。在粮食安全问题上千万不可掉以轻心。要确保谷物基本自给、口粮绝对安全，确保中国人的饭碗牢牢端在自己手中。"[2] 在看望参加政协会议的农业界社会福利和社会保障界委员时，习近平总书记强调："把提高农业综合生产能力放在更加突出的位置，在推动社会保障事业高质量发展上持续用力。"[3]

一、粮食安全是"国之大者"

"粮食安全是事关人类生存的根本性问题。半个世纪前，杂交水稻在中国率先成功研发并大面积推广，助力中国用不足全球9%的耕地解决了世界近1/5人口吃饭的问题，使中国成为世界第一大粮食生产国和第三大粮食出口国。自1979年起，杂交水稻远播五大洲近70国，为各国粮食增产和农业发展作出了突出贡献，为解决发展中国家粮食短缺问题提供了中国方案。"[4] "经过艰苦努力，我国以占世界9%的耕地、6%的淡水资源，养育了世界近1/5的人口，从当年4亿人吃不饱到今天14

---

① 《保持战略定力增强发展自信 坚持变中求新变中求进变中突破》，《人民日报》2015年7月19日。

② 《粮食安全是"国之大者"》，央广网，https://news.cnr.cn/native/gd/sz/20240105/t20240105_526548914.shtml。

③ 《提高农业综合生产能力 推动社会保障事业高质量发展——习近平总书记在政协农业界、社会福利和社会保障界委员联组会上的重要讲话振奋人心》，新华网，http://www.xinhuanet.com/politics/ leaders/2022-03/07/c_1128444264.htm。

④ 《习近平向"杂交水稻援外与世界粮食安全"国际论坛发表书面致辞》，中华人民共和国农业农村部网站，http://www.moa.gov.cn/gbzwfwqjd/xxdt/202211/t20221112_6415310.htm。

亿多人吃得好，有力回答了'谁来养活中国'的问题。这就是自力更生，我们自己养活自己。这一成绩来之不易，要继续巩固拓展。"[1]

"'洪范八政，食为政首。'我国是人口众多的大国，解决好吃饭问题，始终是治国理政的头等大事。虽然我国粮食生产连年丰收，但这就是一个紧平衡，而且紧平衡很可能是我国粮食安全的长期态势。我国耕地就那么多，潜力就那么大，在粮食问题上不可能长期出现高枕无忧的局面。因此，任何时候都不能放松粮食生产和对农业的支持。恰恰相反，我们要不断加大对农业的支持力度。"[2]"无农不稳，无粮则乱。这一幕在古今中外反复上演。历史上，齐国诱导鲁国弃粮种桑，关键时候断粮降服鲁国；越王勾践把种子煮熟贡给吴国，趁其粮食绝收一举灭吴。"[3]"我国有14亿多人口，农业基础地位在任何时候都不能忽视与削弱，粮食安全容不得丝毫麻痹大意，只有立足粮食基本自给，才能为国家经济社会发展奠定坚实基础。"[4]"农业强，首要是粮食和重要农产品供给保障能力必须强。"[5]

习近平总书记强调，"无论社会现代化程度有多高，十四亿多人口的粮食和重要农产品稳定供给始终是头等大事""提升粮食产能仍然是首要任务""要实施新一轮千亿斤粮食产能提升行动，抓紧制定实施方案，把任务落实下去""只有把牢粮食安全主动权，才能把稳强国复兴

---

① 中共中央党史和文献研究院编：《习近平关于国家粮食安全论述摘编》，中央文献出版社2023年版，第16页。

② 习近平：《论"三农"工作》，中央文献出版社2022年版，第54页。

③ 中共中央党史和文献研究院编：《习近平关于国家粮食安全论述摘编》，中央文献出版社2023年版，第19页。

④ 《始终绷紧粮食安全这根弦》，央广网，https://news.cnr.cn/dj/ 20220312/t20220312_525762774.shtml.

⑤ 习近平：《加快建设农业强国　推进农业农村现代化》，《求是》2023年第6期。

主动权"。① "怎么保障国家粮食安全？过去我们强调保全部、保所有品种，这是当时历史条件下的唯一选择，而我们基本也做到了。现在，国内粮食需求增长很快，粮食安全要靠自己保全部，地不够，水不够，生态环境也承载不了。在这种情况下，就要进一步明确粮食安全的工作重点，合理配置资源，集中力量首先把最基本最重要的保住，确保谷物基本自给、口粮绝对安全。全党必须明确，保谷物、保口粮，绝不能以为可以放松粮食生产了，仍然要坚持一刻也不放松，因为实现有质量的这'两保'并不是一件容易的事。"②

"改革开放40多年来，我国粮食生产取得了举世瞩目的成就，实现了从'吃不饱'到'吃得饱'再到'吃得好''吃得健康'的历史性转变。"③中国粮食生产已经呈现出从单纯的数量增长过渡到了数量和质量"双提高"的发展阶段。尽管如此，端牢中国人的饭碗始终是国家重大战略问题。"进入新时代，党中央坚持高度重视'三农'工作的传统，在新中国成立以来特别是改革开放以来工作的基础上，通过开展脱贫攻坚、实施乡村振兴战略等，用有限资源稳定解决十四亿多人口的吃饭问题，全体农民摆脱绝对贫困、同步进入全面小康，'三农'工作成就巨大、举世公认。"④

我们保障粮食安全，关键是要保粮食生产能力，确保需要时产得出、供得上。这就需要各级党委政府一以贯之坚持以我为主、立足国

① 习近平：《加快建设农业强国　推进农业农村现代化》，《求是》2023年第6期。

② 习近平：《论"三农"工作》，中央文献出版社2022年版，第75页。

③ 《始终绷紧粮食安全这根弦》，央广网，https://news.cnr.cn/dj/ 20220312/ t20220312_525762774.shtml.

④ 习近平：《加快建设农业强国　推进农业农村现代化》，《求是》2023年第6期。

内、确保产能、适度进口、科技支撑的国家粮食安全战略；要创新粮食生产经营模式，将"藏粮于地、藏粮于技"真正落实到位，优化生产技术措施，落实各项扶持政策，保护农民种粮积极性，着力提高粮食生产效益。为此，需要各方面共同努力，才能装满"米袋子"、充实"菜篮子"，充分满足人民群众对美好生活的最基本需要。[1]

二、手中有粮，心中不慌

"谁来养活中国？中国要靠自力更生，自己养活自己！"[2] "经济形势越复杂，越要稳住'三农'。'五谷者，万民之命，国之重宝。'对我们这样一个有近十四亿人口的大国，手中有粮，心中不慌，任何时候都是真理。"[3] 习近平总书记强调："我们的饭碗应该主要装中国粮。立足国内基本解决我国人民吃饭问题，是由我们的基本国情决定的，也是我们一以贯之的大政方针。一个国家只有立足粮食基本自给，才能掌握粮食安全主动权，进而才能掌控经济社会发展这个大局。靠别人解决吃饭问题是靠不住的。如果口粮依赖进口，我们就会被别人牵着鼻子走。"[4] "要未雨绸缪，始终绷紧粮食安全这根弦，始终坚持以我为主、立足国内、确保产能、适度进口、科技支撑。要全面落实粮食安全党政同责，严格粮食安全责任制考核，主产区、主销区、产销平衡区要饭碗一起端、责任一起扛。要优化布局，稳口粮、稳玉米、扩大豆、扩油料，保

---

① 《始终绷紧粮食安全这根弦》，央广网，https://news.cnr.cn/dj/ 20220312/ t20220312_525762774.shtml.

② 《习近平为何再答"谁来养活中国"？》，中国新闻网，https://www. chinanews.com.cn/gn/2022/03-07/9694775.shtml.

③ 习近平：《论"三农"工作》，中央文献出版社2022年版，第283页。

④ 习近平：《论"三农"工作》，中央文献出版社2022年版，第74页。

证粮食年产量保持在一万三千亿斤以上，确保中国人的饭碗主要装中国粮。要保护农民种粮积极性，发展适度规模经营，让农民能获利、多得利。"[1]"要加快农业供给侧结构性改革，打造高质量供给体系，更好满足人民群众对优质多样化农产品的需求，带动农民增收和乡村振兴。要压实'米袋子'省长负责制、'菜篮子'市长负责制，加快恢复生猪生产，加强非洲猪瘟等动物疫病防控，做到保供稳价，务必尽早见效。要加大科技兴农力度，打通科技成果下乡'最后一公里'。要提高农产品质量安全水平，打造优质品牌。"[2]

"面对全球粮食危机，我国粮食生产实现'十九连丰'，中国人的饭碗端得更牢了。"[3]"谷物总产量稳居世界首位，十四亿多人的粮食安全、能源安全得到有效保障。"[4]习近平总书记语重心长地说："我反复强调，粮食多一点少一点是战术问题，粮食安全则是战略问题。"[5]"我国之所以能够实现社会稳定、人心安定，一个很重要的原因就是我们手中有粮、心中不慌。"[6]"要牢牢把握粮食安全主动权，粮食安全的弦要始终绷得很紧很紧，粮食生产必须年年抓紧。"[7]"把稳面积摆在首位。稳定

① 习近平：《论"三农"工作》，中央文献出版社2022年版，第331页。

② 中共中央党史和文献研究院编：《习近平关于国家粮食安全论述摘编》，中央文献出版社2023年版，第85页。

③ 《国家主席习近平发表二〇二三年新年贺词》，中华人民共和国中央人民政府网站，https://www.gov.cn/xinwen/2022-12/31/content_5734452.htm.

④ 习近平：《高举中国特色社会主义伟大旗帜　为全面建设社会主义现代化国家而团结奋斗——在中国共产党第二十次全国代表大会上的报告》，人民出版社2022年版，第8页。

⑤ 习近平：《论"三农"工作》，中央文献出版社2022年版，第7页。

⑥ 《习近平总书记两会"下团组"（两会现场观察）》，人民网，http://lianghui.people.com.cn/2022cppcc/n1/2022/0307/c441811-32367832.html.

⑦ 《人民日报评论员：牢牢把住粮食安全主动权——论学习贯彻中央农村工作会议精神》，中华人民共和国中央人民政府网站，https://www.gov.cn/xinwen/2021-01/01/content_5576165.htm.

产量首先要稳住面积。""必须坚持'党政要同责、各地都有责'，主产区、主销区、产销平衡区都要严格落实粮食生产责任制，扛牢保面积、保产量的政治责任。"[1] 习近平总书记指出："保障粮食安全，关键是要保粮食生产能力，确保需要时能产得出、供得上。"[2] "保障粮食安全，要加快转变农业发展方式，推进农业现代化，既要实现眼前的粮食产量稳定，又要形成新的竞争力，注重可持续性，增强政策精准性。"[3] "要在确保国家粮食安全基础上，着力优化产业产品结构。"[4] "发挥自身优势，抓住粮食这个核心竞争力，延伸粮食产业链、提升价值链、打造供应链，不断提高农业质量效益和竞争力，实现粮食安全和现代高效农业相统一。"[5]

怎样实现农民增收和粮食增产同步发展？这是要重点考虑的问题。农民愿不愿意种粮、愿意种多少粮，关键看种粮能给农民带来多少收益。农民种粮能挣钱，粮食生产才有保障。保障14亿多人的粮食安全，必须回答好谁来种地的问题。习近平总书记在给安徽省太和县种粮大户徐淙祥的回信中指出："这些年，党中央出台了一系列支持粮食生产的政策举措，就是要让中国人的饭碗牢牢端在自己手中，就是要让种粮农民有钱挣、得实惠，日子越过越好。"[6] 在《加快建设农业强国　推进农业

———————————

① 《新华时评：落实党政同责　端牢中国饭碗》，中华人民共和国中央人民政府网站，https://www.gov.cn/xinwen/2022-04/01/content_5683009.htm.

② 《"要实打实地调整结构"（总书记牵挂的粮食安全）》，人民网，http://sn.people.com.cn/n2/2022/0220/c378287-35141636.html.

③ 中共中央党史和文献研究院编：《习近平关于"三农"工作论述摘编》，中央文献出版社2019年版，第84页。

④ 《习近平对"三农"工作作出重要指示》，《人民日报》2016年12月21日。

⑤ 中共中央党史和文献研究院编：《习近平关于"三农"工作论述摘编》，中央文献出版社2019年版，第101页。

⑥ 《带动广大小农户多种粮种好粮　一起为国家粮食安全贡献力量》，《人民日报》2022年6月29日。

农村现代化》的重要讲话中，习近平总书记提出三个方面要求："一是健全种粮农民收益保障机制，完善价格、补贴、保险'三位一体'的政策体系，完善农资保供稳价应对机制，稳定农民预期、降低生产风险。二是创新粮食生产经营方式，延伸产业链条，实现节本增效。三是出实招健全主产区利益补偿机制，探索产销区多渠道利益补偿办法"，"既不能让种粮农民在经济上吃亏，也不能让种粮大县在财政上吃亏。"①

"保障粮食安全，要在增产和减损两端同时发力。"②"制止餐饮浪费是一项长期任务，要坚持不懈抓下去，推动建设节约型社会。"③习近平总书记高度重视节约粮食，多次作出重要指示批示，强调要制止餐饮浪费行为，推动建设节约型社会，并以身作则在全社会倡导"厉行节约、反对浪费"的新风尚。保障14亿多人的粮食安全，既要调动农民的种粮积极性，也要让节约粮食在全社会蔚然成风。④在《加快建设农业强国　推进农业农村现代化》的重要讲话中，习近平总书记算了一笔账："据有关机构估算，每年损失浪费的食物超过22.7%，约9200亿斤，若能挽回一半的损失，就够1.9亿人吃一年。""消费环节大有文章可做，不仅要制止'舌尖上的浪费'，深入开展'光盘行动'，还要提倡健康饮食。我国居民食用油和'红肉'人均消费量，分别超过膳食指南推荐标准约1倍和2倍。食物节约减损既可有效减轻供给压力，也可减少资

---

① 习近平：《加快建设农业强国　推进农业农村现代化》，《求是》2023年第6期。

② 习近平：《加快建设农业强国　推进农业农村现代化》，《求是》2023年第6期。

③ 《代表委员热议保障粮食安全　饭碗一起端　责任一起扛》，《人民日报》2022年3月9日。

④ 参见《牢牢把住粮食安全主动权——以习近平同志为核心的党中央带领人民干好这件头等大事》，中华人民共和国中央人民政府网站，https://www.gov.cn/xinwen/2022-09/22/content_5711153.htm。

源使用，善莫大焉。"① 对此，习近平总书记明确要求："要树立节约减损就是增产的理念，推进全链条节约减损，健全常态化、长效化工作机制，每个环节都要有具体抓手，越是损失浪费严重的环节越要抓得实；要持续深化食物节约各项行动，强化刚性约束，加大工作力度，尽快取得更大成效。"②

三、藏粮于地、藏粮于技

"保障粮食安全，关键在于落实藏粮于地、藏粮于技战略，要害是种子和耕地。"③ 在《加快建设农业强国 推进农业农村现代化》的重要讲话中，习近平总书记紧紧围绕贯彻落实党的二十大部署，贯通历史和现实、国际和国内，就提升粮食产能、确保粮食安全提出明确要求："必须全方位夯实粮食安全根基，既要抓物质基础，强化藏粮于地、藏粮于技，也要抓机制保障，做到产能提升、结构优化、韧性增强、收益保障、责任压实。"④ "尽管当前我国粮食供给总量充裕，有些品种甚至供过于求，但粮食生产能力基础并不稳固，要推动藏粮于地、藏粮于技落实落地，合理调整'粮经饲'结构，确保粮食市场供应不出问题。"⑤

"解决好十几亿人口的吃饭问题，始终是我们党治国理政的头等大事。要以构建现代农业产业体系、生产体系、经营体系为抓手，加强农

---

① 习近平：《加快建设农业强国 推进农业农村现代化》，《求是》2023年第6期。

② 习近平：《加快建设农业强国 推进农业农村现代化》，《求是》2023年第6期。

③ 习近平：《论"三农"工作》，中央文献出版社2022年版，第305页。

④ 习近平：《加快建设农业强国 推进农业农村现代化》，《求是》2023年第6期。

⑤ 习近平：《论"三农"工作》，中央文献出版社2022年版，第283页。

田水利等农业基础设施建设，严格落实耕地保护制度，加强农业科技创新和推广，夯实粮食安全基础，延伸农业产业链，着力发展高附加值、高品质农产品，提高农业综合素质、效益、竞争力。"①"全方位夯实粮食安全根基，全面落实粮食安全党政同责，牢牢守住十八亿亩耕地红线，逐步把永久基本农田全部建成高标准农田，深入实施种业振兴行动，强化农业科技和装备支撑，健全种粮农民收益保障机制和主产区利益补偿机制，确保中国人的饭碗牢牢端在自己手中。"②"提产能关键还是抓耕地和种子两个要害。"③习近平总书记指出："耕地是我国最为宝贵的资源，我国人多地少的基本国情，决定了我们必须把关系十几亿人吃饭大事的耕地保护好，绝不能有闪失。要实行最严格的耕地保护制度，依法依规做好耕地占补平衡，规范有序推进农村土地流转，像保护大熊猫一样保护耕地。"④藏粮于地，本质上就是"切实加强耕地保护，全力提升耕地质量"⑤。习近平总书记围绕藏粮于地，深刻论述了夯实粮食安全物质基础的一系列重大问题，如"要坚决守住18亿亩耕地红线，坚决遏制'非农化'、有效防止'非粮化'""坚持良田粮用大原则，良田好土要优先保粮食""要统筹考虑粮食生产和重要农产品保障、农民增收的关系，留出一定过渡期，加强政策引导""要逐步把永久基本农田全部建成高标准农田""要选准突破口，持续发力、协同攻关，把种业振兴

---

① 习近平：《论"三农"工作》，中央文献出版社2022年版，第127页。

② 中共中央党史和文献研究院编：《习近平关于国家粮食安全论述摘编》，中央文献出版社2023年版，第17页。

③ 习近平：《加快建设农业强国　推进农业农村现代化》，《求是》2023年第6期。

④ 习近平：《论"三农"工作》，中央文献出版社2022年版，第160页。

⑤ 《切实加强耕地保护　全力提升耕地质量稳步拓展农业生产空间》，《人民日报》2023年7月21日。

行动切实抓出成效，把当家品种牢牢攥在自己手里"。①

"古人说'民非谷不食，谷非地不生。'耕地是粮食生产的命根子，是中华民族永续发展的根基。农田就是农田，只能用来发展种植业特别是粮食生产，要落实最严格的耕地保护制度，加强用途管制，规范占补平衡，强化土地流转用途监管，推进撂荒地利用，坚决遏制耕地'非农化'、基本农田'非粮化'。农田必须是良田，要建设国家粮食安全产业带，加强农田水利建设，实施黑土地保护工程，分类改造盐碱地，努力建成10亿亩高标准农田。要采取'长牙齿'的硬措施，全面压实各级地方党委和政府耕地保护责任，中央要和各地签订耕地保护'军令状'，严格考核、终身追责，确保18亿亩耕地实至名归。"②

对于耕地问题，习近平总书记一直高度重视、反复强调："我国人多地少的基本国情，决定了我们必须把关系十几亿人吃饭大事的耕地保护好，绝不能有闪失。"③"耕地红线一定要守住，千万不能突破，也不能变通突破。"④此外，他还强调"要处理好工业化、城镇化和农业现代化的关系"⑤"坚决防止耕地占补平衡中出现的补充数量不到位、补充质量不到位问题，坚决防止占多补少、占优补劣、占水田补旱地的现象"⑥。习近平总书记在主持召开中央财经委员会第二次会议，研究加强耕地保护等问题时指出，保耕地，不仅要保数量，还要提质量。建设高标准农田是一个重要抓手，要坚定不移抓下去，提高建设标准和质量，真正实

---

①　习近平：《加快建设农业强国　推进农业农村现代化》，《求是》2020年第6期。

②　习近平：《论"三农"工作》，中央文献出版社2022年版，第331—332页。

③　习近平：《论"三农"工作》，中央文献出版社2022年版，第160页。

④　习近平：《论"三农"工作》，中央文献出版社2022年版，第60页。

⑤　习近平：《论"三农"工作》，中央文献出版社2022年版，第61页。

⑥　习近平：《论"三农"工作》，中央文献出版社2022年版，第160页。

现旱涝保收、高产稳产。①

藏粮于技，本质上就是加强农业与科技融合，用最好的技术种出最好的粮食。②围绕藏粮于技，习近平总书记深入分析了强化粮食安全科技支撑的一系列重大问题："农业的出路在现代化，农业现代化的关键在科技进步和创新。"③"农业科技创新要着力提升创新体系整体效能，解决好各自为战、低水平重复、转化率不高等突出问题。要以农业关键核心技术攻关为引领，以产业急需为导向，聚焦底盘技术、核心种源、关键农机装备、合成药物、耕地质量、农业节水等领域，发挥新型举国体制优势，整合各级各类优势科研资源，强化企业科技创新主体地位，构建梯次分明、分工协作、适度竞争的农业科技创新体系。要打造国家农业科技战略力量，支持农业领域重大创新平台建设。农业科技创新周期相对较长，要舍得下力气、增投入，给予长期稳定的支持。"④"以国家战略需求为导向，集聚力量进行原创性引领性科技攻关，坚决打赢关键核心技术攻坚战。"⑤"建设农业强国，利器在科技"，"解决吃饭问题，根本出路在科技"，⑥"耕地就那么多，稳产增产根本出路在科技。以生物技术和信息技术为特征的新一轮农业科技革命正在孕育大的突破，各国都在抢占制高点。作为一个农业大国，我们绝不能落后。要坚持农业

① 参见习近平：《坚持把解决好"三农"问题作为全党工作重中之重 举全党全社会之力推动乡村振兴》，《求是》2022年第7期。
② 参见《习近平关于藏粮于地、藏粮于技的战略思考》，中共中央党史和文献研究院网站，https://www.dswxyjy.org.cn/n1/2023/1031/c427167-40107309.html.
③ 习近平：《论"三农"工作》，中央文献出版社2022年版，第41页。
④ 习近平：《加快建设农业强国 推进农业农村现代化》，《求是》2023年第6期。
⑤ 《中国共产党第二十次全国代表大会文件汇编》，人民出版社2022年版，第29—30页。
⑥ 习近平：《论"三农"工作》，中央文献出版社2022年版，第332—333页。

科技自立自强，加快推进农业关键核心技术攻关。"① 这些重要论述，深刻阐明了藏粮于技的重要性和必要性。"要搞大农业，走农业科技化工业化道路，还要考虑碎片化的一家一户的农业，两方面都要考虑。既要搞设施农业，也要考虑个体农户，因地制宜。总之，水资源、能源、农业都要靠科技。"② 习近平总书记在山东省农业科学院考察时提出，"要给农业插上科技的翅膀，按照增产增效并重、良种良法配套、农机农艺结合、生产生态协调的原则，促进农业技术集成化、劳动过程机械化、生产经营信息化、安全环保法治化，加快构建适应高产、优质、高效、生态、安全农业发展要求的技术体系"③ "农业增长必须更多依靠技术进步、走内涵式发展道路"④。他在河南考察时再次指出："粮食生产根本在耕地，命脉在水利，出路在科技，动力在政策，这些关键点要一个一个抓落实、抓到位，努力在高基点上实现粮食生产新突破。"⑤

必须深入实施藏粮于技战略，"要下决心把民族种业搞上去，抓紧培育具有自主知识产权的优良品种，从源头上保障国家粮食安全"⑥。"种源安全关系到国家安全，必须下决心把我国种业搞上去，实现种业科技自立自强、种源自主可控。"⑦ 习近平总书记敏锐地指出，保障国家粮

---

① 习近平：《论"三农"工作》，中央文献出版社2022年版，第8—9页。
② 中共中央文献研究室编：《习近平关于科技创新论述摘编》，中央文献出版社2016年版，第92页。
③ 习近平：《论"三农"工作》，中央文献出版社2022年版，第42页。
④ 习近平：《论"三农"工作》，中央文献出版社2022年版，第41页。
⑤ 中共中央党史和文献研究院编：《习近平关于国家粮食安全论述摘编》，中央文献出版社2023年版，第30页。
⑥ 习近平：《论"三农"工作》，中央文献出版社2022年版，第77页。
⑦ 中共中央党史和文献研究院编：《习近平关于国家粮食安全论述摘编》，中央文献出版社2023年版，第50页。

食安全，"要害是种子和耕地"①。"这设备那设备，这条件那条件，没有良种难以实现农业现代化！"②

习近平总书记对我国种业现状及其与世界先进水平的差距进行了辩证分析："我国农业科技进步有目共睹，但也存在短板，其中最大的短板就是种子。"③经过长期持续努力，"我国种业有很大进步，水稻和小麦品种可做到自给，但总体形势依然严峻。种业企业综合竞争力不强，国产种业研发能力同国外差距较大，部分种子大量依赖国外进口，一旦国外种子断供，我国部分农产品可能面临无优质种子可用、种质退化、影响供给安全等难题"④。

"要发挥我国制度优势，科学调配优势资源，推进种业领域国家重大创新平台建设，加强基础性前沿性研究，加强种质资源收集、保护和开发利用，加快生物育种产业化步伐。要深化农业科技体制改革，强化企业创新主体地位，健全品种审定和知识产权保护制度，以创新链建设为抓手推动我国种业高质量发展。"⑤

习近平总书记以高度的使命感责任感，旗帜鲜明地提出："中国人的饭碗要牢牢端在自己手中，就必须把种子牢牢攥在自己手里。"⑥"要下决心把民族种业搞上去，抓紧培育具有自主知识产权的优良品种，从源头上保障国家粮食安全。"⑦他强调指出，"农业现代化，种子是基础，必须把民族种业搞上去，把种源安全提升到国家安全的战略高度，集中力

---

① 中共中央党史和文献研究院编：《习近平关于国家粮食安全论述摘编》，中央文献出版社2023年版，第48页。

② 习近平：《论"三农"工作》，中央文献出版社2022年版，第8—9页。

③ 习近平：《论"三农"工作》，中央文献出版社2022年版，第332—333页。

④ 习近平：《论"三农"工作》，中央文献出版社2022年版，第305页。

⑤ 习近平：《论"三农"工作》，中央文献出版社2022年版，第332—333页。

⑥ 习近平：《论"三农"工作》，中央文献出版社2022年版，第131页。

⑦ 习近平：《论"三农"工作》，中央文献出版社2022年版，第77页。

量破难题、补短板、强优势、控风险，实现种业科技自立自强、种源自主可控"①"靠中国种子来保障中国粮食安全"②。"要对育种基础性研究以及重点育种项目给予长期稳定支持，开展种源'卡脖子'技术攻关，立志打一场种业翻身仗。"③习近平总书记提出，"生物育种是大方向，要加快产业化步伐"④，他号召"要拿出攻破'卡脖子'技术的干劲，明确方向和目标，加快实施农业生物育种重大科技项目，早日实现重要农产品的种源自主可控"⑤。他既高度重视生物育种科技创新，同时又极为关注防范化解生物安全风险，指出"要尊重科学、严格监管，有序推进生物育种产业化应用"⑥"要在严格监管、风险可控前提下，加快推进生物育种研发应用"⑦。

四、树立大农业观、大食物观

习近平总书记在中央农村工作会议上对"三农"工作作出重要指示，强调要树立大农业观、大食物观，农林牧渔并举，构建多元化食物供给体系⑧。他指出："现在讲粮食安全，实际上是食物安全。老百姓的食物需求更加多样化了，这就要求我们转变观念，树立大农业观、大食物观，向耕地草原森林海洋、向植物动物微生物要热量、要蛋白，全方

---

① 习近平：《论"三农"工作》，中央文献出版社2022年版，第130页。
② 习近平：《论"三农"工作》，中央文献出版社2022年版，第129页。
③ 习近平：《论"三农"工作》，中央文献出版社2022年版，第305页。
④ 习近平：《加快建设农业强国　推进农业农村现代化》，《求是》2023年第6期。
⑤ 习近平：《论"三农"工作》，中央文献出版社2022年版，第8—9页。
⑥ 习近平：《论"三农"工作》，中央文献出版社2022年版，第8—9页。
⑦ 习近平：《论"三农"工作》，中央文献出版社2022年版，第305页。
⑧ 参见《中央农村工作会议在京召开》，《人民日报》2023年12月21日。

位多途径开发食物资源。"① "大农业是朝着多功能、开放式、综合性方向发展的立体农业。它区别于传统的、主要集中在耕地经营的、单一的、平面的小农业。"② 早在福建工作时，习近平同志就在《摆脱贫困》一书中提出："现在讲的粮食即食物，大粮食观念替代了以粮为纲的旧观念。"③ 此外，习近平总书记多次强调要树立大食物观："在确保粮食供给的同时，保障肉类、蔬菜、水果、水产品等各类食物有效供给，缺了哪样也不行。"④ 对此，他强调："解决吃饭问题不能光盯着有限的耕地，要树立大食物观。要从更好满足人民美好生活需要出发，掌握人民群众食物结构变化趋势，在确保粮食供给的同时，保障肉类、蔬菜、水果、水产品等各类食物有效供给，缺了哪样也不行。要在保护好生态环境的前提下，从耕地资源向整个国土资源拓展，宜粮则粮、宜经则经、宜牧则牧、宜渔则渔、宜林则林，形成同市场需求相适应、同资源环境承载力相匹配的现代农业生产结构和区域布局。要向森林要食物，发展木本粮油、森林食品。要向草原要食物，推动草原畜牧业集约化发展。要向江河湖海要食物，稳定水产养殖，积极发展远洋渔业，提高渔业发展质量。要向设施农业要食物，探索发展智慧农业、植物工厂、垂直农场，有效缓解我国农业自然资源约束。同时，要从传统农作物和畜禽资源向更丰富的生物资源拓展，发展生物科技、生物产业，向植物动物微生物要热量、要蛋白。总之，要积极推进农业供给侧结构性改革，全方位、多途径开发食物资源，开发丰富多样的食物品种，实现各类食物供求平

---

① 习近平：《论"三农"工作》，中央文献出版社2022年版，第248—249页。

② 习近平：《摆脱贫困》，福建人民出版社1992年版，第132页。

③ 习近平：《摆脱贫困》，福建人民出版社1992年版，第132页。

④ 中共中央党史和文献研究院编：《习近平关于国家粮食安全论述摘编》，中央文献出版社2023年版，第87页。

衡，更好满足人民群众日益多元化的食物消费需求。"①

习近平总书记在黑龙江省哈尔滨市主持召开新时代推动东北全面振兴座谈会并发表重要讲话时指出："践行大食物观，合理开发利用东北各类资源，积极发展现代生态养殖，形成粮经饲统筹、农林牧渔多业并举的产业体系，把农业建成大产业。"②在湖南考察时，习近平总书记强调要"坚持大农业观、大食物观，积极发展特色农业和农产品加工业，提升农业产业化水平"③。在广东考察时，他指出："中国是一个有着14亿多人口的大国，解决好吃饭问题、保障粮食安全，要树立大食物观，既向陆地要食物，也向海洋要食物，耕海牧渔，建设海上牧场、'蓝色粮仓'。"④

习近平总书记指出："现在，城乡居民食物消费结构在不断升级，今后农产品保供，既要保数量，也要保多样、保质量。要深入推进农业供给侧结构性改革，推动品种培优、品质提升、品牌打造和标准化生产。要继续抓好生猪生产恢复，促进产业稳定发展。像大豆、棉花、玉米、小麦等一些大宗农产品生产，要抓紧研究部署，该扩大产量的要果断下决心，不能让人家拿住我们！这是涉及国家安全的大事！"⑤"'吃饭'不仅仅是消费粮食，肉蛋奶、果菜鱼、菌菇笋等样样都是美食。耕地以外，我国还有40多亿亩林地、近40亿亩草地和大量的江河湖海等资源。要构建多元化食物供给体系，在保护好生态环境前提下，从耕地资源向整个国土资源拓展，从传统农作物和畜禽资源向更丰富的生物资

① 习近平：《论"三农"工作》，中央文献出版社2022年版，第333页。
② 《牢牢把握东北的重要使命　奋力谱写东北全面振兴新篇章》，《人民日报》2023年9月10日。
③ 《坚持改革创新求真务实　奋力谱写中国式现代化湖南新篇章》，《人民日报》2024年3月22日。
④ 《坚定不移全面深化改革扩大高水平对外开放　在推进中国式现代化建设中走在前列》，《人民日报》2023年4月14日。
⑤ 习近平：《论"三农"工作》，中央文献出版社2022年版，第10页。

源拓展，向森林、草原、江河湖海要食物，向植物动物微生物要热量、要蛋白，多途径开发食物来源。设施农业大有可为，要发展日光温室、植物工厂和集约化畜禽养殖，推进陆基和深远海养殖渔场建设，拓宽农业生产空间领域。"①

只有牢固树立大食物观，才能更好满足人民美好生活需要。随着经济发展和生活水平提高，人们不仅追求吃得饱，还要追求吃得好、吃得健康。因此，要掌握人民群众食物结构变化趋势，形成同市场需求相适应、同资源环境承载力相匹配的现代农业生产结构和区域布局；要积极推进农业供给侧结构性改革，全方位、多途径开发食物资源，开发丰富多样的食物品种，实现各类食物供求平衡，更好满足人民群众日益多元化的食物消费需求。

在《加快建设农业强国　推进农业农村现代化》这篇重要文章中，习近平总书记就树立大食物观提出两个方面要求：一要构建多元化食物供给体系，在保护好生态环境前提下，从耕地资源向整个国土资源拓展，从传统农作物和畜禽资源向更丰富的生物资源拓展，向森林、草原、江河湖海要食物，向植物动物微生物要热量、要蛋白，多途径开发食物来源。二要发展日光温室、植物工厂和集约化畜禽养殖，推进陆基和深远海养殖渔场建设，拓宽农业生产空间领域。在保障粮食安全的同时，必须保证其他重要农产品稳定安全供给。

第二节　内蒙古自治区成为国家粮食安全"压舱石"

端牢"中国饭碗"，是内蒙古自治区实力的体现，更凸显了内蒙古

_____

① 习近平：《加快建设农业强国　推进农业农村现代化》，《求是》2023年第6期。

自治区的担当。内蒙古自治区是我国13个粮食主产区和8个粮食规模调出省区之一，是产粮大省。作为全国5个耕地面积过亿亩的省份之一，每年有一半以上的粮食调往区外、供应全国。① 据国家统计局发布数据显示，截至2023年，内蒙古自治区粮食产量连续6年保持在700亿斤以上，2023年粮食产量以791.6亿斤再创新高，粮食生产"二十连丰"，粮食总产量稳居全国第六位，交出了一份保障国家粮食安全的亮眼成绩单。农业稳，天下安。内蒙古自治区全力推进国家重要农畜产品生产基地建设，坚决扛稳粮食安全责任，全力以赴夺取粮食丰产丰收，当好国家粮食稳产保供"压舱石"。②

一、端牢"中国饭碗"，是内蒙古自治区的责任担当

2023年10月，《国务院关于推动内蒙古高质量发展奋力书写中国式现代化新篇章的意见》发布，其中提出"加快推进农牧业现代化，提升国家重要农畜产品生产基地综合生产能力"③，并进一步发布了针对性部署：

第一，加强农牧业基础设施建设。一是加快建设高标准农田，逐步将永久基本农田全部建成高标准农田。二是逐步扩大东北黑土地保护利用范围，加强黑土地侵蚀沟道治理，支持符合条件的地方开展盐碱地综合利用，加强现有盐碱耕地改造提升，推进河套等大中型灌区续建配套

---

① 参见《北疆粮仓底气足》，《新华每日电讯》2023年12月6日。

② 参见《内蒙古粮食生产即将迎来"二十连丰" 北疆粮仓的底气从哪里来》，《内蒙古日报》2023年12月6日。

③ 国务院办公厅：《国务院关于推动内蒙古高质量发展奋力书写中国式现代化新篇章的意见》，中华人民共和国中央人民政府网站，https://www.gov.cn/zhengce/zhengceku/202310/content_6909412.htm.

和现代化改造。三是提升天然草原生产能力和草种供给能力，加快发展设施农业和舍饲圈养，扩大粮改饲试点，建设羊草、苜蓿、燕麦等优质饲草基地。四是推进农牧业机械化、智能化，加快建设国家现代农业产业园、农村产业融合发展园区和农业产业强镇。

第二，大力发展生态农牧业。一是开展粮油等主要作物大面积单产提升行动，加大对产粮（油）大县奖励支持力度。实施优势特色品种培育和动植物保护工程，支持生物育种产业化应用试点，建设大豆、玉米、马铃薯制种大县，打造国家重要"粮仓"。二是支持甜菜生产，稳定甜菜糖产量。三是支持草原畜牧业转型升级项目建设，实施草畜平衡示范县试点。四是支持开展奶牛育种联合攻关，整县推进奶业生产能力提升，建设面向全国的乳业交易中心。五是稳步实施畜牧良种补贴政策，推进肉牛扩群提质和育肥场建设。六是推进农畜产品精深加工和绿色有机品牌打造。七是支持农业产业化国家重点龙头企业认定，推动农牧业龙头企业上市。八是高质量建设巴彦淖尔国家农业高新技术产业示范区和兴安盟现代畜牧业试验区。

第三，强化水资源保障能力。一是推进内蒙古水网骨干工程建设，稳步实施引绰济辽二期工程。二是推动农业节水增效、工业节水减排、城镇节水降损。三是推进煤矿绿色保水开采和矿井水综合利用，鼓励将矿井水因地制宜用于生态补水和农业灌溉。四是有序推进西辽河、鄂尔多斯台地地下水超采治理。五是加快黄河粗泥沙集中来源区拦沙工程建设进度。六是深化农业水价综合改革，加快完善供水计量体系，建立精准补贴和节水奖励机制。七是推进盟市间水权交易，依法依规开展用水权改革。

第四，深化农村牧区改革。一是健全土地、草牧场经营权流转服务体系，在推进新增耕地确权登记颁证的基础上，探索开展高效利用试点。二是按照国家部署，规范开展土地增减挂钩节余指标跨省域调剂，有序开展农村牧区集体经营性建设用地入市试点，稳妥盘活利用农村牧区存量建设用地。三是深入推进"空心村"治理。四是因地制宜开展优势特色农畜产品保险，对符合条件的农牧业保险给予适当补贴。

党的十八大以来，习近平总书记三次到内蒙古考察调研，五次参加全国人民代表大会内蒙古代表团审议。习近平总书记始终高度重视、十分关心内蒙古农牧业农村牧区发展，多次作出重要指示。2019年7月，习近平总书记在内蒙古考察期间，围绕推动高质量发展提出进一步要求，强调"推动农牧业高质量发展，促进城乡区域协调发展"[①]。2023年6月，习近平总书记到内蒙古考察，强调"要发挥好农牧业优势，从土地、科技、种源、水、草等方面入手，稳步优化农牧业区域布局和生产结构，推动农牧业转型发展，大力发展生态农牧业，抓好农畜产品精深加工和绿色有机品牌打造，促进一二三产业融合发展，推动农牧业高质量发展"[②]。内蒙古自治区党委、政府多次召开会议，强调要把粮食增产的重心放在大面积提高单产上，不断增强保障粮食安全能力。内蒙古自治区党委副书记、自治区主席王莉霞多次召开粮食安全工作专题会议，研究分析内蒙古粮食安全形势，安排部署维护粮食安全重点工作[③]，强调粮食安全是"国之大者"、是国家安全的重要基础。各地各有关部门要深入学习贯彻习近平总书记关于粮食生产的重要论述，深刻认识内蒙古

---

① 《牢记初心使命贯彻以人民为中心发展思想　把祖国北部边疆风景线打造得更加亮丽》，《人民日报》2019年7月17日。

② 《把握战略定位坚持绿色发展　奋力书写中国式现代化内蒙古新篇章》，《人民日报》2023年6月9日。

③ 参见王莉霞：《聚焦全过程多环节抓好粮食生产　从严从实履行维护国家粮食安全重大责任》，《内蒙古日报》2021年12月22日。

自治区在维护国家粮食安全大局中的职责使命，全面落实藏粮于地、藏粮于技战略，聚焦生产、储备、加工、流通、销售、监管全过程各环节抓好粮食生产，高质量推进农畜产品生产基地建设，守好责任田、扎牢粮袋子、织密防护网，为保障国家粮食安全作出新的更大贡献。

二、内蒙古自治区是国家重要的"粮仓、肉库、奶罐、绒都"

作为国家重要农畜产品生产基地，内蒙古自治区是国家的"粮仓、肉库、奶罐、绒都"。内蒙古自治区的使命就是努力往"中国碗"里多装粮、装好粮、装好肉、装好奶。作为畜牧业大省，内蒙古自治区的牛肉、羊肉、牛奶、羊绒产量都是全国第一。全国每10斤牛肉中，有1斤就产自内蒙古；每5斤羊肉中，有1斤就来自内蒙古；每6杯牛奶中，有1杯多就产自内蒙古，羊绒则是有一半来自内蒙古。[①]

世界羊绒看中国，中国羊绒看内蒙古。内蒙古自治区山羊绒总产量占全国的40%，羊绒制品占全国市场份额的60%以上。2022年，内蒙古自治区羊绒产业全产业链产值近150亿元。2023年，仅鄂尔多斯市的羊绒产量就达全国产量的24%，占全世界产量的14%。鄂尔多斯市生产羊绒制品达650万件，羊绒制品的生产能力在全国占比达50%，在全球占比达40%。"温暖全世界"的鄂尔多斯正在打造世界级羊绒产业，千亿级"世界绒都"呼之欲出。[②]2023年，仅鄂尔多斯市羊绒全产业链产

---

① 参见《"粮仓""肉库""奶罐""绒都"成内蒙古四张亮眼名片》，中国新闻网，https://www.chinanews.com.cn/cj/2022/08-22/9834012.shtml.

② 参见《为天下"储"为国家强——内蒙古能量满满为国家经济高质量发展注入澎湃动力》，内蒙古自治区人民政府网站，https://www.nmg.gov.cn/zwyw/jrgz/202312/t20231225_2431098.html.

值就达170亿元，同比增速达14.9%。

目前，内蒙古自治区正在推动建设奶业、肉羊、肉牛、马铃薯、羊绒等重点产业链，做强奶业、玉米2个千亿级和肉羊、肉牛、马铃薯、小麦等10个百亿级产业集群，以有效增加优质绿色农畜产品供给，让"内蒙古味道"香飘全国。[1] 目前，内蒙古自治区作为我国重要的绿色农畜产品生产基地，牛奶、羊肉、牛肉、绒毛、草业产量均居全国首位，已具备每年稳定向区外调出2000万吨粮食、500万吨牛奶、150万吨肉类的能力。

建设国家重要农畜产品生产基地，是习近平总书记交给内蒙古的五大任务之一，也是保障国家粮食安全、加快把我区建设成为农牧业强区，促进农牧民增收致富的战略举措。因此，内蒙古自治区人大常委会制定了《内蒙古自治区建设国家重要农畜产品生产基地促进条例》（以下简称《促进条例》），共9章79条，从农牧业基础设施、生产能力、产业融合发展体系、种业发展和科技装备体系、经营体系、绿色发展体系建设以及保障措施等方面作出规定。《促进条例》贯彻落实习近平总书记"14亿多人口的粮食和重要农产品稳定供给始终是头等大事"的重要指示精神，从扩大数量、增加产量上着手，规定了耕地保护、高标准农田建设、耕地地力提升、黑土地保护、草原保护、设施农业建设、水利基础设施建设、农畜产品仓储冷链物流建设等内容，力求通过坚持和完善相关制度，补齐基础设施短板。

在着力构建现代化农牧业发展新格局方面，《促进条例》聚焦农牧业生产由数量为主向数量质量并重转变、农牧业发展由传统向现代转变，规定了推动农牧业转型发展、优化农牧业产业布局、调整农牧业产

---

[1] 参见《内蒙古"畜牧王国"变身"粮仓""奶罐""肉库"》，新华网，http://www.news.cn/local/2022-04-27/c_1128602450.htm.

业结构、发展优势特色产业、推动标准化生产基地建设、推进产业融合发展等内容，通过推进全产业链建设，高质量构建产业融合发展体系，大力推进农牧业现代化转型。

《促进条例》聚焦构建品牌农牧业发展新格局，对建立健全品牌创建、运营管理和保护机制，打造地域特色明显、带动能力突出、产品特征鲜明的区域公用品牌、企业品牌、产业品牌，推动农畜产品地理标志运用促进工作，推进"蒙"字标认证，引导开发认证有机农畜产品、绿色食品，鼓励中小品牌抱团发展等作出了规定。

为促进农牧业节本增效、提质增效、营销增效，农牧民持续稳定增收，《促进条例》还对鼓励发展多种形式适度规模经营、培育重点龙头企业等内容作出了规定。

三、"蒙"字标成为具有鲜明内蒙古自治区特色的区域品牌

近年来，内蒙古自治区坚持农产品区域公用品牌辐射引领，统筹推进"质量兴农、绿色兴农、品牌强农"发展战略，在农业农村部农产品质量安全中心的指导支持下，多措并举，挖掘出具备地方特色或潜在优势的农畜产品，围绕全区畜禽、粮油、蔬菜、水果等特色产业，积极谋划培育出一批产业规模大、生产方式新、品牌特色浓、带动效益高的全国名特优新农产品，使之成为实施乡村振兴的新支撑、农业高质量发展的新亮点。截至2023年，内蒙古自治区已有600多个产品纳入全国名特优新农产品名录，总数位居全国第一。[①]

---

① 参见《内蒙古2023年名特优新农产品总数跃居全国第一》，内蒙古自治区农牧厅网站，https://nmt.nmg.gov.cn/zt/ljztfbsxnmyqqxpz/202309/t20230908_2376003.html.

　　党的十八大以来，内蒙古自治区坚决保障国家粮食安全，现代畜牧业加速转型，耕地和种子工作有力推进。草食牲畜存栏突破7000万头（只），打造形成奶业、玉米2个千亿级和肉羊、肉牛、马铃薯、葵花籽等10个百亿级产业集群；429个农畜产品列入全国"名特优新"农产品名录，总数全国排名第一；锡林郭勒羊肉、科尔沁牛、赤峰小米、兴安盟大米等11个特色农产品区域公用品牌和"草原民丰马铃薯""极北香稻大米"等6个企业产品品牌入选中国农业品牌目录；全区有地理标志农产品135个，全国排名前十，全区认证的绿色食品、有机农产品4226个；伊利、蒙牛两大乳企综合排名分列世界第五和第七、亚洲第一和第二。[①]

　　内蒙古自治区牛羊肉产量、奶产量以及"名特优新"农畜产品总数均居全国第一，"蒙字号"产品畅销全国。"乳香飘飘"的内蒙古，多项奶业指标持续领跑全国。内蒙古自治区也是国际公认的优质畜牧区，全国知名的"黄金奶源带""葡萄酒黄金带""马铃薯种薯黄金带""肉羊产业带""玉米黄金带"等各具特色的优势产业带横贯东西。"中国乳都"呼和浩特市，2023年又荣获"世界乳业科技之都""中国奶业育种之都"称号；盛产马铃薯的乌兰察布市被命名为"中国马铃薯之都"；拥有"科尔沁牛"品牌的通辽市，倾力建设"中国草原肉牛之都"；羊绒产量占世界13%的鄂尔多斯市作为闻名遐迩的"中国绒都"，正在打造"世界绒都"；赤峰市阿鲁科尔沁旗被确定为"中国草都"，宁城县猫砂产量约占世界1/5，成为世界最大猫砂产地；占全国骆驼总数1/3的阿拉善盟拥有全国唯一的骆驼文化博物馆，成为名副其实的"中国骆驼之乡"；兴安盟全力打造"优质稻米之乡"；巴彦淖尔市递出"葵花籽油

---

　　① 参见《沃野长歌——新时代十年内蒙古发展报告之二》，内蒙古自治区人民政府网站，https://www.nmg.gov.cn/ztzl/xyesdjgxsd/ywjj/202210/t20221013_2147615.html.

之乡"名片。[①]

获得"蒙"字标认证，不仅意味着企业通过了高标准与严认证的层层考验，也为消费者购买真正的内蒙古好产品提供了科学、严谨的依据。这是一份荣誉，更是一种鞭策。以"蒙"字标认证为抓手，赋能特色优质农畜产品，是内蒙古自治区共同的责任与担当。[②]2019年6月，市场监管总局批准开展"蒙"字标认证，是市场监管总局组建后唯一批准的区域品牌认证，也是内蒙古自治区品牌建设的一个创新举措。现在，"蒙"字标认证已经成为具有鲜明区域特色的认证品牌，受到社会各界和消费者的广泛关注，品牌辨识度、美誉度和影响力不断提升。获证企业围绕"蒙"字标认证品牌，进一步延链、补链，迅速成为标准化、规模化、科技化发展的带头企业，品牌溢价能力、社会效益和经济效益明显提升。

据了解，"蒙"字标认证是相关认证机构采用国际通行的合格评定方式，是对源自内蒙古自治区优质农畜产品进行的品质认证。"蒙"字标认证创建了"五大体系"，即标准体系、认证体系、产业体系、质量管控体系和综合服务体系；以"高标准+严认证+强监管+优服务"的模式，实现了"五大价值"，即建设国家重要农畜产品生产基地，助力脱贫攻坚和乡村振兴，推进农牧业供给侧结构性改革，扶优打假培育区域品牌，实现市场监管方式现代化。

"千里草原、万顷牧场，生态内蒙古、绿色好味道"是内蒙古自治区农畜产品品牌总体形象的塑造目标。为此，内蒙古自治区市场监督管理局成立了工作专班以持续推进"蒙"字标认证，并建立了推进品牌建

---

① 《内蒙古向世界递出多彩"名片"》，新华网，http://www.news.cn/20240228/83cb354d2de147eaaf3a2124021e5c98/c.html.

② 参见《让草原优品走向世界》，《中国质量报》2023年3月3日。

设工作"五项机制"，即与自治区相关厅局的联系机制、与大学和科研院所的联络机制、与各盟市农畜产品品牌管理和推进部门的联合机制、与龙头企业和产业协会的联动机制和科学严格的品牌建设管理机制。同时，该局以认证、选真品的"蒙"字标价值理念和宣传推介，有力地支撑各地区域公用品牌和企业产品品牌创建，指导帮助区域公用品牌和产品品牌建设，推动建设高标准产业体系和产业集群。目前，内蒙古自治区已发布"蒙"字标认证团体标准41项，覆盖全区各盟市，涉及牛羊肉、奶业、玉米、大豆、羊绒等30类优势特色产业。①

内蒙古自治区市场监督管理局以区域品牌为带动，以企业品牌为主体，以产品品牌为基础，以"蒙"字标为牵引，大力推进农牧业品牌建设，真正使内蒙古自治区的区域优势、资源优势、生态优势、质量优势、人文优势转化为品牌优势，让"蒙"字标成为内蒙古生态优质农畜产品的"代名词"。②

内蒙古自治区市场监管局采取了5项措施推进"蒙"字标相关工作，即加大"蒙"字标认证的推进力度，完善"蒙"字标认证"五大体系"，推进认证标准研制，扩大获证企业和产品数量；推进区域公用品牌建设，支持锡林郭勒羊、兴安盟大米、天赋河套、阿尔巴斯山羊肉等区域公用品牌建设，大力培育生产企业，不断优化产品结构，形成认证品牌产业规模和品牌影响力；进一步加强农牧业品牌和"蒙"字标品牌宣传，树立"蒙"字标认证的权威性和影响力；研究内蒙古自治区农畜产品品牌建设评价体系，发布内蒙古农牧业"品牌榜"，打造具有全国影响力的内蒙古农畜产品品牌榜；强化品牌执法保护，开展"蒙"字标获证产品专项抽检工作，与内蒙古自治区公安厅环食药侦查总队、农牧

---

① 参见《让草原优品走向世界》，《中国质量报》2023年3月3日。
② 参见《让草原优品走向世界》，《中国质量报》2023年3月3日。

厅综合行政执法局等部门联合开展专项执法行动。①

四、内蒙古自治区全力推动从农畜产品产量大区向农牧业强区转变

近年来，内蒙古自治区农牧业发展取得长足进步，建设农牧业产业强区正逢其时、正当其势、正聚其力。2023年，内蒙古自治区全链条发展成为产业新动能，全区聚焦七大农牧业重点产业，着力"延链、补链、强链"，新认定自治区龙头企业149家，推动自治区级以上龙头企业达到770家，新创建奶业、马铃薯2个国家级产业集群，3个国家级现代产业园和8个产业强镇，创建数量居全国第一。社会化服务成为"金钥匙"，在5个旗县、20个乡镇、100个村开展集中连片示范行动，带动全区农业社会化服务面积达到2400万亩。在37个牛羊养殖大县推进兽医社会化服务，覆盖全区60%牛羊养殖。金融服务成为助农"生力军"，在全区30个旗县推广"金融副村长"模式，2353名"金融副村长"上岗服务，协助办理银行贷款授信农牧户11097户，授信额度31.04亿元。加大农业保险覆盖度，在40个产粮大县开展三大主粮作物完全成本保险。深化改革成为新活力，国家二轮土地延包、宅基地改革试点稳步推进，创新做好闲置宅基地和"空心村"土地经营文章。总结推广"统种共富""三变"等34种典型改革模式，推动"盆景"变"森林"。实施集体经济"扶持引领"行动，大力发展庭院经济，推广以工代赈，全区所有嘎查村集体收入10万元以上，前三季度，农村牧区常住居民人均可支配收入13863元，同比增长7.6%。

---

① 参见《让草原优品走向世界》，《中国质量报》2023年3月3日。

内蒙古自治区将按照全产业链思维、工业化思维推进现代农牧业发展，全力打造奶业、玉米、肉牛、肉羊4个千亿级产业，培育发展羊绒、马铃薯等多个百亿级产业，努力在更高层次上保障国家粮食安全。"特别是要在中国奶业振兴上体现担当作为，今年自治区出台了支持奶业发展九条措施，被称为'奶九条'，目前已显现出效果，我们将以伊利、蒙牛等大型乳企为支撑，以伊利现代智慧健康谷、蒙牛乳业产业园等重大项目为示范，加快形成'从一棵草到一杯奶'的全产业链。"[①] 内蒙古自治区已有"名特优新"农产品429个，数量居全国第一，大家耳熟能详的天赋河套、敕勒川味道、科尔沁牛、锡林郭勒羊、赤峰小米、兴安盟大米等已经成为高品质生活的代名词，伊利金典、蒙牛特仑苏和鄂尔多斯羊绒衫等高端产品更是享誉全球，"蒙字号"品牌越来越响亮。下一步，内蒙古自治区将深入实施农牧业品牌提升行动，加快构建特色鲜明的农牧业品牌体系，特别要让"千里草原、万顷牧场，生态内蒙古、绿色好味道"飘香万里、誉满全球。[②]

强国必先强农，农强方能国强。党的二十大报告提出要加快建设农业强国"。在全面贯彻落实党的二十大精神的开局之年，内蒙古自治区政府工作报告鲜明提出由农畜产品产量大区向农牧业产业强区转变目标，重农导向一以贯之，强农路径愈发清晰，"三农"前景更为广阔。

内蒙古自治区从"六个转变"着手，不断加快推动农牧业产业强区建设。一是由面积求胜向质量取胜转变。耕地是粮食生产的命根子。内蒙古自治区耕地面积位居全国第二、人均耕地面积居全国第一，但地力

---

① 《"粮仓""肉库""奶罐""绒都"成内蒙古四张亮眼名片》，中国新闻网，
https://www.chinanews.com.cn/cj/2022/08-22/9834012.shtml.
② 《"粮仓""肉库""奶罐""绒都"成内蒙古四张亮眼名片》，中国新闻网，
https://www.chinanews.com.cn/cj/2022/08-22/9834012.shtml.

下降、亩产较低的问题突出。建设农牧业产业强区，要着力提高亩产、提高效益，新建高标准农田395万亩，并逐步把永久基本农田全部建成高标准农田，通过继续开展盐碱地改良、耕地质量保护提升、黑土地保护性耕作、农业面源污染治理等行动，不断提高生产能力，夯实粮食安全根基。二是由基本保供向多元供给转变。解决吃饭问题不能光盯着有限的耕地，还要树立大食物观，在确保粮食产量稳定在780亿斤左右的基础上，要向广袤草原、绿色林海要食物，把牛奶产量提高到785万吨、肉类产量增加到300万吨，把果、花、菜、菌、药等产业发展起来，往"中国碗"里多装粮、装好粮、装好奶、装好肉，丰富老百姓的"果篮子""菜篮子"。三是由单一环节向完整链条转变。内蒙古自治区农畜产品多以初级加工为主，精深加工始终没有做大做强，一直处于产业链和价值链的低端。为此，要坚持以链式思维抓农牧业产业强区建设，重点打造奶业、肉牛、肉羊、林草等兼具基础优势和发展潜力的产业链，推动农牧业从种养环节向加工流通销售等二、三产业延伸，发挥三次产业融合发展的乘数效应，把资源优势转化为产品优势、产业优势。四是由粗放低效向集约高效转变。长期以来，内蒙古自治区农牧业靠天吃饭、广种薄收、规模小散、用水浪费严重，是典型的粗放经济和"汗水经济"。为此，一方面，要推动适度规模经营，也要引导扶持合作社、家庭农场等新型经营主体参与规模经营，带动农牧业全要素生产率提升。另一方面，要强化水资源刚性约束，开展深度节水控水行动，大力推进农业节水增效，重点解决用水浪费问题。五是由传统模式向科创驱动转变。在耕地和水资源有限的情况下，实现农牧业稳产增产根本靠科技。要以攻坚举措推进科技创新，对科技投入再加大、创新平台再加码、创新链布局再加力、人才引育再加强，深入实施种业振兴行动，强化农牧科技和装备支撑，扎实推进国家乳业技术创新中心、草（种）业国家技术创新中心和巴彦淖尔农高区等平台建设，为农牧业产业强区建设提供新动能。六是由产品经营向品牌运营转变。内蒙古自治区全国"名特优新"农产品数量位居全国第二，"两品一标"数量居全国前列，但真正家喻户晓、全国叫响的大品牌却寥寥无几。因此，要下大气力培育品牌，加强"蒙"字标品牌建设。为加快推进农牧业规模化、产业化、品牌化，内蒙古自治区锚定由农畜产品产量大区向农牧业产业强区转变的目标，在延伸产业链、提高附加值、做大做强企业上重点发力，重点抓好四件事。一是稳产保供，即粮、畜要稳，豆、奶、肉要增。二是夯实基础，严守耕地保护红线，加强动植物疫病防控，支持兴安盟国家级现代畜牧业试验区建设、巴彦淖尔整区域推进高标准农田建设、乌兰察布打造马铃薯产业发展示范区，着力提高亩产、提高效益。三是育企延链，推动农牧业适度规模经营，想方设法培育龙头企业，既要支持像伊利、蒙牛这样的大企业"双牛鼎力"，也要支持更多乳企、肉企、薯企、绒企在千里草原"百花齐放"，全力推动乳肉薯绒产业链做大做强，将玉米千亿级产业做精做强。四是培育品牌，加强"蒙"字标品牌打造，把更多好产品做成好品牌、做出美誉度、占领大市场，让"千里草原、万顷牧场，生态内蒙古、绿色好味道"越唱越响亮。①

推动内蒙古自治区由农畜产品产量大区向农牧业产业强区的转变，要做到"三个更加"：第一个"更加"是要让现代农牧业发展基础更加牢固。以耕地为重点加强农业基础设施建设，特别是要建好建优高标准农田，让以往不宜耕作的"巴掌田""陡坡地"，变成宜机宜耕、稳产高产的"整片田"。同时，还要大力提升农牧业科技水平，特别是种业这个关乎农牧业高质量发展的"芯片"，实施好玉米、马铃薯、向日葵等优质特

---

① 参见《2023年内蒙古自治区政府工作报告》，内蒙古自治区人民政府网站，https://www.nmg.gov.cn/zwgk/zfggbg/zzq/202301/t20230118_2216682.html.

色品种培育工程，开展奶牛育种联合攻关，打造一流的奶源、种源和草源基地。

第二个"更加"是要让农畜产品的供给更加充足。内蒙古自治区将大力发展农畜产品精深加工，既要抓粮肉乳精深加工，也要把稻壳米糠、果蔬皮渣等都利用起来，同时还要支持和鼓励内蒙古自治区的企业到北上广深、长三角、珠三角等主要消费地发展前置冷链保鲜仓，把更多更好的奶、肉、粮供应全国。

第三个"更加"是要让农牧业的绿色底色更加鲜亮。内蒙古农牧区的水是清洁的、土是干净的，这是内蒙古自治区最大的生产力和竞争力，要千方百计保护好。在农业方面，要推进农业节水增效工程，同时，实施化肥农药减量增效行动，使农药化肥用量稳中有降。在畜牧业方面，主要是推进草原畜牧业转型升级，提升现代畜牧业的比重，解决草原过牧的问题，实现畜牧业发展和草原保护的双赢。[①]

第三节　内蒙古自治区努力将国家重要农畜产品生产基地建设提质增效

为贯彻落实习近平总书记"14亿多人口的粮食和重要农产品稳定供给始终是头等大事"的重要指示精神，内蒙古自治区从扩大数量、增加产量上着手，规定了耕地保护、高标准农田建设、耕地地力提升、黑土地保护、草原保护、设施农牧业建设、水利基础设施建设、农畜产品仓储冷链物流建设等内容，力求通过坚持和完善相关制度补齐基础设施短

---

① 参见《国新办举行"推动高质量发展"系列主题新闻发布会　围绕"紧紧围绕高质量发展首要任务　全方位建设模范自治区"作介绍》，内蒙古自治区人民政府网站，https://www.nmg.gov.cn/zwyw/ldhd/202406/t20240608_2520635.html.

板。通过规定推动保种育种制种用种全链条发展、提升良种化水平、促进优良品种推广应用等种业振兴以及农牧业科技集约化、机械化装备建设等内容，内蒙古自治区向"地、水、种"和"科技"要产量、要效益。通过规定粮食种植、肉牛肉羊生猪生产、奶业、羊绒业、饲草产能建设等内容，内蒙古自治区不断提升粮食和重要农畜产品有效供给能力。

一、着力构建高质量农畜产品供给保障体系

"五大任务"是习近平总书记为内蒙古自治区量身定制的行动纲领。建设国家重要农畜产品生产基地是"五大任务"之一，也是内蒙古自治区扛稳保障国家粮食安全重大政治责任、加快建设农牧业强区的关键抓手。为了做深做实国家重要农畜产品生产基地建设这篇大文章，内蒙古自治区党委十一届四次全会作出专门部署，自治区党委、政府研究制定了《关于建设国家重要农畜产品生产基地的实施方案》（以下简称《实施方案》）。

《实施方案》聚焦扩大数量、提高质量、增加产量，明确了夯实现代农牧业发展根基，高质量构建重要农畜产品供给保障、产业融合发展、农牧业科技和装备支撑、新型农牧业经营、农牧业绿色发展"五大体系"的任务目标，提出22项重点举措。

一是从扩大数量上发力。逐步将永久基本农田全部建成高标准农田，推进高效节水灌溉工程，改造提升现有高标准农田和中低产田，推进黑土地保护和盐碱地综合利用。加快建设羊草、苜蓿等优质饲草基地，积极发展柠条种植。大力发展现代设施农牧业，加强产地冷链物流、仓储保鲜等基础设施建设。充分挖掘我区优质资源，进一步扩大农

牧业生产面积，夯实现代农牧业发展根基。

二是从提高质量上发力。以种业创新为重点，强化科技和装备支撑，大力开展优势特色品种联合育种攻关，加快巴彦淖尔国家农高区、乳业和草（种）业技术创新中心等平台建设，不断增强良种供给能力。强化农牧业面源污染治理，抓好重大动物疫病防控，持续加强监管检测能力建设。大力培育国家级、自治区级龙头企业和新型经营主体，持续推进农畜产品精深加工。高标准打造区域公用品牌，塑造"亮丽内蒙古、健康农产品"形象。全面提升现代农牧业发展质量。

三是从增加产量上发力。落实粮食安全党政同责，建设国家粮食安全产业带，持续推广高产种植技术，不断提高作物单产水平，整乡整村集中连片开展社会化服务，稳步提升粮食产能。落实"奶九条"政策，建设一流奶源、种源、草源基地，推进奶业率先振兴。推动肉牛扩群提质，稳定肉羊、生猪生产，抓好舍饲圈养模式推广。制定出台专项政策，着力打造肉牛、肉羊、饲草、羊绒、马铃薯等重点产业链，积极创建国家现代农业产业园、产业集群和产业强镇，不断为国家提供更多更优质的农畜产品。[①]

四是建设国家粮食安全产业带。深入实施重要农产品保障战略，党政同责扛起保障粮食安全的政治责任。严格落实粮食安全分级责任制和"菜篮子"市长负责制，确保粮食播种面积和粮食产量稳定，坚决遏制耕地"非农化"、严格管控"非粮化"。优化种植业结构，适当扩大优势区玉米种植面积，鼓励发展青贮玉米等优质饲草，增加高油高蛋白大豆供给，稳定马铃薯面积，因地制宜发展杂粮杂豆。加强粮食生产功能区和重要农产品保护区管护，突出政策与重点项目导向，调动和保护地

---

① 参见《凝心聚力　全力建设国家重要农畜产品生产基地》，内蒙古自治区人民政府网站，https://www.nmg.gov.cn/zwyw/jrgz/202212/t20221217_2190108.html.

方重农抓粮、农民务农种粮的积极性。坚持量水而行、以水定产，在主要粮油生产旗县（市、区）推进以高效节水为重点的高标准农田建设，配套水肥一体化、浅埋滴灌等综合措施，推广节水、耐旱、抗逆性强的品种。支持水利条件不具备的地区发展旱作高标准农田。试点实施"引黄滴灌智能技术集成及其产业化"项目，提高水资源利用效率，解决"产粮又缺水"矛盾。扩大东北黑土地保护利用和保护性耕作面积，改良盐碱化耕地，推进马铃薯、向日葵、甜菜等作物轮作常态化，推广秸秆还田、深松整地等保护性耕作措施，提升耕地质量和粮食产能。

五是建设国家肉奶安全保障基地。进一步推进奶业振兴，建设黄河、嫩江、西辽河流域和呼伦贝尔、锡林郭勒草原五大奶源基地，支持呼伦贝尔市等7盟市布局建设十大奶业集群，支持传统奶制品特色化发展，推动中小乳品企业差异化发展。大力发展牛羊生产，提高呼伦贝尔市、兴安盟、锡林郭勒盟等肉牛人工授精覆盖面，提升优质种羊高效利用。支持肉牛肉羊标准化规模化养殖。抓好生猪稳产保供工作，优先在东部盟市玉米优势产业带和西部地区沿黄玉米产业带玉米主产旗县（市、区）布局生猪养殖，推动生猪生产绿色健康发展。支持绒山羊、细毛羊和双峰驼等特色产业发展。优化屠宰产能布局，引导屠宰加工向养殖集中区转移，发展冷链物流配送，促进"运畜"向"运肉"转变。实施动物保护能力提升工程，加强动物防疫体系建设，建立健全基层动物防疫体系队伍，突出做好非洲猪瘟等重大动物疫病和布鲁氏菌病等人兽共患病防控工作。

六是保障蔬菜有效供给。加大对区域性特色产业支持力度，发展蔬菜生产，加大优质、抗病、高效蔬菜品种选育力度，重点选育适合设施和露地栽培、出口、加工的专用品种。按照良种良法相配套的原则，加快栽培技术集成创新步伐，促进农机农艺结合，加大蔬菜标准化生产扶持力度，全方位增强科技对蔬菜产业发展的支撑能力，提高蔬菜产量和效益。重点打造呼和浩特市、包头市、赤峰市设施蔬菜种植区；锡林郭勒盟、乌兰察布市东部冷凉蔬菜种植区；巴彦淖尔市脱水蔬菜种植区，形成东部设施蔬菜外向型基地、中东部环京设施蔬菜基地、中西部环大中城市设施蔬菜基地、西部设施蔬菜出口基地四大优势基地。

七是加快草畜一体化发展。加强草牧场资源保护，落实第三轮草原生态保护补助奖励政策，完善基本草原保护、禁牧休牧和草畜平衡制度。加强牧草技术攻关，突破智慧牧场等关键技术，开展草原牧区智慧家庭牧场试点。加强草原大数据平台建设，推动数据融合应用。支持农牧交错区草畜一体化发展，推行种养结合、农牧循环，继续实施"粮改饲"试点，推广人工种草、草田轮作、草畜配套等实用技术和机械装备，发展生态家庭牧场和农牧民合作社，加强优质牧草基地建设。继续实施草产品运输绿色通道政策，发展跨区域饲草专业化生产加工配送服务，推行订单生产、网上交易，不断健全饲草生产加工营销体系。支持阿鲁科尔沁"中国草都"百万亩优质饲草基地等建设工程，实现草原生态保护与畜牧业发展双赢。[①]

二、着力构建现代化农牧业发展新格局

实现农牧业农村牧区现代化是推进全区现代化建设的重要任务。为落实好内蒙古自治区第十一次党代会提出的"推动农畜产品生产基地优质高效转型"的工作部署，内蒙古自治区积极转变农牧业发展方式，将

---

① 参见《内蒙古自治区"十四五"推进农牧业农村牧区现代化发展规划》，内蒙古自治区人民政府网站，https://www.nmg.gov.cn/zwgk/zfxxgk/zfxxgkml/ghxx/202204/W020220419362964232217/files/basic-html/page14.html.

先进技术、现代装备和管理理念引入农牧业发展中，将基础设施和基本公共服务向农村牧区延伸覆盖，以提高农牧业生产效率，改善农村牧区面貌，提升农牧民生活质量。内蒙古自治区以保障农畜产品有效供给为基础，引导农牧户与现代农牧业发展有机衔接，强化农牧业科技和装备支撑，推进农牧业全产业链开发及乡村建设和治理，促进农牧业农村牧区可持续发展，促进农牧民共同富裕，促进乡村全面振兴。^①

内蒙古自治区聚焦农牧业生产由数量为主向数量质量并重转变、农牧业发展由传统向现代转变，规定了推动农牧业转型发展、优化农牧业产业布局、调整农牧业产业结构、发展优势特色产业、推动标准化生产基地建设、推进产业融合发展、产业集群和基地创建、农畜产品精深加工等内容，通过推进全产业链建设，高质量构建产业融合发展体系，大力推进农牧业现代化转型。

第一，坚持增量提质，从粮、肉、奶、草4个方面确保农畜产品稳产保供。全区春播生产即将完成，全区粮播面积、大豆播种面积均能完成国家下达任务，为全年粮食丰收奠定基础。推动肉牛存栏增加56万头、达到715万头，肉羊存栏稳定在6000万只左右，确保牛肉羊肉产量稳居全国第一。

第二，通过强链延链补链，大力推进产业融合发展。内蒙古自治区通过定向引进头部企业和链主企业，大力推动玉米、奶业、肉牛、肉羊、羊绒、马铃薯、饲草7条农牧业产业链建设，带动农畜产品加工转化增值增效。据介绍，内蒙古自治区新认定自治区龙头企业149家，自治区级以上龙头企业达到770家。此外，全区还安排9.5亿元衔接资金

---

① 参见《内蒙古自治区"十四五"推进农牧业农村牧区现代化发展规划》，内蒙古自治区人民政府网站，https://www.nmg.gov.cn/zwgk/zfxxgk/zfxxgkml/ghxx/202204/W020220419362964232217/files/basic-html/page14.html。

重点支持饲草料加工、奶食品加工、杂粮杂豆生产加工、中药材种植加工、生猪养殖、设施果蔬等161个"土特产"产业项目发展。①

第三，开展农牧业关键核心技术攻坚。内蒙古自治区聚焦生物育种、高效种植养殖、耕地保护和质量提升、草畜一体化、农作物病虫害绿色防控、动物重大疫病防控、农作物病虫疫情监测防控、农田土壤墒情监测、农牧业废弃物综合利用、智慧农牧业、农牧业机械装备补短板、农牧业绿色投入品等关键领域，着力突破制约我区农牧业发展的关键技术问题，加快研发与创新一批关键核心技术及产品。加强农牧业试验示范基地、星创天地和科技特派员队伍建设，打造农牧业科技成果转移转化平台，加速农牧业科技成果转化应用。加快动物疫病和农作物病虫害气象环境成因、传播机理和致病机制研究，提升农牧业重大风险防控和产业安全保障能力。

第四，增强农牧业科技核心竞争力。深化农牧业科技体制改革，加大政策和项目支持力度，推动重点项目、基地、人才、资金一体化配置，创建高水平科研机构、高等院校。鼓励农牧业科研机构、高等院校采取转让、许可或者作价投资等方式，向农牧企业、农牧民合作社等新型经营主体转移科技成果，让科技成果走出实验室，成为现实生产力。

第五，健全基层农技推广服务体系。一是依托基层农技推广体系建设项目，抓好农技推广人员能力提升，完善和巩固以"专家定点联系到县、农技人员包村联户"为主要形式的工作机制，推广"专家＋农技人员＋科技示范户＋辐射带动户"的技术服务模式，畅通农技服务最后一公里。二是深入实施农技推广服务（防疫员）特聘计划，通过政府购买

① 参见《内蒙古推动国家重要农畜产品生产基地建设28项重点任务落地见效》，中华人民共和国中央人民政府网站，https://www.gov.cn/lianbo/difang/202306/content_6887929.htm.

服务形式，选聘大学毕业生、乡村土专家充实基层农技推广队伍。三是深化国家重大科技协同推广计划试点工作，突出主导产业，聚焦产业发展重点难点技术问题，扩大试点示范成果，实现农技服务与生产需求有效对接。[①] 四是健全乡村产业体系。以农牧业农村牧区资源为依托，以农牧民为主体，培育壮大现代种养业、乡村特色产业、农畜产品加工流通业、乡村休闲旅游业、乡村新型服务业、乡村信息产业等，形成特色鲜明、类型丰富、协同发展的乡村产业体系。五是以拓展第二、三产业为重点，纵向延伸产业链条，横向拓展产业功能，多向提升乡村价值。

第六，推进旗县（市、区）苏木乡镇嘎查村联动发展。强化县域统筹，推动形成旗县（市、区）、中心苏木乡镇、中心嘎查村功能衔接的乡村产业结构布局，引导农畜产品加工流通企业在有条件的苏木乡镇所在地建设加工园区和物流节点。促进镇村联动发展，实现加工在苏木乡镇、基地在嘎查村、增收在农牧户。

第七，优化农牧业产业布局。一是依托全区得天独厚的农牧业资源和独特的海拔、纬度、气温、降水、光照等地理和气候条件，坚持因地制宜、重点突破，聚焦已形成的区域优势品种，明确优势产业区域定位与主攻方向，推动优势产业向优势区域集中集聚。二是加强科学技术研发与推广应用，推行标准化生产，提高农牧业组织化程度，加大市场和信息体系建设力度。巩固、完善和强化强农惠农政策体系，高质量建设玉米、小麦、马铃薯、大豆、粳稻、向日葵、蔬菜、杂粮杂豆、奶牛、肉牛、肉羊、羊绒、双峰驼、马、饲草、猪、禽、水产品18个优势产业带，厚植农牧业高质量发展的基础和优势。

---

① 参见《内蒙古自治区"十四五"推进农牧业农村牧区现代化发展规划》，内蒙古自治区人民政府网站，https://www.nmg.gov.cn/zwgk/zfxxgk/zfxxgkml/ghxx/202204/W020220419362964232217/files/basic-html/page14.html.

第八，加快重点产业全产业链建设。一是聚焦奶业、肉牛、肉羊、马铃薯、羊绒5个重点产业链，找准强链、补链、延链、固链环节，以"链长制"推动重点产业发展。二是通过平台搭建、激发主体活力、科技创新和畅通要素等措施，助推全产业链发展。三是建设重点链典型县，分区域、分产业提炼可复制可推广的建设运营模式，按照"一个链条、一个链长、一套班子、一套政策、一个团队"要求，成立工作专班，推进制定5个产业链"两图两表两库一方案"工作。四是选择在全产业链建设中起主导作用的国家级龙头企业担任"链主"，牵头构建农牧业产业化联合体，组织育种育苗、生产基地、仓储设施、科研院所、加工流通、产业协会、服务机构、电商平台、融资机构等经营主体，一体打造全产业链，形成千亿级产业为引领，百亿级产业为骨干的现代农牧业全产业链体系。①

第九，加强农村牧区信息基础建设。一是加强农村牧区光纤及广播电视网络建设，推动农村牧区基础政务信息化应用，推广远程教育、远程医疗、金融网点进嘎查村等信息服务，实现办事不出村。推进数字乡村建设，提高"三农三牧"信息服务能力。二是加快农村牧区旅游数字化建设，提高宣传营销影响力，提升农村牧区数字化管理水平，完善乡村网格化管理。

第十，发展农村牧区智慧农牧业。一是推进电子商务进农村牧区综合示范创建，打造电子商务进农村牧区"互联网＋流通＋服务"新模式。二是加快5G技术在现代农牧业、农畜产品流通、乡村治理、公共服务等领域深度应用，积极培育农村牧区数字经济创新业态。三是建设

---

① 参见《内蒙古自治区"十四五"推进农牧业农村牧区现代化发展规划》，内蒙古自治区人民政府网站，https://www.nmg.gov.cn/zwgk/zfxxgk/zfxxgkml/ghxx/202204/W020220419362964232217/files/basic-html/page14.html。

数字田园、数字灌区、智慧农（牧、渔）场。

三、着力推进品牌建设和绿色发展体系建设

内蒙古自治区聚焦构建品牌农牧业发展新格局，对建立健全品牌创建、运营管理和保护机制，打造地域特色明显、带动能力突出、产品特征鲜明的区域公用品牌、企业品牌、产品品牌，推动农畜产品地理标志运用促进工作，推进"蒙"字标认证，引导开发认证有机农畜产品、绿色食品，鼓励中小品牌抱团发展等作出规定；在高质量构建农牧业绿色发展体系方面，对发展高效节水农业和生态农牧业，产地环境净化、绿色防控措施、草原畜牧业转型升级、农畜产品质量安全、动物疫病防控等作出规定。

内蒙古自治区以绿色发展引领乡村振兴，推进农村牧区生产生活方式绿色低碳转型，实现资源利用更加有效、产地环境更加清洁、生态系统更加稳定，促进人与自然和谐共生。

第一，开展农牧业标准化生产。一是坚持无标建标、有标提标，以建设优势特色农畜产品产业带和产业集群为重点，大力推广绿色高效生产技术标准，建成一批标准化生产基地，建立结构合理的农业标准体系。二是支持玉米、小麦、马铃薯、大豆、水稻、向日葵、蔬菜、杂粮杂豆等优势作物生产标准化，扩大标准化生产面积，重点推广减肥、减药和高效节水等绿色技术标准；支持奶牛、肉牛、肉羊、绒山羊、双峰驼、马、生猪、家禽等优势特色产业生产标准化，推行品种、棚舍、饲料、饲养管理、粪污处理、疫病防控、投入品使用等关键环节标准化，推动健康养殖，提质增效。

第二，抓好农畜产品质量安全监管。一是强化监管体系、检测体系

和农畜产品质量安全信用体系建设。二是推动基层监管检测队伍建设，发挥旗县（市、区）检测机构作用，压实苏木乡镇监管检测职能职责，支持建设东、西部区域性农畜产品质量安全综合检测中心。三是推行网格化监管、开展全程质量安全控制技术体系推广和生产基地创建，落实食用农畜产品承诺达标合格证制度，完善产地准出、市场准入衔接机制，做好农畜产品质量安全追溯挂钩衔接工作。四是推广应用智慧农安平台，运用大数据等现代信息技术推动监管方式创新，实现全程质量安全控制。五是持续开展农畜产品质量安全专项整治、农资打假、例行监测（风险监测）和监督抽查工作，开展特色农畜产品品质评鉴和风险评估，做好农畜产品质量安全突发事件应急处置。

第三，提升绿色发展支撑能力。加强农业绿色发展先行先试支撑体系建设，探索不同生态类型、不同主导品种的农业绿色发展典型模式。开展农业绿色发展长期固定观测点建设。①

第四，加强农业面源污染防治。一是实施农业"四控"行动。二是实施农业产地环境净化工程，重点围绕农业生产环境控制，推进农业生产"四控"行动，加强农药、化肥、农膜等农业生产投入品监管，禁止生产销售使用厚度小于0.01毫米的聚乙烯农用地膜。三是落实量水而行要求，加强水资源合理开发和有效保护。

第五，循环利用农牧业废弃物。一是推动秸秆、畜禽粪污等农牧业废弃物综合利用。二是以饲料化、肥料化、燃料化利用为主要方向，全面推进秸秆转化利用。三是支持建设一批粪肥还田利用的种养结合示范基地。

---

① 参见《内蒙古自治区"十四五"推进农牧业农村牧区现代化发展规划》，内蒙古自治区人民政府网站，https://www.nmg.gov.cn/zwgk/zfxxgk/zfxxgkml/ghxx/202204/W020220419362964232217/files/basic-html/page14.html.

第六，加强污染耕地治理。一是加强全区受污染耕地安全利用与严格管控，在重金属污染重点区域加密布设协同监测点位，有序实施耕地土壤环境质量类别动态调整。二是推进生态健康养殖。三是健全环保设备，净化养殖环境。四是推广安全绿色兽药，规范使用饲料添加剂。五是开展渔业资源增殖放流，推进养殖池塘标准化改造和尾水处理项目实施。六是落实水产养殖"五大行动"。七是引进新品种、推广新技术、新模式，为推行水产健康增养殖提供技术支撑。

第七，保护修复农村牧区生态系统。一是强化农牧业资源保护。二是深入推进农业水价综合改革，健全节水激励机制，建立量水而行、以水定产的农业用水制度。三是在粮食主产区、地下水超采区因地制宜发展微喷灌等高效节水灌溉，传统井灌区力争全部改造提升为微喷灌，河套灌区因地制宜探索开展黄河水澄清利用滴灌水肥一体化等高效节水灌溉工程。四是健全耕地轮作休耕制度。五是完善休渔禁渔制度，持续开展渔业增殖放流。六是加强生物多样性保护，强化外来物种入侵防控。

第八，推进绿色农田示范。内蒙古自治区在呼和浩特市和巴彦淖尔市等地区选取典型项目区，因地制宜推行土壤改良、生态沟渠和田间道路等工程措施，集成推广绿色高质高效技术，提升农田生态保护能力和耕地自然景观水平，增加绿色优质农产品有效供给，打造示范建设绿色高标准农田。

第九，加强自然生态系统保护。一是配合国家深化国有森林资源资产有偿使用制度改革，建立完善森林保护培育制度。二是完善草原生态奖补政策，严格落实禁牧、休牧、草畜平衡制度，严禁在草原上乱采盗挖，严禁新开露天矿山，认真执行"草原三区管控"要求。三是推进草原政策性保险工作。四是严格保护荒漠天然林草植被，加强重点区域保护。五是进一步推进沙漠绿洲生态保护修复。六是强化河湖长制，加强大河和重要湖泊湿地生态保护治理。

第十，推动农牧业农村牧区减排固碳。一是实施农牧业碳达峰、碳中和战略，积极发展富碳农业、富碳草业。二是以耕地质量提升等为重点，巩固提升农牧业生态系统碳汇能力。三是推动国家农业产业园区、自治区农牧业产业园区和产业集群循环化改造，开展农牧业农村牧区可再生能源替代示范。

第十一，推进重点区域生态环境保护。一是开展黄河流域农业面源污染治理，加强"一湖两海"流域面源污染治理，分区域落实管控措施。二是持续推进察汗淖尔流域治理，加快农业结构调整，发展旱作雨养农业。

四、着力促进农牧业经营增效

为贯彻落实习近平总书记"要统筹考虑粮食生产和重要农产品保障、农民增收的关系"的重要指示精神，内蒙古自治区对鼓励发展多种形式适度规模经营、培育重点龙头企业、支持发展农牧民专业合作社等新型农牧业经营主体、大力发展代种代养代管代收全程托管等社会化服务、推广土地集中连片经营和规模化养殖模式、发展线上线下融合的现代化农村牧区商品流通和服务网络等农畜产品输出渠道等内容作出规定，促进了农牧业节本增效、提质增效、营销增效，推动农牧民持续稳定增收。

第一，培育壮大新型经营主体。一是深入推进示范家庭农牧场创建，健全家庭农牧场名录管理制度，重点扶持一批家庭农牧场，提升规模化、标准化发展水平。二是开展合作社示范社创建工作，规范合作社内部管理和利益分配，重点扶持一批规范化管理、标准化生产、品牌化经营的合作社。三是积极培育农机作业、农牧业废弃物资源化利用、农畜产品初加工、农资供应、烘干仓储等生产性服务组织，大力推进以农牧业生产托管为重点的社会化服务，创新服务手段，提升服务质量和水平。四是培育农牧业产业化联合体，创新订单农业和"公司＋农户"等经营模式，构建上下游相互衔接配套的全产业链，促进家庭经营、合作经营、企业经营协同发展。五是完善新型经营主体金融保险、用地保障等政策。六是建立科研院所、农业高校等社会力量对接服务新型农牧业经营主体长效机制。七是推动新型农牧业经营主体与小农牧户建立利益联结机制，推行保底分红、股份合作、利润返还等方式。

第二，健全专业化社会化服务体系。一是发展壮大农牧业专业化社会化服务组织，培育服务联合体和服务联盟，将先进适用的品种、投入品、基数、装备导入小农牧户。二是开展农牧业专业化社会化服务创新试点示范，鼓励市场主体建设区域性农牧业全产业链综合服务中心。三是加快发展农牧业生产托管服务。四是推进农牧业社会化服务标准体系建设，建立服务组织名录库，加强服务监测。[①]五是建设现代农牧业产业园和农业现代化示范区。六是支持有条件的旗县（市、区）建设现代化产业园，推动科技研发、加工物流、营销服务等市场主体向园区集中，资本、科技、人才等要素向园区集聚。七是加快"一品一村"示范村镇、农牧业产业强镇和优势特色产业集群建设。八是以旗县（市、区）为单位创建一批农牧业现代化示范区，围绕提高农牧业产业体系、生产体系、经营体系现代化水平，建立指标体系，加强资源整合和政策集成，示范引领农牧业现代化发展，探索建立农牧业现代化发展模式、政策体系、工作机制，形成梯次推进农牧业现代化的格局。

---

① 参见《内蒙古自治区"十四五"推进农牧业农村牧区现代化发展规划》，内蒙古自治区人民政府网站，https://www.nmg.gov.cn/zwgk/zfxxgk/zfxxgkml/ghxx/202204/W020220419362964232217/files/basic-html/page14.html.

　　第三，加快农牧业集群发展。一是按照全产业链开发、全价值链提升的思路，聚焦优势主导产业和产业发展重点地区，建设肉羊、肉牛、向日葵、大豆等产业集群，合理布局农畜产品加工园区，推动优势特色产业加工流通环节向农村牧区下沉，改变加工在城市、原料在农村牧区的状况，将产业增值收益更多地留在县域、留给农牧民。二是因地制宜支持中（蒙）药材、红干椒、谷子、燕麦、葡萄、双峰驼、马、家禽等特色产业发展。三是加快产业化龙头企业培育，营造良好营商环境，强化对龙头企业服务，定期开展国家级重点龙头企业监测和自治区级重点龙头企业监测认定，引导龙头企业发展农牧业产业化联合体，完善农企利益联结机制。四是加快推进农畜产品加工业发展，重点围绕加工转化率偏低和发展潜力较大的产业和地区，支持农畜产品加工龙头企业扩能改造、研发创新和精深加工，提高农畜产品加工转化率和增值水平。五是打造一批产业强镇、产业融合发展先导区，优化农牧业产业发展基金，探索建立融资合作和风险分担机制，吸引撬动社会资本投入乡村产业发展。目前，全区农畜产品加工业与农牧业总产值比达到2.8∶1，主要农畜产品加工转化率提高到80%。六是提升农村牧区产业融合发展水平。七是依托乡村特色优势资源，打造农牧业全产业链。鼓励发展农牧业产业化龙头企业牵头、家庭农牧场和农牧民合作社跟进、广大小农牧户参与的农牧业产业化联合体。八是鼓励农牧业产业化龙头企业建立大型农牧业产业集团，开展农畜产品精深加工，在主产区和大中城市郊区布局中央厨房、主食加工、休闲食品加工、方便食品加工、净菜加工等业态，满足消费者多样化个性化需求。

　　第四，加强农畜产品产地冷藏保鲜设施建设，鼓励企业利用产地现有常温仓储设施改造或就近新建产后预冷、贮藏保鲜、分级包装等设施开展分拣、包装等流通加工服务。推动农牧业与旅游、文化、教育、健康养老等产业深度融合，支持各地区深挖草原文化、农耕文化、传统文化等资源，培育发展休闲农牧业和乡村旅游、体验农牧业、创意农牧业等新业态新模式，鼓励发展农牧业生产租赁、托管、众筹合作等多种形式的互助共享经济，支持农牧民发展农家乐、牧家乐以及高档次的农村牧区民宿，推动农副土特产转化为旅游购物商品。加大美丽乡村推介力度，重点推介一批自治区级以上乡村休闲旅游示范县。

第五，加快物联网、大数据、云计算等新一代信息技术在农牧业领域的应用，稳步推进"互联网＋农牧业"发展，形成产业链条完整、布局合理、功能多样、业态丰富、利益联结紧密的发展新格局。此外，稳步推进反映全产业链价值的农牧业及相关产业统计核算。[①]

第六，健全农牧民教育培训体系。一是建立短期培训、职业培训和学历教育衔接贯通的农牧民教育培训制度。二是充分发挥农牧业技术推广机构、农牧业科研院所、涉农院校、农牧业龙头企业等作用，引导优质教育资源下沉农村牧区，推进教育培训资源共建共享、优势互补。

第七，加快培育高素质农牧民。一是依托国家高素质农民培育项目，重点培育经营管理型、专业生产型、技能服务型和学法用法示范户等高素质农牧民。二是支持高校以基层组织带头人、乡村产业带头人及青年农牧民为重点，开展提升农牧民能力素质专业教育。三是组织参加论坛、展销会、专业技能大赛等活动，搭建交流平台，展示新时代高素质农牧民和创新创业农牧民风采。四是继续实施农牧民工职业技能提升行动，将法定劳动年龄内有职业技能培训意愿的农村牧区转移劳动者全部纳入职业技能培训计划，促进其实现稳定就业。

---

① 参见《内蒙古自治区"十四五"推进农牧业农村牧区现代化发展规划》，内蒙古自治区人民政府网站，https://www.nmg.gov.cn/zwgk/zfxxgk/zfxxgkml/ghxx/202204/W020220419362964232217/files/basic-html/page14.html.

第七章

以人口安全助推社会安全，全力维护社会安全稳定

　　人口作为国家发展的基本构成要素，既是经济活动的载体，又是国家安全与社会稳定的基础性、战略性资源，其数量规模、结构特征、素质水平和空间分布形态不仅关系国家治理效能与资源分配的格局，也影响文化凝聚力与国防安全保障能力。在总体国家安全观框架下，人口安全不仅关乎国家发展的物质基础与人力资源储备，还将直接影响社会结构的稳定、经济发展的动能以及国家战略目标的实现。因此，人口安全既是社会安全的重要组成部分，也是国家安全体系的关键要素。在总体国家安全观的范畴中，人口安全问题不再仅仅是传统意义上的人口数量调控问题，而是发展成一个涵盖人口结构均衡、素质提升、分布合理及代际可持续发展的系统性问题。内蒙古自治区地处中国北部边疆，横跨东北、华北和西北三大区域，是我国北方重要生态安全屏障，其人口安全态势也直接关系国家统一、民族团结和边疆稳固等重大战略目标。作为边疆民族地区，内蒙古自治区的人口结构变化不仅关乎区域经济社会的可持续发展，而且对于国家统一、边疆稳固和民族团结具有重要影响。在全球化进程中，面对各类交织叠加的风险，内蒙古自治区需构建多维度的人口安全治理体系、建立多层级响应机制，以实现人口安全与

国家安全战略的深度融合，为维护边疆稳定、铸牢中华民族共同体意识提供坚实保障。

第一节　将人口安全纳入总体国家安全范畴加以谋划

人口问题始终是我国面临的全局性、长期性、战略性问题。党的十八大以来，习近平总书记立足于中华民族伟大复兴的战略全局，精准把握人口发展规律，围绕人口问题作出一系列重要论述。这些论述深刻阐明了人口事业对国家发展的重要性，并将人口问题与中国式现代化进程和总体国家安全紧密相连，为新时代人口安全工作的科学部署提供了根本遵循。2023年5月，习近平总书记在二十届中央财经委员会第一次会议上强调："人口发展是关系中华民族伟大复兴的大事，必须着力提高人口整体素质，以人口高质量发展支撑中国式现代化。"[1]2024年11月16日出版的第22期《求是》杂志发表了习近平总书记的重要文章《以人口高质量发展支撑中国式现代化》，文章强调，"对于我国人口发展新形势，必须全面认识、正确看待""人口安全是人口高质量发展的底线要求，大国兴衰往往受到人口状况的深刻影响，要将人口安全纳入总体国家安全范畴加以谋划"。[2]深刻领会习近平总书记关于人口的重要论述，准确把握其中蕴含的人口高质量发展和长期均衡发展的思想精髓，对于提升人口安全、促进社会安全、落实总体国家安全观具有重要意义。

保障人口安全是维护社会安全的重要内容，人口安全内嵌于国家

---

① 《加快建设以实体经济为支撑的现代化产业体系　以人口高质量发展支撑中国式现代化》，《人民日报》2023年5月6日。

② 习近平：《以人口高质量发展支撑中国式现代化》，《求是》2024年第22期。

安全的框架之中。习近平总书记强调："'十四五'时期如何适应社会结构、社会关系、社会行为方式、社会心理等深刻变化，实现更加充分、更高质量的就业，健全全覆盖、可持续的社保体系，强化公共卫生和疾控体系，促进人口长期均衡发展，加强社会治理，化解社会矛盾，维护社会稳定，都需要认真研究并作出工作部署。"① 人口安全对社会安全的影响并非简单的线性关系，而是通过人口结构、质量与空间分布等方面，对社会保障体系、社会文化认同及社会治理效能产生多维度的作用，是一个复杂且动态的过程。在总体国家安全观视域下，人口安全涉及多个层面。从人口数量安全看，持续的人口负增长可能会削弱国家的劳动力供给和经济活力。从人口结构安全看，人口结构失衡容易引发代际风险，进而影响社会保障体系的可持续性。当生育率持续降低、劳动年龄人口不断减少时，青年人口对老年人口的赡养压力增大，代际转移支付的压力也会相应增加，可能会引发代际矛盾与价值观冲突。从人口质量安全看，人口质量安全关乎社会风险防控能力。一方面，在数字化时代，技能型人才供给与产业结构升级需求之间易存在错配，这容易导致失业率波动风险上升，增大青年就业压力，进而可能引发社会道德风险。另一方面，教育资源配置失衡会加剧社会矛盾，从而影响社会的和谐稳定和长治久安。从人口分布安全看，人口空间安全是边疆安全的重要防线。一方面，边境地区人口流失严重，可能削弱国防安全，并对社会安全稳定产生不利影响；另一方面，高密度的人口区若突破生态阈值，会破坏生态系统稳定性，增加生态脆弱性，进而影响社会的可持续发展。因此，将人口安全纳入总体国家安全范畴加以谋划，是顺应时代发展和国家安全形势变化的必然要求。这就需要以系统性思维统筹协调

---

① 习近平：《正确认识和把握中长期经济社会发展重大问题》，《求是》2021年第2期。

人口与经济、社会、文化、生态之间的相互依存关系，以及通过构建全方位的人口安全保障体系来确保人口发展始终处于安全可控的轨道。

实现人口规模巨大的中国式现代化是人口安全的重要目标指向。习近平总书记指出："中国式现代化是人口规模巨大的现代化。"[①]"超大规模的人口，既能提供充足的人力资源和超大规模市场，也带来一系列难题和挑战。"[②]一方面，庞大的人口规模为中国式现代化带来了独特优势。我国是拥有14亿多人口的大国，在劳动力资源、消费市场等方面具有显著优势。这不仅为我国经济社会发展提供了坚实基础，也为我国在全球化进程中发挥更大作用提供了有力支撑。2023年，我国16~59岁人口达8.65亿人，占总人口的比重为61.3%，丰富的劳动力资源使我国在劳动密集型产业中占据显著竞争优势，也为经济发展提供了充足的人力资源支持。2023年，我国社会消费品零售总额为471495亿元，较2022年增长了7.2%。巨大的消费潜力，为构建以国内大循环为主体、国内国际双循环相互促进的新发展格局提供了广阔的市场空间，有助于推动产业升级和经济结构调整。此外，我国亦是多民族国家，56个民族共同构成了多元一体的中华民族大家庭，各民族在长期的历史发展中形成了紧密的联系，孕育了丰富多彩的文化，增强了民族凝聚力和向心力，为铸牢中华民族共同体意识提供了坚实的文化基础，有利于形成和谐稳定的社会环境。另一方面，庞大的人口规模也给社会发展带来了严峻挑战。我国人口年龄结构正在发生显著变化，少子化和老龄化特征愈发明显。2023年，我国出生率为6.39‰，较2022年下降0.38个千分点，60岁及以上人口占比达21.1%，较2022年增长1.3个百分点。出生

---

① 习近平：《新时代新征程中国共产党的使命任务》，《求是》2024年第13期。
② 习近平：《以中国式现代化全面推进强国建设、民族复兴伟业》，《求是》2025年第1期。

率下降会对未来劳动力供给产生不利影响，老龄化程度加深也会加大政府社会保障支出压力。此外，我国自然资源消耗和生态环境也面临着严峻挑战。随着工业化和城市化进程的加快，庞大的人口数量会进一步加大对能源、水、土地、粮食等资源的消耗，同时增加生活和工业废水的排放，并加剧大气污染等问题。这要求我们在推进现代化进程中，必须更加注重人口安全对社会安全的影响，积极维护人口安全，保障社会安全。

第二节　人口安全视域下内蒙古自治区边疆治理的战略价值与实践路径

人口安全作为国家安全体系的基础性构成要素，是边疆地区可持续发展的重要变量，更是筑牢祖国北疆安全稳定屏障的关键支撑。内蒙古自治区作为我国向北开放的重要桥头堡，其边境地区具有三个维度的特殊属性。地理维度上，在漫长边境线上有十多个边境旗市，形成了维护国家主权安全的重要屏障。在社会维度上，内蒙古自治区作为多民族聚居地区，其多元民族的人口结构，是铸牢中华民族共同体意识的重要基础。在经济维度上，20个对外开放口岸承载着中蒙俄经济走廊建设的战略功能。这种三位一体的区域特征，使得内蒙古自治区人口结构的合理性、人口素质的适配性以及人口空间分布的适当性对边疆社会安全治理效能产生直接影响。

一、人口安全视域下内蒙古自治区边疆治理的战略价值

保障人口结构安全是实现内蒙古自治区社会资源配置合理性的基

础。近年来，内蒙古自治区少子化、老龄化问题日益显现，给社会资源配置带来挑战。内蒙古自治区统计局数据显示，2022年，全区人口出生率为5.6‰，为进入老龄化社会以来的最低水平，自然增长率在2020年首次出现负值，到2022年降至 −2.3‰。2023年，全区65岁及以上人口占比达到15.45%，略高于全国平均水平，居全国第17位，且较2010年增加了7.89个百分点。出生率持续降低和老龄化程度加深，不仅影响了内蒙古自治区未来的总人口规模和劳动力供给数量，还加大了政府社会保障支出的压力。2022年内蒙古自治区参加基本养老保险的离退休人员数为335.32万人，较2021年增加15.34万人。2020年和2021年内蒙古自治区社会保险基金支出均大于收入，2022年虽收入略大于支出（收入1591.75亿元，支出1571.46亿元），但随着老年人口增多、劳动力人口减少，少儿和老年抚养比上升，社会保障支出压力将持续增大。若养老金支付缺口扩大且缺乏有效应对措施，可能引发代际矛盾和社会福利体系失衡。因此，内蒙古自治区需通过优化人口结构、完善社会保障体系等措施积极应对人口变化带来的挑战，保障人口安全，进而为经济社会可持续发展提供坚实支撑。

保障人口文化安全是内蒙古自治区民族团结的重要精神纽带。作为边疆民族地区，在内蒙古自治区社会治理中，人口文化安全发挥着维系民族团结与社会稳定的重要功能。内蒙古自治区是多民族聚居地区，拥有独特的民族文化生态。在文化传承方面，以蒙古族传统游牧文化为载体的长调民歌、呼麦艺术等非物质文化遗产，不仅维系着马背民族的文化记忆，更是铸牢中华民族共同体意识的重要媒介。在文化经济领域，内蒙古自治区创新性地实施了"非遗+"发展模式，将传统那达慕大会升级为集文化展演、体育竞技、商贸旅游于一体的复合型文化载体。这种将文化安全嵌入社会治理的实践路径，既强化了草原文化的现代生命力，又通过利益共享机制增进了多民族社会融合。这种模式不仅能够维护边疆社会稳定，也能够为铸牢中华民族共同体意识提供具有内蒙古特色的实践范例。

保障人口空间安全是内蒙古自治区维护边疆稳固的重要保障。作为我国北方重要生态安全屏障和北疆安全稳定屏障，内蒙古自治区人口空间安全对于维护边疆社会安全、保障生态安全、铸牢中华民族共同体意识具有重要意义。首先，从地缘政治角度看，内蒙古自治区横跨东北、华北、西北三大地区，是我国向北开放的重要门户。合理的人口空间分布，通过沿边聚点和内陆成网的模式，可在各边境旗市形成边防安全支点，确保每千米边境线都有稳定的人口基数和社区网络支撑，从而强化边境管控能力与应急响应体系。其次，从生态安全角度看，内蒙古自治区是我国北方重要生态安全屏障，人口分布与生态承载力的平衡对社会生态系统的稳定和可持续发展至关重要。通过科学规划人口空间布局，引导人口向东北森林带、北方防沙带、黄河重点生态区等重要生态区域适度倾斜，能够为保护生态脆弱区、提升生态服务功能、增强生态治理能力提供人力资源保障，从而实现"绿进沙退"与"人稳边安"的良性互动。最后，从铸牢中华民族共同体意识角度看，内蒙古自治区是我国首个省级民族区域自治地区，人口空间安全承载着促进各民族交往交流交融的特殊使命。通过科学引导蒙汉等各民族在城乡地区的合理分布，形成大散居、小聚居的格局，不仅能够增强各民族之间的交流和认同感，还能为蒙古族传统文化的传承提供空间，落实好"守望相助"理念，铸牢中华民族共同体意识的人口安全防线。

二、人口安全视域下内蒙古自治区边疆治理的实践路径

习近平总书记强调，对内蒙古来说，维护社会和谐稳定，必须巩固和发展民族团结大局。[①]内蒙古自治区深入贯彻习近平总书记的重要讲话精神，以总体国家安全观为指引，以铸牢中华民族共同体意识为主线，通过实施"兴边富民"行动、人口素质提升工程、跨境经济合作区建设等创新举措，构建起人口安全与边疆稳固的良性互动机制。具体而言，内蒙古自治区一是通过"兴边富民"行动，促进人口高质量发展；二是通过职业教育与特色产业融合，创新人才培养模式；三是通过民族文化传承与现代化转型的有机统一，铸牢中华民族共同体意识。这种立足区域特色、服务国家战略的人口安全治理模式，既是贯彻总体国家安全观的生动实践，也为构建新发展格局下的边疆安全体系提供了有益样本。通过持续推进这一模式，内蒙古自治区正稳步在祖国北疆构建起涵盖人口安全、社会安全、生态安全、文化安全等多元要素的国家安全屏障。

第一，采取"兴边富民"行动，促进人口高质量发展。内蒙古自治区通过实施"兴边富民"系统工程，构建起了以经济赋能、服务提质、制度保障为驱动的人口高质量发展模式，为新时代边疆民族地区统筹推进人口安全与区域发展奠定了坚实基础。一是加大财政支持，夯实人口发展基础。"十四五"以来，内蒙古自治区累计下达边境地区转移支付资金133.38亿元，统筹用于口岸运转、边境贸易发展和边境地区民生改善等；累计下达边境旗市基础建设资金29.1亿元，重点用于边境旗市农村牧区公路建设和住房保障、"智慧广电"工程建设支出等，帮助边境

[①] 参见《5次参加内蒙古代表团审议，总书记讲话贯穿这个主题》，新华网，https://www.xinhuanet.com/2022-03-06/c_1128442278.htm.

旗市完成4906套棚户区住房改造和225个城镇老旧小区改造，帮助1041户居民完成危房改造；安排各边境旗市城乡义务教育补助经费8.7亿元，支持义务教育优质均衡发展。[①] 二是创新公共服务供给，完善生育、养老服务体系。内蒙古自治区积极贯彻落实中央文件精神，通过制定相关生育、养老服务支持措施，明确提出扩大托育服务供给、扩大优质教育资源供给以及优化生育休假制度、生育相关保险制度等相关生育配套措施。同时，积极建立健全养老服务体系、增加养老服务专业化人才供给、提升农村留守妇女关爱服务水平、建设老年友好型社会。此外，内蒙古自治区还积极探索符合区情的养老新模式，并将其逐步发展成医、养、康、护、教、娱、安七位一体养老模式，不断优化养老保障水平。其中，乌兰察布市"集中居住、分户生活、社区服务、互助养老"以及锡林郭勒盟"集中居住、养老育幼、政府扶持、多元运营"的养老新模式为各地区树立了典范。这些政策举措一方面能够通过基础设施改善和民生保障强化来降低边境旗市人口净流出率，另一方面则能够依托完善的公共服务体系，为提高人口生育率和自然增长率提供保障。通过民生改善引才、服务优化留才的良性循环构建起边境繁荣、人口稳定、国防巩固的协同发展格局，有利于促进内蒙古自治区人口长期均衡发展。

第二，构建产教协同育人机制，创新人才培养模式。内蒙古自治区通过探索教育链、人才链、产业链三链融合的新路径，探索具有边疆特色的人力资本积累模式，有效缓解边境地区人口的人才困境。一是积极组织实施技能人才培养行动。内蒙古自治区以"专业嵌入产业链，育人融入发展盘"的总体思路为发力点，分类施策，形成了因地制宜的融合保障，比如，实施"一区域一集群"建设，以组建东部五盟市助力东

---

① 参见《内蒙古以"三个推动"兴边富民》，新华网，http://www.nmg.xinhuanet.com/20231011/cb807a22ebc64cfc8d386a177bc05d39/c.html.

北振兴、助力西部七盟市服务黄河流域生态保护和高质量发展两大区域职教联盟；推进"一地一策"建设，以对接市域支柱产业、打造政行校企通力合作、专业产业有效衔接的育人格局；开展"一校一品"建设，以牵头打造现代能源电力、智慧化工等11个区级行业产教融合共同体，形成因地制宜的融合保障，增强高素质技术技能人才培养的针对性和适应性。[①] 此外，内蒙古自治区还提出了"技能内蒙古行动"方案，即通过实施职业技能培训提质增效计划、高技能人才培养计划、技能强企计划等5项计划，推动技能人才队伍建设，为培育既能扎根边疆又能适应现代化需求的技能型人才提供了坚实基础，有效缓解了边疆地区技能型人才缺口问题。[②] 二是积极开展产教融合特色课程。针对边境口岸经济特点，满洲里俄语职业学院设立了福世博跨境电商产业学院，通过校企合作、产教融合等形式，为职业教育高质量发展提供了良好的人才培养平台，并进一步深化了产教融合。内蒙古自治区通过教育链、人才链与产业链的三链融合，形成了教育提质、人才集聚、产业升级、人口稳定的良性循环，为边疆民族地区统筹推进人口安全与高质量发展提供了坚实保障。

第三，民族文化传承与现代化转型，铸牢中华民族共同体意识。内蒙古自治区深刻认识到民族文化在边疆治理中的重要价值，并将其作为边疆治理的重要文化支撑，通过创新采用传统与现代相融合的文化宣传方式，有力铸牢了中华民族共同体意识的精神防线，为促进民族团结与维护社会稳定发挥了积极而重要的作用。一方面，内蒙古自治区基于文

---

① 参见《内蒙古紧盯产业兴专业　紧扣发展育人才》，新华网，http://www.nmg.xinhuanet.com/20241127/29052c5150a34bd48c535faa51213ecc/c.html.

② 《〈"技能内蒙古行动"实施方案（2022—2025年）〉新闻发布会》，内蒙古自治区人民政府网站，https://www.nmg.gov.cn/zwgk/xwfb/fbh/zxfb_fbh/202205/t20220523_2059536.html.

化成边与人口固边的双重定位，深入推动民族文化的创新性转化与人口高质量发展的深度融合。以兴安盟为例，当地积极开展了一系列丰富多彩的那达慕文化活动，如"相约草原·遇见那达慕""歌游内蒙古　天天那达慕"等。这些活动不仅生动展现了蒙古族传统的赛马、搏克、射箭等极富特色的体育项目，还举办了如国际驯马大赛这样的国际赛事，吸引了众多国内外人士的关注。同时，通过巧妙地融入无人机等现代科技元素，那达慕文化活动以新颖的形式彰显了吃苦耐劳、一往无前，不达目的决不罢休的蒙古马精神。这种创新的文化活动形式，让文化认同成为了凝聚各民族群众的强大精神纽带，进一步增强了各民族之间的情感联系和向心力，促进了各民族人口在边疆地区的团结与稳定发展。另一方面，通过加强文化教育宣传，形成了民族文化教育与人口素质提升的共振。聚焦全方位建设模范自治区，内蒙古自治区积极实施"石榴籽育人工程""时代新人铸魂工程"，打造了包括"北疆教育心向党""行走的思政课"在内的一系列品牌活动。这些活动不仅增进了各族人民对中华文化的认同，也进一步铸牢了中华民族共同体意识。同时，内蒙古自治区全面推行使用国家统编教材，在全国率先建成了《中华民族共同体概论》全套教学资源库，并常态化开展了系列教育实践活动，打造了一批"边境线上的思政课"等实践品牌。这种文化治理方式，一方面通过增强文化认同，有效抑制了人口外流趋势，另一方面又借助教育现代化提升了人口再生产质量。特别是在人口安全维度，内蒙古自治区通过教育链与文化链的密切融合，实现了人口结构的优化——教育链强化了技能人才储备，文化链巩固了多民族人口凝聚力，进而形成了文化认同固本、人力资本提质的人口安全格局。这一模式也为边疆民族地区统筹推进文化传承、人口高质量发展与国家安全提供了借鉴。

第三节　内蒙古自治区人口安全面临的
挑战及优化策略

作为我国北方重要生态安全屏障、祖国北疆安全稳定屏障、国家重要能源和战略资源基地、国家重要农畜产品生产基地，内蒙古自治区的人口安全对全区经济社会发展具有重要影响。在人口结构转型、边疆独特地域属性与生态资源约束的指导下，全区区域人口安全问题不容忽视，具有少子化、老龄化加速、人口流动与分布区域性矛盾、人力资本与产业需求不匹配等并存的风险，人口安全面临的风险与生态承载阈值、边疆治理效能及产业转型升级产生交互作用。基于总体国家安全观框架，针对内蒙古自治区在人口安全上面临的挑战，应以优化服务—完善生育养老支持措施、智慧边疆—数字技术赋能人口安全以及能力提升—筑牢人口素质发展根基三种策略予以优化。通过多层面的路径优化，有效化解内蒙古自治区人口安全与生态环境保护、边疆地区稳定发展、经济社会可持续发展之间的矛盾，进而为进一步筑牢祖国北疆安全稳定屏障、积极贯彻落实总体国家安全观提供具有内蒙古特色的人口安全治理新路径。

一、内蒙古自治区人口安全面临的挑战

内蒙古自治区人口结构呈现出的"一头小""一头老"特点，不利于其人口长期均衡发展。所谓"一头小"，指的是内蒙古自治区出生率逐渐降低，新生儿数量逐渐减少。2023年，内蒙古自治区出生率为5.0‰，较2022年下降0.58个千分点，且下降幅度高出全国平均水平

0.20个千分点。"一头老"则是指内蒙古自治区老年人口逐渐增多，老龄化日趋严重。从省级层面看，2023年，内蒙古自治区老年人口占比为15.45%，略高于全国平均水平，占比较2010年增加了7.89个百分点，增速高出全国平均水平1.14个百分点。从盟市层面看，内蒙古自治区12个盟市均已进入老龄化社会，且老龄化均呈现出明显加深的趋势。不过，各盟市之间在老龄化发展程度和发展速度上并不均衡，其中，乌兰察布市是老龄化发展速度最快、老龄化最严重的盟市，其老年人口占比已由2010年的10.60%增长到2022年的24.04%，增长了13.44个百分点。内蒙古自治区人口结构的这种变化，将对社会家庭的传统生活方式和社会服务方式产生明显冲击。随着老龄化、少子化程度的不断加深，在现代家庭中，抚养儿童、赡养老人已成为家庭抚养的重要内容。据内蒙古自治区统计局数据显示，2021年，内蒙古自治区老年抚养比首次超过少儿抚养比，且差距逐渐拉大。2021年，老年抚养比与少儿抚养比之差为0.16个百分点，2022年二者相差达1.95个百分点。在这样的人口结构转型背景下，老龄化进程的加速与生育率的持续走低相互叠加，容易引发社会问题，如人力资本积累弱化、公共财政压力增加、医疗资源紧张等。这些问题将对经济社会可持续发展的动力产生负面影响。因此，为保障人口长期均衡发展的战略安全，内蒙古自治区需构建生育友好型社会支持体系和老龄社会治理创新机制。

人口流动与分布的区域性矛盾会对内蒙古自治区的社会安全产生重要影响。一方面，作为国家重要农畜产品生产基地，内蒙古自治区城乡人口流动失衡将对农牧业生产安全构成潜在威胁。根据内蒙古自治区统计局数据，2020年，内蒙古自治区流出到区外的人口为177.8万人，较2010年增长71.0万人，人口流动呈现出明显的"马太效应"：呼包鄂三地吸纳了近52%的跨区域流动人口，而呼伦贝尔市、赤峰市、通辽市、兴安盟等农牧区分布较多的盟市则呈现人口净流出。如果这种趋势持续加剧，将进一步拉大城乡和农牧区之间的经济发展差距，容易形成"发展高地"与"人口洼地"的空间错配，不利于现代农牧业的可持续发展。另一方面，内蒙古自治区作为我国向北开放的重要桥头堡，边疆人口安全面临的严峻挑战将对维护边疆社会安全稳定产生重要影响。内蒙古自治区边境人口分布呈现"三低三高"特征：人口密度低（锡林郭勒盟的阿巴嘎旗、苏尼特左旗和东乌珠穆沁旗，阿拉善盟的阿拉善右旗和额济纳旗，每平方千米的常住人口仅有1人）、经济集聚度低（2022年，内蒙古自治区边境盟市地区生产总值占全区25.37%）、公共服务覆盖率低（2022年，内蒙古自治区边境盟市卫生机构数占全区36.41%）；与之对应的则是内蒙古自治区战略地位高（边境线长达4200多千米）、安全风险高（接壤蒙古国、俄罗斯）、生态脆弱性高（边境带涵盖浑善达克、科尔沁两大沙地）。内蒙古自治区人口空间分布"三低三高"的特征容易增加边防管控成本。此外，内蒙古人口空间安全与生态安全存在密切关联——边境人口外流会导致边境地区生态管理主体缺位，进而引发草原载畜量失衡、荒漠化加剧等一系列社会生态安全问题。

人力资本与产业需求不匹配会对社会可持续性发展产生重要影响。一方面，人才资本与产业转型升级的人才需求存在供需矛盾。根据内蒙古自治区人力资源和社会保障厅发布的《2023年内蒙古自治区重点产业人才需求目录》，全区聚焦能源、农畜产品加工等16条重点产业链，共发布920个急需紧缺岗位，高层次人才需求总量达3602人，[①] 其中包括新能源汽车、生物制药、现代煤化工等行业，也包含了部分数字经济相

---

① 《关于发布〈内蒙古自治区2024年重点产业链暨急需紧缺高层次人才需求目录〉的公告》，内蒙古自治区人力资源和社会保障厅网站，https://rst.nmg.gov.cn/xwzx/gsgg/202403/t20240322_2484174.html。

关岗位，凸显了传统产业转型升级中技能型人才、数字化技能人才供给与需求不匹配的矛盾。另一方面，区域人才分布不均衡会加大盟市之间经济发展差距，也会对边疆地区安全稳定构成威胁。内蒙古自治区城镇人才吸纳能力强，以呼和浩特、包头、鄂尔多斯为核心的"呼包鄂城市群"展现出了较强的人才虹吸效应。反观农牧地区，却存在着引才难的问题，容易导致农牧地区空心化，制约现代农业技术推广与产业升级进程。此外，边境地区人才流失会对边境地区安全产生威胁。内蒙古自治区统计局数据显示，全区流入人口呈现区域性集聚，呼包鄂地区吸纳的外流人口最多，但对于处在边境地区的盟市来说，人口外流问题突出。例如，2020年，呼伦贝尔市流出人口达36.3万人，流入人口仅为15.9万人；兴安盟流出人口达15.8万人，流入人口仅为5.5万人；赤峰市流出人口达39.6万人，流入人口仅为10.3万人。从经济维度考察，边境地区人才资本流失会弱化边境地区的经济内生动力。从安全维度考察，边境人口密度下降会削弱边境管控效能，增加出现跨国犯罪、恐怖主义、极端主义等威胁社会安全事件的频率和非传统安全风险。

二、内蒙古自治区保障人口安全的优化策略

内蒙古自治区人口安全治理是总体国家安全观在边疆民族地区的积极实践，其不仅是区域发展的关键要素，而且是筑牢祖国北疆安全稳定屏障、服务国家战略全局的重要基础。在新时代背景下，内蒙古自治区在人口结构变化、社会发展需求以及边疆稳定等方面面临多重挑战，优化人口安全治理策略具有极为重要的现实意义和战略价值。内蒙古自治区应从完善生育支持措施、完善养老支持措施、利用数字化技术赋能人口安全、提升人口素质等多方面入手，积极探索符合自治区特点的人口

安全治理新模式，进而为区域高质量发展提供坚实的人口支撑，为国家边疆安全与稳定贡献重要力量。

（一）优化服务：完善生育养老支持措施

首先，立足内蒙古自治区区情，优化生育配套政策。习近平总书记强调："加强人力资源开发利用，增加全社会劳动力有效供给。""加强灵活就业和新就业形态劳动者劳动保障权益维护。保障妇女生育权益，增加妇女劳动就业。"[①] 在落实这一要求的过程中，内蒙古自治区应从多方面着手，确保妇女在生育和就业中享受公平公正的待遇，并将促进妇女就业创业摆在突出位置。一方面，要积极鼓励生育，同时保障妇女在就业过程中的合法权益。为此，可以出台针对重点群体的就业支持条例，例如开展职业技能培训、落实优惠补贴政策、支持和鼓励自主创业、提供创业担保贷款、对困难育龄群体实施就业援助以及支持多渠道灵活就业等，为妇女劳动者提供更多就业创业机会。此外，应积极优化智慧就业平台建设，为育龄女性提供就业失业登记、就业援助等公共就业服务，并及时畅通意见反馈渠道，加强女性就业权益监管，切实保障妇女平等就业权利。另一方面，可利用物联网技术搭建智慧化平台，提高办事服务效率。通过优化新生儿出生"一次办"和公民婚育"一次办"服务，简化办事流程，实现多部门联动，集中处理涉事事项，推动政务服务的集约化、高效化。例如，整合卫健、公安、民政、社保等部门资源，优化一站式服务平台，实现新生儿出生登记、户口办理、医保参保等事项的"一窗受理、并联办理"，进一步减少群众办事的跑腿次数和时间成本。同时，加大"一次办"在全区范围内的宣传和普及力

---

① 习近平：《以人口高质量发展支撑中国式现代化》，《求是》2024年第22期。

度，通过线上线下相结合的方式，广泛宣传"一次办"的政策优势和服务流程，提高群众知晓率和参与度。应建立健全监督考核机制，加强对"一次办"服务模式的跟踪评估，及时解决实施过程中出现的问题，确保"一件事""一站式"联办服务模式落地见效。

其次，关注空巢老人，构建新型养老模式。一方面，应积极推动长期护理保险制度的试点和推广工作。目前，内蒙古自治区12个盟市中，呼和浩特市、乌海市、满洲里市3个城市已经开展了长期护理保险试点工作，为扩大试点奠定了良好基础。应总结长期护理保险试点工作的经验教训，出台可持续发展的长期护理保险制度文件，推动长期护理保险制度从试点走向全面实施。制定科学有效的政策评估标准，对试点盟市政策的有效性进行评估，确保政策实施能够切实落地。在失能人员评估标准方面，可以结合民政部联合国家医保局印发的《长期护理失能等级评估标准（试行）》以及《老年人能力评估》（MZ/T039-2013），将失能程度按照等级进行划分，并根据不同等级、不同需求提供不同服务。在护理内容方面，除加强生活照料、康复训练等基本照护服务外，提供健康管理、精神慰藉等方面的多样化服务。在筹资方式方面，可积极探索老年人自缴、单位代缴、医保统筹基金划转、政府补贴相结合的多方共担筹资模式，并采取定额筹集和按比例筹资两种筹资方式，有效推动长期护理保险筹资模式可持续发展。另一方面，完善落实医养康养结合配套措施，重点加强农牧区医养康养服务体系建设。在大力发展居家、社区养老服务的基础上，进一步推动医疗资源、医护人员等各类养老资源与农牧区养老机构、农村幸福院的融合。完善农村医养结合在资金引入、医护人员下沉、保险制度报销机制等方面的政策支持，为农牧区养老服务提供坚实保障。同时，加大对农牧区医养康养结合制度的宣传引导力度。农牧区工作人员可以依托乡镇卫生院、农村幸福院、农村敬老院等基层机构，扩大对医养康养结合模式的宣传范围。重点围绕老年人关注的费用标准、补贴政策、服务内容、操作方式、专业人员配置等方面进行详细解读，提高农牧区老年人对医养康养结合模式的认知度和接受度，逐步拓宽医养康养结合模式的可及面。

最后，立足新发展阶段，健全人口服务体系。在积极应对人口老龄化背景下，老年人和婴幼儿是社会普遍关注的重点人群，更是落实民生保障的关键所在。"十四五"规划和2035年远景目标纲要提出："制定人口长期发展战略，优化生育政策，以'一老一小'为重点完善人口服务体系，促进人口长期均衡发展。"[1]应对"一老一小"问题的关键之一是不能将"一老""一小"割裂看待，更不能在两个领域单兵突进、各自为政。"一老""一小"是一个可以有机融合的整体，两者协同发展才能更好实现养老托育服务一体化建设，保障人口长期均衡发展。例如，在社区服务方面，可以在社区服务中心同时设立社区普惠托育中心和社区普惠养老中心，定期开展"一老一小"互助学习体验活动，使双方在代际交流中互利互惠，助力儿童健康快乐成长，同时提升老年人幸福感。同时，要优化生育服务配套措施。党的二十大报告明确指出："优化人口发展战略，建立生育支持政策体系，降低生育、养育、教育成本。"[2]首先，缩小盟市之间、城乡之间医疗资源配置差距。加大医疗资源、医护人员下沉基层的力度，定期开展"万名医护进乡村"活动，完善各级医疗卫生机构之间的梯次帮扶机制，畅通市级和县级资源下沉的通道，确保优质医疗资源能够精准覆盖到基层地区，为生育服务提供有

---

[1] 《中华人民共和国国民经济和社会发展第十四个五年规划和2035年远景目标纲要》，人民出版社2021年版，第137页。

[2] 《中国共产党第二十次全国代表大会文件汇编》，人民出版社2022年版，第40页。

力保障。其次，推进义务教育资源优质均衡发展。实现义务教育均衡发展的前提是确保师资水平、仪器设备、教育经费等资源配置的均衡化。通过实施人才引进政策、开展"互联网＋支教"等模式，持续推进优质师资力量向农牧区倾斜。同时，应加大对农牧区学校的经费投入，改善教学设施，提升教育质量，缩小城乡教育资源差距，为农牧区学生提供更优质的教育环境。最后，完善普惠托育服务供给配套措施。在增加普惠托育服务的同时，明确各级政府主体责任，完善财政投资方案，在加大财政支持力度的同时鼓励社会多方力量共同参与，培养一批专业托育人员，构建一套完善、有序、高效、可持续发展的普惠托育服务体系。

（二）智慧边疆：数字技术赋能人口安全

首先，通过完善动态监测，健全人口安全预警机制。基于内蒙古自治区人口具有的边境性、民族性、生态性特征，其人口动态监测体系需结合边疆人口空间分布特征与人口结构特征，构建多维度的人口安全预警机制。一是建立完善的人口数据库。可依托大数据平台，建立健全自治区人口动态监测体系，实时关注、收集人口变化数据，包括人口流动、出生率、死亡率、老年和少儿抚养比、老龄化程度、人口密度、民族就业、资源环境承载力等关键指标，同时特别关注边境地区巡逻参与度、子女本地就学率等特殊人口指标，以便后续通过科学的计量分析方法，对数据进行整合和分析，加大对人口中长期发展规划研究，及时发现人口变化的趋势和人口发展与经济社会发展之间存在的矛盾，多措并举促进人口长期均衡发展。二是完善风险评估指标。在指标设计上，针对农牧区人口空心化与城市人口密度高的非平衡矛盾，应建立旗县差异化预警机制。对于农牧区，其老龄化率应结合牧区人口代际更替特征进行评估。特别是对老龄化率、老年人口抚养比较高的盟市或旗县区进行重点监测。同时，应做好分析牧户家庭中 60 岁以上人口占比与草场承包权继承率的相关性工作，以保障人口结构的合理性，并确保农牧资源的充分有效利用。针对边境地区人口安全问题，需要特别关注边境各旗市的人口密度变化，设置边境人口密度阈值，运用 GIS 等技术，动态监测额尔古纳市、额济纳旗等边境旗市人口分布热力图。当人口密度少于一定数值，或劳动年龄人口流失超过某一阈值时，应及时启动人才回引专项计划、边境安全防御计划等，确保边境地区人口安全，维护边疆社会安全。

其次，通过数字化经营，强化农牧业可持续发展动能。一是加强基础设施的数字化优化升级。要完善农牧业物联网基础设施建设，加大农牧区网络覆盖范围，提升网络信号质量，为在农田和牧场安装传感器提供便利条件。通过传感器实时监测农牧区的土壤湿度、温度、肥力以及气象等环境参数，能够精准掌握农牧业生产环境的变化。这不仅有助于科学规划放牧区域和时间，还能为农牧业生产提供数据支持并优化资源配置，进而提高农牧业生产效率和可持续性。同时，建立养殖数字档案，记录监测每一只畜禽的健康档案，包括其生长状况、健康状态、疫苗接种等从出生到出栏的全过程信息，为畜产品的全流程溯源体系提供坚实的数据支撑。利用此方式，可使农牧业生产方式更加绿色、生态、安全，生产出质量更高、更安全的农畜产品，从而起到间接提升人口健康水平的作用，保障人口安全。二是强化农牧业生产经营的数字化。应建立统一的农牧业综合数字化服务平台，完善农牧业数据资源库，涵盖自然资源、物种资源等多方面数据。同时，整合农牧业生产、销售、物流等环节的数据资源，实现信息共享和协同管理，确保农牧业生产经营各环节能够实时获取和传输数据。同时，可在种植业和畜牧业中广泛应用智能化生产管理系统，通过物联网技术实现对生产过程的实时监测和精准控制。例如，推广智能灌溉系统、智能温室和智能养殖设备，以提高生产效率；建设智慧牧场，利用智能化养殖设备和物联网传感器实现对养殖环节的全面数据采集。此外，通过智慧农牧业，农牧地区生产能够实现规模化，从而提供更多就业岗位，增加农牧民的经济收益。这不仅有助于吸引人才回流，还能有效缓解农牧地区空心化问题。

最后，利用智慧化赋能生态环境保护，缓解生态脆弱性与人口安全矛盾。针对内蒙古草原、森林、荒漠等生态系统特征，可通过数字监测、智能调控和人口适配等方式进行协同治理。一是利用大数据技术，构建生态环境保护的全方位监督体系。可借助大数据技术，构建全方位、多层次的生态环境监测网络，对内蒙古自治区的草原、森林、荒漠等生态系统进行实时动态监测。可借助卫星遥感、无人机等技术手段，实时掌握植被覆盖度、土地沙化、水土流失等关键指标的变化情况，并通过大数据建模精准识别生态退化早期风险，为生态保护决策提供科学依据。二是利用大数据分析草原载畜量，实现草畜平衡，以保护草原生态平衡。同时，可利用智慧化手段优化草原围栏和轮牧规划，促进草原生态的自然修复。此外，针对森林资源，可运用大数据技术开发林火蔓延模拟算法与病虫害传播预警系统，对森林火灾和病虫害进行预警和防控，从而强化林区生态系统的韧性。三是建立生态承载力与人口分布联动预警机制。可借助数据分析平台，动态评估区域人口承载阈值，为生态移民安置提供科学依据。同时，利用大数据整合生态环境、气象、人口等数据，评估生态环境变化对人口健康、居住安全等方面的影响，不仅能够为制定科学合理的生态环境保护政策和人口安全保障措施提供依据，还保障了生态安全红线，筑牢了边疆人口安全发展的基底，为民族地区的可持续发展提供了双重保障。

（三）能力提升：筑牢人口素质发展根基

首先，强化教育体系，提升人口文化素养。一是优化教育资源配置，特别是加强对偏远农牧区、边境旗县区教育基础设施的投入。在呼伦贝尔、兴安盟等农牧区，新建和改善学校硬件设施，包括智慧教室、实验室、图书馆、远程教育平台等，保障基础教育设施的均衡性，为农牧区学生提供优质的教育资源。二是注重师资队伍建设，吸引和留住优秀教师。实施优秀教师下乡计划，给予教师支教补贴等优惠，鼓励城市教师到农牧区支教，提升农牧区教育教学水平；实施"银龄讲学"专项，建立退休教师人才库，为支教活动提供智力支持；完善师范生定向培养制度，依托大学设立教师培养基地，定向输送教师，均衡教育资源。三是在教育内容上，突出内蒙古自治区特色文化教育。增设内蒙古民间文学、传统技艺、传统医药等非物质文化遗产相关课程，开展草原生态研学、非物质文化遗产研学等研学活动，增强学生对本土文化的认同感和自豪感。四是在高等教育方面，依托区内各大高校，加强优势学科建设，如草原生态、畜牧业科学等，培养适应内蒙古自治区经济社会发展需要的专业化人才，为农牧业现代化、生态环境保护、边疆安全保护等提供智力支持，进而从文化和专业技能层面提升人口素质，维护人口安全。

其次，构建产教融合体系，提升人口就业素质。农牧业是内蒙古自治区重要的产业结构之一，具有鲜明的区域特色。因此，为适应产业发展需求、提升人口就业素质，应大力推进农牧业职业技能培训。一是优化农牧业现代化培训体系。依托技术链，建立专家工作站和科技小站，针对节水灌溉、胚胎移植等关键技术，开展"田间课堂"实训项目；依托价值链，在龙头企业设立实训基地，采用生产实践与技能提升相结合的方式，将绿色认证标准、电商营销技能纳入必修模块；依托生态链，将草原载畜量计算、沙地植被修复等生态技能纳入培训体系，构建生态技能认证体系，为实现农牧业生产与生态承载力动态平衡提供保障。二是创新能源产业人才培养机制。政府、企业与高校三方联动，依托现代煤化工产业示范区等平台，共同推进技能型人才培养计划，制定涵盖智能采矿、氢能制备等紧缺工种的培训规范；推行高级技能人才激励政策，对参与库布其光伏治沙、水土流失、草原保护修复工程等重点项目的技术工人给予积分激励或者提供住房补贴、子女教育支持等优惠，增强人才吸引力。三是落实边境口岸人才支撑。可依托产业园区或经济合作区，建设跨境电商运营、物流管理等专业实训中心，定向培育适应口岸发展需求的专业化人才；积极建立戍边技能人才库，将边防无人机巡检、跨境应急处理等技能纳入人才培训体系，促进边境地区生产建设与国防防卫功能的有机融合。

最后，开展文化强边行动，提升人口文化涵养。一是完善草原文化基因传承机制。可设立草原文化传承基金，加大对草原文化传承与发展的资金投入，并设立专项基金，用于支持草原文化的研究、保护和传承项目，资助对蒙古族历史、民俗、艺术等方面的研究，挖掘和整理草原文化的丰富内涵。此外，应支持民间文学、民间音乐、传统舞蹈、传统技艺、传统医药等非物质文化遗产项目的传承与创新，培养新一代的文化传承人，提升人口对本土文化的认知和自豪感。二是充分利用数字化技术赋能文化传播。应鼓励各地区打造沉浸式的蒙古族民俗虚拟现实体验馆，借助虚拟现实技术，还原蒙古族传统居住环境，如蒙古包的内部构造、装饰风格，蒙古族服饰的精美细节、制作工艺等，让体验者身临其境感受蒙古族特色文化。同时，可利用虚拟技术模拟蒙古族的传统节庆活动，如那达慕大会等，让体验者能够参与其中，感受蒙古族的歌舞、竞技等民俗活动的魅力。三是构建高校文化智慧阵地。通过强化北疆文化研究，加大对北疆文化古籍资源库平台的宣传推广，让更多的人能够了解祖国北疆的历史文化，赋予古老文化遗产新的生机。同时，应鼓励建设草原丝绸之路文献数据库，广泛收集和整合与草原丝绸之路相关的历史文献、考古资料等，为研究古代丝绸之路的文化交流、贸易往来等提供丰富的资料支撑，进一步提升北疆文化在学术领域的影响力；鼓励高校学生积极参与艺术创新活动，充分发挥他们的创造力和想象力，将现代艺术理念与北疆传统文化元素相结合，创作出更多富有时代特色和地域风情的优秀作品。同时，应建立完善的文艺人才定向培养机制，根据地区文化发展的需求，有针对性地培养一批既具备扎实专业知识，又对北疆文化有深刻理解和热爱的文艺人才。通过以上文化传承与创新举措，能够有效提升人口文化素质，增进各民族之间的文化交流与融合，提升社会凝聚力，为保障内蒙古人口安全筑牢坚实的文化根基。

后 记

本书由内蒙古财经大学总体国家安全观研究中心负责组织编写，各分中心研究人员合作承担具体编写任务。内蒙古财经大学党委书记刘前贵，校长金桩分别为本书撰写了序言。

本书的编写分工如下：前言（张仕荣、刘金鹏），第一章（包银山、刘晓帆、杜和平），第二章（李文龙、迟文峰、韩新盛），第三章（孙丽、王奕文），第四章（王宇洁、王启颖、王霜、白宇轩），第五章（屈燕妮、哈斯巴根、董君、韩新盛），第六章（马晓萍、刘成龙），第七章（韩鹏、宋晓晓）。韩鹏与张仕荣负责全书统筹和统稿工作，王奕文负责协助书稿的修订工作。

本书是2024年内蒙古自治区哲学社会科学规划委托项目（项目批准号：2024NDE096）结项成果，也是内蒙古自治区哲学社会科学区域国别研究实验室2025年后期资助项目。内蒙古自治区党委宣传部领导和理论处（社科规划办）对本书的编写进行了全面指导，内蒙古财经大学科研处和学科建设处和马克思主义学院以及中共中央党校出版社对本书的出版给予了大力支持，在此一并表示感谢。

编者

2024年10月